Human Relations
인간관계론

인간관계론

Human Relations

머리말

흔히들 경영학을 전공했다고 하면 돈 계산이나 잘하며, 숫자에 꽤 밝은 사람쯤으로 보는 경향이 있다. 그 얘기도 경영학 공부를 가진 사람들에겐 어느 정도 맞는 말일 수도 있다. 하지만 나 같은 사람은 숫자엔 아주 젬병이다. 경영학 전공이 나에게 아주 멋스러울 수 있었던 것은 '인간관계론(HR)'이나 '조직행동(OB)', 그리고 '산업조직심리학(I&O Psychology)'이란 학문이 있어서였다. 경영학에서도 사람냄새 물씬 품기는 과목을 배운다는 것 자체가 호기심도 불러 일으켰고, 그것이 돈이나 숫자놀이보다는 더 재미있었기 때문이었다.

내가 교수로 임용 받던 날은 막 1학기가 시작되던 1996년 3월이었다. 지금이 2016년이니까 이제 교수생활도 20년 정도 되었다. 교수로서 생애를 산다는 것도 참 신나는 일이다. 학점에 관해 짠돌이로 소문나기도 했으며, 엉뚱하고 파격적인 보고서를 내주어 학생들로부터 원성도 샀다. 교수사회에도 시장의 논리가 존재한다. 교수사회에도 많이 변했다. 연봉제는 물론이요, 승진하기도 옛날 교수님들 시대와는 많이 달라졌다. 그러다보니 강의점수 3점 숫, 연구점수 2점 숫, 봉사점수 몇 점, 하는 식의 게임처럼 지금 전국의 교수님들은 시합 중이다. 학령인구 감소는 대학을 위기로 내몰고 있다. 이처럼 대학도 학문적 생산성을 생각하지 않을 수 없는 경영단위가 되었고, 경영은 세상의 중심에 서게 되었다. 하지만 난 20년 전이나 지금이나 변한 것이 별로 없다. 세상은 디지털 시대로 변했는데 나의 강의는 여전히 아날로그 방식이다. 강의하면서도 나는 늘 똑같은 책에 똑 같은 강의안으

로, 칠판에 백묵을 들고 판서를 해가며, 경영이론과 실무의 내용을 주입하는 일은 그리 힘들지 않았던 것 같다.

　우리가 인지하지도 못하는 사이 4차 산업혁명이 시작되어 버렸다. 그만큼 세상은 계속해서 변할 것이고, 인간에게 있어 학습할 내용들도 과거와는 다른 모습일게다. 하지만 사람들과 좋은 관계를 유지하는 데 알아야 할 기본개념들은 말 그대로 불변이다. 특히 인간관계를 위한 핵심 이슈들, 즉 의사소통, 문제해결, 의사결정, 리더십 등의 대인관계 필수 능력과 성격, 태도, 지각 등의 개인특성에 관해서는 지속적인 탐구가 필요할 것이다. 정보통신기술·인공지능, 증강현실, 사물인터넷 및 발전하는 효율경영의 시대에도 인간성, 감성, 인간본질 등 감성경영의 요구도 거세질 것이다. 인간이 가진 직관, 창의력, 즉흥적 노력 등을 어떻게 대인관계를 통해 발현할 것인가 하는 점이 더욱 더 중요해지는 세상이 될 것으로 보인다. 이번 3판은 언젠가 4판으로 이어질 것이다. 그 개정의 이유도 바로 변화때문일 것이다.

2016년 1월 저자 씀

PREFACE 2

머리말

사람의 줄임말은 '삶'이다. 그래서 사람과 삶은 동일어로 봐도 된다는 뜻이된다. 인간이란 말보다 사람이란 말이 더 푸근하게 느껴지는 것도 어쩔 수 없다. 그렇다고 인간관계를 사람관계라고 부르면 또 어색해진다. 주체적인 사람과 또 다른 주체인 다른 사람과의 관계는 사람이란 말보다 인간이란 말이 딱딱하듯이 이미 보다 복잡하고 그리쉽지 많은 않은 것 같다. 사람과의 관계를 논하기에 앞서 한번쯤은 사람들과의 관계를 상황 속에서 생각해 봤을 것이다. 과연 사람들이 학교나 직장에 들어가서 공부나 일 때문에 자퇴를 하고 사표를 쓰는 것일까? 아니면 다른 사람과의 관계에서 성공하지 못했기 때문은 아닐까?

"어떻게 하면 보다 나은 인간관계를 할 수 있을까?"하는 것은 모든 사람들의 소망일 것이다. 그런 의미에서 인간관계론 2판이 개인적 관계, 대인적 관계 등에서 어떤 실마리를 제공할 수도 있을 것이다. 하지만 인간관계를 잘 하는 마술은 없다. 이렇듯 인간관계론 2판은 조직 속에서의 성공적인 인간관계를 가이드 할 뿐, 톨스토이와 같은 위대한 학자들의 세상사는 방법을 소개하지는 않는다.

나는 "Human is people."이라는 말을 좋아한다. 즉, 사람은 다른 사람과 더불어 존재할 때 의미가 있게 된다는 것이다. 배가 부른데도 계속 욕심을 내는 생물체는 꿀벌과 인간뿐이라고 한다. "벌들은 제 배가 차고 넘쳐도 계속 꿀을 모으지만 결국은 곰이나 인간에게 빼앗기고 만다."는 인디언의 가르침은 꿀벌을 위한 이야기가 아니라 인간을 위한 이야기이다. 지금 우리는 능력껏 꿀을 잔뜩 모으는 것을 미덕으로 삼는 사회에 살고 있다. 올바른 사람과 다투는 것은 부당한 사람과 싸워 이기는 것보다 값지다고 하였다. 우리가 정직한 사람과 인간

관계를 해야 하는 것은 어찌 보면 당연한 것인지도 모른다. 인간관계론 2판은 우리가 사는 사회나 조직 속에서 성공적으로 살아가는 방법에 대한 많은 고민과 번뇌가 들어 있다.

책의 구성은 1판에 비해 많은 변화를 보인다. 우선 I부는 인간관계의 기초로서 인간과 인간관계의 본질과 인간관계론에 대한 이해, 인간관계 균열과 개선이라는 3개의 장으로 구성하였다. 인간관계는 본래, 개인수준, 집단수준, 조직수준으로 구분되어야 하나, 2판에서는 개인차원과 함께 집단과 조직수준을 합쳐, 대인차원으로 구분하였다. 즉 II부에서는 개인차원의 인간관계 주제들, 즉 성격, 지능, 지각, 태도, 가치관, 자아개념, 모티베이션 등의 내용들을 담았다. III부는 대인적 차원에서의 인간관계로서, 해당되는 주제는 대인매력, 갈등, 리더십, 커뮤니케이션, 권력, 직무스트레스, 기업문화 등이며, 그 중요성 때문에 맨 마지막 13장에 인간관계 개선 실전이라는 실무적인 내용을 풍부한 분량으로 기술하였다.

더불어 인간관계론 2판에서는 이 책을 선택하는 교수님들께 드리는 별책이 한 가지 있어, 말씀드린다. 저자가 그동안 인간관계론을 강의하면서, 보유하고 있었던 비주얼한 자료와 함께, 각 장의 파워포인트 자료 책자와 CD를 마련하였다. 강의에 참조하시면 많은 보탬이 되리라 생각한다.

나는 내 자신과 약속을 했다. 내가 쓴 책들이 내가 교수 생활을 하는 동안 이론적, 실무적으로 구식이 되지 않게 하겠노라고. 그래서 난 새로운 책을 쓰기보다는 저술한 조직론, 산업조직심리학, 인적자원관리론 모두 2판으로 재탄생시켰다. 그동안 인간관계론 2판 작업도 그런 의미에서 시간이 조금 걸렸다. 의미 없고, 부족한 부분을 과감하게 도려내고, 새로운 이론과 접근을 다시 보충하는 작업은 그렇게 쉽게 끝나지 않았던 것 같다. 인간관계의 중요성을 2판이 얼마나 담아내었는가 하는 점은 이 책의 고객들로부터의 날카로운 지적과 충고로부터 시작되어 또다시 3판으로 이어질 것이다.

2008년 연구실에서 저자 씀

머리말

인간의 세계를 마음이 아닌 글로 들여다본다는 것조차 힘든 작업은 없을 것이다. 애당초 인간관계를 책으로 쓰자고 덤벼든 저자의 의도는 완성이 불가능한 영역이었던 것 같다. 내 자신부터 사회에서, 조직에서 그리고 가정에서 올바른 인간관계를 맺고 있다고 장담하기도 어렵거니와 이 책으로 공부할 수많은 학생고객들에게 올바른 인간관계를 리드하도록 인간관계론 이론과 실제를 제시하여도 인간관계는 그저 책만으로 이루어지는 것이 아님을 너무도 잘 알고 있었기 때문이다.

대학교육이 현장과 괴리되어 있다는 비판과 함께 산업체의 절실한 수요에 맞는 교육을 공급자인 대학에서 가르쳐야 한다는 주장이 요즘 대학가의 새로운 이슈이다. 대학을 졸업하고 취업을 해서 긴박하게 돌아가는 현장에 곧바로 투입된 고급자원들이 무용지물이나 가방끈만 긴 사람취급을 받는 것이 어느 정도 현실이 되었다. 따라서 이제는 공급자인 대학이 수요자인 기업체의 주문을 받아 교육과정과 교육목표를 새로 짜고, 개발되는 교재 역시 산업체의 인사들을 포함하여 이론적이고 실무적인 교육을 하자는 것이 바로 '주문식 교육'인 것이다. 이 책도 현장에서 수년간 인적자원에 관한 실무를 담당하고 있는 인적자원관리자와의 수 차례의 내용전문가 회의(SME: Subject Matter Expert)에서 나온 주문에 의해 만들어 진 것이다.

그렇다면 도대체 인간관계론이란 어떤 학문인가? 인간관계론(Human Relations)이란 학문은 경영학의 인사·조직분야에서 거대한 자리를 잡고 있는 조직행동론의 형쯤 되는 학문이다. 조직행동론이 인간행동 이론부문에 강자라면, 인간행동의 응용부문의 강자가 바로 인간관계론이다. 처음 경영학을 배우는 경영학도들의 경우 인간관계라는 말을 기계적 인간관의 대가인 테일러(F. Taylor)를 비판하는 과정에서 접하게 된다. 호손 공장에서 행해진 실험에서 인간의 심리적, 비공식적 힘이 생산성과 성과를 중시하는 사고보다 더 중요하다는 것이 메이요(E. Mayo)를 비롯한 몇몇 학자들의 입에서 제기되었고 이를 그 당시 인간관계운동이라고까지 이름 붙였다.

하지만 이 책은 메이요 시대의 인간관계론의 주장을 포함하여 메이요 시대 이후 제기된 인간관계론의 이론과 실무를 담고 있다. 그렇다고 이 책이 경영을 전공하는 사람만이 공부할 책은 아니다. 대게 대학에서 가르치는 인간관계론은 다양한 전공에서 일반 교양과목으로 개설되는 경우와 경영학 전공에서 전공 교과목으로 개설되는 두 가지 형태이다. 이 책은 이 둘 모두를 포함할 수 있도록 그 체계가 만들어져 있다. 먼저 1부에서는 인간과 노동에 대한 고찰을 통해 시대별로 강조되는 인간관이 어떤 변천을 해왔는가를 기술하고 있고, 2부에서는 인간의 개인적(Personal) 특성을 파악하기 위해 인간이 가지고 있는 지각, 성격, 태도, 가치관 등을 이해함으로써 인간관계를 분석하려는 시도를 하였고, 3부에서는 개인의 특성을 넘어 대인간(Interpersonal)에서 이루어지는 인간관계의

모습을 리더십, 커뮤니케이션, 권력, 문화, 직무스트레스 등을 통해 기술하였다. 마지막 4부에서는 효율적 인간관계를 만들기 위해 실천할 수 있는 다양한 방안과 직장 속에서 대인간 매력을 창조하는 과정에 대한 설명, 그리고 직장예절을 통한 대인관계에 대하여 설명하고 있다.

이 책을 만들면서 도움을 받은 사람들과 많이도 가까워졌다. 서로 고집도 세우고 의견차이로 인해 판을 뒤엎기를 여러 번 하였다. 타협과 조정, 의사소통과 갈등의 정리 등이 이번 교재집필과정에서 배운 인간관계였다. 나의 주장을 굽혀 상대의 주장을 받아 드리고, 밤 세워 애써 작성한 원고를 포기할 때에는 일보다는 사람이 중요하며, 일이 끝난 뒤의 인간관계까지 고려해야만 한다는 교훈을 얻게 되었다. 아이디어를 새롭게 개진하여 생각지 못했던 순간을 포착했을 때의 기쁨은 밤샘 작업의 고통을 사라지게 해주었던 것 같다. 이 책을 통해 만난 소중한 사람들과의 인연이 이 책의 결과물보다 더 소중하다.

인간관계론을 탈고하면서 고마움을 표시할 분들이 너무도 많다. 국내외 인간관계론 학자들이 우리 책의 길잡이가 되었다. 선배교수님들의 공부를 허락도 없이 인용하면서 그분들을 더 존경하게 되었고, 실무에서 뛰시는 저자들의 생생한 현장경험 자료는 이 책의 가치를 더 높여주었다. 이제 탈고하면서 학생고객들과 강의 교수님들에게

평가를 받으려 한다. 건전하고 발전있는 비판도 기대하며, 본서의 오류나 잘
못은 저자들의 부족 탓이기에 책이 출판된 후 더 많은 공부를 통해 보충하려
한다. 책이 나오기까지 늦은 퇴근을 묵묵히 참아준 가족들과 고객의 입장에서
책을 읽어준 경영학과 학생들, 출판을 허락해주신 임순재 사장님, 깐깐한 편
집과 교정 요구를 기꺼이 받아준 한올출판사 젊은 편집부원들, 그리고 밤을
꼬박 새워 표지를 그려준 사랑하는 아내에게 고마움을 전한다.

2002년 안양시가 내려다보이는 연구실에서

CONTENTS

차례

PART 2 | 개인 차원의 인간관계

Chapter 4 | 인간감성과 지능의 이해 • 70

PART 3 | 대인 차원의 인간관계

CONTENTS
차례

CONTENTS
차례

Chapter 12 적정한 직무스트레스의 유지 • 254

CONTENTS

도표 차례

CONTENTS

아이디어 박스 차례

능력이란 무엇인가를 할 수 있다는 것을 말한다. 동기부여는 무엇을 할 수 있는지
를 정해준다. 태도는 할 수 있는 일을 얼마나 잘하는지를 결정짓는다.
-루 홀츠(전 노트르담 대학교 미식축구 감독)-

Ability is what you're capable of doing. Motivation determines
what you do. Attitude determines how well you do it.
-Lou Holtz(Former college football coach)-

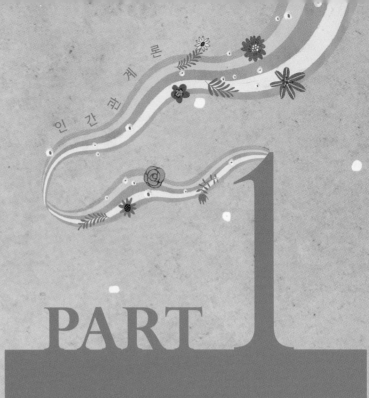

PART 1

인간관계 기초

1장을 학습한 뒤 학습자가 할 수 있어야 할 학습성과

1. 노동에 관하여 설명할 수 있어야 한다.

2. 인간관계가 왜 중요한지 설명할 수 있어야 한다.

3. 인간관계 수준을 분석할 수 있어야 한다.

노동, 조직, 분업, 인간사회, 인간관계, 행동, 개인 차원, 대인관계 차원

능소화/박제영

요선동 속초식당 가는 골목길 고택 담장 위로 핀 꽃들, 능소화란다 절세의 미인 소화가 돌아오지 않는 왕을 기다리다가 그예 꽃이 되었단다 천년을 기다리는 것이니 그 속에 독을 품었으니 함부로 건드리지 말란다 혹여 몰라볼까 꽃핀 그대로 떨어지는 것이니 참으로 독한 꽃이란다 담장 아래 꽃 미라들, 천 년 전 장안에 은밀히 돌았던 어떤 염문이려니, 꽃핀 채로 투신하는 저 붉은 몸들, 사랑이란 무릇 저리도 치명적인 것이다

내 사랑은 아직 이르지 못했다 順伊도 錦紅이도 순하고 명랑한 남자 만나서 아들 딸 낳고 잘 살고 있다 아내는 내 먼저 가도 따라 죽진 않을 거란다 끝까지 잘 살 거란다 다행이다 이르지 못한 사랑이라서 참 다행이다

1

개인성공의 열쇠,
인간관계

인간관계(Human Relations: HR)라는 것은 두 사람 이상의 **상호작용 관계**를 뜻한다. 인간관계는 필연적인 조직 속에서의 두 사람 이상의 관계에 관심을 갖는다. 이처럼 사람에 대한 관심을 가져 조직 내에서 이루어지는 **인간관계와 일 관계**를 제대로 이해하여야만 조직생활을 성공적으로 해낼 수 있게 된다. 사람에 대한 과학적 이해가 조직생활에서의 **성공비결**인 셈이다. 인간관계를 이해하기 위해서 인간과 노동, 분업의 개념, 관리, 관리자 등의 개념을 명확히 이해할 필요가 있다.

들어가며

1. 노동과 조직, 사회에 대한 이해

(1) 노동

인간이 동물과 구별되는 점은 어떤 점 때문일까? 많은 연구자들은 인간 두 개골의 구조와 갈비뼈의 무게나 크기 등에서 그 차이점을 찾으려고도 했었다. 그러나 이러한 것으로 차이점을 찾기에는 곤란한 점이 많다.

- 인간이 동물과 구별되는 가장 첫 번째 특징은 인간이 "노동한다."라는 점에 있다. 노동을 하되 '도구'를 가지고 한다.

- 도구라는 것은 손을 통해 사용되기 마련이다. 도구를 사용하는 횟수가 많을수록, 또 보다 많은 도구를 사용하면 할수록 손의 숙련도는 더 커지고 그만큼 더 노동력이 축적되어 두뇌가 더욱 진화되고, 사고의 폭이 더 넓어졌을 것이다.

- 인간이 최초에 사용했던 도구는 나무막대기와 돌이었을 것이다.

- 도구에 의해 소유가 생기게 된다. 그러나 그것은 개인의 소유가 아닌 무리의 소유, 즉 '조직(Organization)'의 소유이다.

아이디어 박스 1-1

■ 인간에게 있어, 일한다는 의미는?

"인간은 생각하는 갈대다."라고 파스칼(B. Pascal)은 말한다. "인생은 짧고 예술은 길다."라고 히포크라테스(Hippocrates)는 이야기하였다. 육체적·정신적 노력을 들여 일을 하는 것이 바로 인간이 하는 중요한 활동인 노동이다. 이러한 노동을 통해서 만이 생계를 유지할 수 있다. 결국 노동이란 땀의 고뇌인 것이다. 따라서 인간과 노동은 뗄려야 뗄 수 없는 숙명적 관계에 있다. 인간은 일을 하지 않고는 살 수 없다. 따라서 일하는 자 만이 살 수 있다. "일하지 않는 자는 먹지도 말라."라고 안중근 열사도 강조하였다.

이러한 인간과 노동의 관계에도 많은 역사적 변화가 있다. 고대 그리스 시대에 인간노동은 노예가 담당해야 할 형벌로 간주되었고, 성경에서 인간노동은 인간원죄의 대가라고 인식되었다. 중세로 넘어와서 "노동은 신성하다."라는 사상과 함께 모든 노동은 신성한 것으로 생각하였다.

근대사회에서는 막스(K. Marx)라는 사상가에 의해 노동 가치설, 즉 노동은 가치창조의 원천이라는 주장이 제기되었다. 이 시기에 심리학자인 프로이트(S. Freud)에 의하면 노동은 불쾌하고 고통스러운 것으로 간주되기도 하였다. 이 시대의 노동의 의미는 빵을 얻기 위한 수단이며, 약간의 수입과 지위를 얻기 위한 수단일 뿐이었다.

현대사회에는 노동이 인본주의적 노동관으로 바뀌게 되는데 매슬로(A. Maslow)는 노동은 "자아실현의 수단이다."라고 하였고, 벨(D. Bell)은 "노동은 여가생활과 연결될 때만 의미를 가진다."고 하였다. 현대는 노동이 쉬워지고 여가와 욕구가 증가하여 노동의 의미가 달라지고 있는 것이다. 따라서 노동은 인생의 궁극적인 목적이 되지 못하고, 노동은 인생의 궁극적인 목적인 행복을 달성하기 위한 수단이 되는 것이다.

(2) 조직

동물에게 던지고 과일을 잘게 썰던 나무막대기나 돌을 주워 함께 모여서 조직적으로 일한다는 것은, 인간이 그것을 사용하면 약간이나마 일의 능률을 올리는 것이 가능하게 된다는 것을 의미한다. 이것이 인간이 동물로부터 구별되는 두 번째 특징인 노동을 하되 "함께 모여서 조직적으로 일한다."는 것이다.

- 여러 해가 지난 뒤 사람들 사이에는 '분업(Division of Labor)'이라는 개념이 일 반화되기 시작하였다. 결국 일종의 '전문화(Specialization)'가 시작된 것이다.
- 분업을 통해 완전히 새로운 방식으로 생산성은 향상되고 능률이 높아졌다. 초기 분업은 아직 매우 원시적이고 단순한 것이었지만, 그럼에도 매우 중요한 의미를 가지고 있었다.
- 남자는 수렵을 나가고 여자는 열매를 채집하거나 어린아이를 보살피고 그 외의 모든 노동을 맡아 했다. 빨리 달린다는 것은 동물잡기에 있어 매우 중요하며, 이런 종류의 노동에는 남자가 여자보다도 더 적합했을 것이다. 간혹 며칠이 걸리는 힘든 노동도 있었을 것이고, 더 강력한 창과 돌도끼를 만들어야겠다는 생각도 했을 것이다.

아이디어 박스 1-2

어제의 동지에서 적으로

대서양의 조그만 무인도에 두 사람이 살고 있었다. 한 사람은 독일 사람이고, 또 한 사람은 영국 사람이었다. 두 사람은 아주 친한 사이여서 갈등 없이 함께 고기도 잡고 밭도 갈면서 하루하루를 보내고 있었다. 어떻든 이들은 서로 세상에서 단 한 사람의 말상대가 되었으므로 아주 귀중한 존재가 아닐 수 없었다. 말다툼 한 번 하는 일 없이, 세상에서 가장 화목한 부부라 할지라도 그럴 수는 없으리라 생각될 정도로 그들은 평화로운 나날을 보내고 있었다.

그런데 어느 날 신문지 조각 한 장이 해변에 흘러왔다. 그것은 멀리 바다 위로 지나가던 배에서 떨어뜨려진 것인 듯 싶은 한 쪽의 신문조각으로 독일이 영국에 선전포고를 하였다는 뉴스가 실려 있었다. 두 사람은 세계대전이 일어나 자기들의 조국이 싸움을 시작했음을 처음으로 알게 되었다.

그때 이후부터 두 사람의 생활은 완전히 바뀌어졌다. 먼저 서로 말을 하지 않게 되고 그러다가 논쟁을 벌이게 되어 주먹다짐까지 하게 되고, 싸움 끝에 피로에 지치면 서로 노려보게 되었다.

(3) 사회

채취에서 경작으로 그리고 야생동물의 사육으로 이어지게 되었고, 땅을 개척해 토지가 확대되면서 그 땅에서 살아가는 사람들의 수도 증가하였다. 그리하여 '인간사회'가 성립되었다. 인간사회의 출현이 어디에서부터였던지 간에 모든 사회는 어떤 패턴들을 공통적으로 갖고 있다. 이 중 가장 우선적이고 중요한 점은, 생존투쟁의 단위가 '개인'이 아니라 '사회'라는 점이다. 모든 인간은 조직된 집단의 구성원이 되어 살고 있으며, 소속된 집단의 운명에 많은 지배를 받게 되어 있다. 이러한 인간사회에서 가장 문제가 되는 것은 경제적인 문제도 아니요, 승진문제도 아니다. 바로 부부, 상사와 부하, 동료, 고객 등의 관계에서 일어나는 '인간관계상의 갈등 문제'이다. 결국 인간사회는 여러 사람들이 함께 모여 협동적으로 추구하는 목표를 성취하고자 하는 현장이며, 그런 과정 속에 끊임없이 문제가 발생하게 되는 것이다.

- 인간이 생포한 동물을 기른다는 생각을 하게 된 것은 우연일 수도 있을 것이다. 목축을 하면서 원시인들은 '관리(Management)'를 잘하면 동물 수가 급속히 증식된다는 것을 알게 되었을 것이다. 가축무리가 급속히 증식되고 수확이 증대되면 완전히 새로운 형태, 즉 포식을 한다 하더라도 남는 양이 생긴다는 것이었다. 이제 이 잉여생산물을 놓고 각축이 벌어지게 된 것이다.
- 두 개의 인간집단이 같은 수렵장에서 충돌이 생긴 경우에 한편의 집단이 승리하면 싸움은 끝난다. 승자는 패자를 죽이고 그가 가지고 있는 것을 빼앗는다. 이기는 전쟁은 다다익선이기 때문에 전쟁은 이익을 가져다주는 수단이 되었고, 이제는 생산물이 약탈전쟁으로 변했으며 그러한 전쟁을 통해 억압받는 집단의 불행을 인간에게 가져다주었다. 전쟁에서 이기기 위해서는 무원칙, 무관리, 무경영으로 해서는 안 된다는 사실을 깨달으면서 '관리(경영)의 개념'이 필연적으로 등장하게 되었던 것이다.

2. 인간관계의 이해

모든 조직은 인간으로 구성된다. 그래서 사람이 없는 조직은 조직이라 부를 수 없다. 어떤 사람들은 관리자로, 어떤 사람은 작업자로, 어떤 사람은 주인으로, 어떤 사람은 대리인으로 행세한다. 이렇듯 다양한 역할을 맡은 인간들이 서로 함께 모여 협동적으로 일하며 목표를 성취하고자 하는 것이다. 하지만 그 구성원들이 정말 추구해야 할 목표를 위해 자신의 에너지와 시간을 충분히 투자하지 못하고, 서로 '갈등관계'에 빠진다면 그 조직의 성과나 목표달성은 이루어낼 수 없다. 그러므로 조직 안의 사람들과 조직과 관련된 사람들이 행복한 조직생활을 영위하도록 해야 할 뿐 아니라, 일생의 대부분을 조직에서 보내는 인간의 삶 자체가 윤택해지도록 하는 것이 필요하다. 따라서 인간은 독립적이거나 배타적일 수 없으며 서로 "관련을 맺어야 한다."는 것이다.

(1) 인간관계의 중요성

사람들은 누구나 보다 좋은 인간관계를 원하기 때문에 어느 정도의 상식적인 수준에서 머물지 않고, 인간관계에 대하여 과학적이며, 체계적으로 공부하기를 원한다. 인간관계론을 배움으로써 일정 상황에서 자신이 취해야 할 방법을 미리 터득할 수 있는 계기가 될 수 있다.

인간관계의 기술은 사교나 직업을 위한 개인적 목적뿐 아니라 조직의 목표를 달성하는 데 있어 개인에게 도움을 준다. 따라서 개인과 조직에 중요한 역할을 하는 인간관계 스킬(Skill)이 왜 중요한지 몇 가지 이유를 통해 설명하면 다음과 같다.

- 사람들은 물적 자원, 재무적 자원 그리고 인적 자원을 통해 일한다. 특히, 인적 자원은 물적·재무적 자원들을 통제하며 일을 하는 주체이기에 매우 중요하다. 고도로 훈련되고 일에 대한 열성이 높은 종업원은 다른 두 가지 자원인 물적 자원과 재무적 자원에 비해 생산성이나 품질을 향상하는 데 있어서 중요한 역할을 한다. 생산성을 향상시키기 위해서 기업의 관리자는 노동자와 사용자 간의 관계를 개선하는 데 노력해야만 한다. 기술혁신과 생산성 향상에 있어서는 인간적 요인이 중요한 부분을 차지하기 때문이다.

- 조직 내에서 인간관계가 잘못된다면 좋은 유대관계는 물론이요, 조직생활을 제대로 해낼 수 없게 된다. 특히, 조직에 들어간 지 얼마 되지 않았을 때나 중간 정도의 직장경력이 있었을 때에는 더더욱 그렇다. 그러므로 대인관계 능력의 문제는 성공을 위해서도 절대적이요, 조직생활 성패를 결정짓는 중요한 사안이 될 수밖에 없다.

- 경쟁이 치열해지는 환경변화가 심한 시대에는 어느 때보다도 대인관계

능력이 요구된다. 일반적으로 조직생활의 실패는 인간관계 실패에서 기인한다.

■ 직무에 대한 몰입이나 특정한 직업에 몰입하는 것은 대인관계 능력에 달려있다. 직장에서 해고된 대부분의 사람들 중 66% 정도는 대인관계의 실패 때문에 해고되었던 것이고, 단지 34% 정도만이 일과 관련된 기술이라든가 지식 부족 등의 원인으로 해고되었다.

(2) 인간관계의 목표

인간관계란 용어는 '사람들 사이의 상호작용'을 의미한다. 우리가 대학을

아이디어 박스 1-3

■ 분업의 힘

경제학의 아버지라 할 수 있는 아담 스미스(A. Smith)도 분업의 법칙에 대해 "조직이 분업을 적절하게 사용하여야만 한 국가의 부(The Wealth of Nations)를 증가시킬 수 있다."고 하였다. 옷핀 제조공장에서 10명의 작업자가 철사를 가지고 하루에 약 20개 정도의 옷핀을 만들어 내고 있었다. 옷핀이 만들어지는 작업공정은 철사를 자르는 것, 뾰족하게 가는 것, 둥글게 구부리기 등 모두 18가지였다. 아담 스미스는 18가지 작업공정을 한 사람이 모두 담당하지 말고, 한 사람이 1~2가지의 일만 할 것을 제안하였다. 그 결과 하루에 만들어낸 옷핀은 무려 48,000개나 되었다. 생산성이 무려 240배 증가했던 것이다. 그래서 그는 분업을 통한 생산성 향상이 국가를 부유하게 만든다고 결론 내렸다.

졸업하고 인생의 첫 직장에 들어가면 낯선 사람들과 만나게 된다. 그러다가 같이 일할 동료들과 상사들을 비롯하여 다양한 사람들과 접하게 되고, 다른 부서 그리고 고객들과도 만나게 된다. 자기가 수행하여야 할 일보다도 대인관계의 일이 더 먼저 시작된다. 취업을 한 신입사원이 괴로운 것은 일을 몰라서 혹은 어떤 일을 해야 할지를 몰라서가 아니라 사람들을 몰라서 겪는 곤란함이 더 많은 게 사실이다. 인간관계의 목표는 다음과 같다.

- 조직목적을 달성하면서 개인의 욕구를 만족시키는 상황을 유도해 가는 것이다. 누구는 승자가 되고 누구는 패자가 되어서는 건전한 인간관계가 형성될 수 없기 때문에 '모두가 함께 승자가 되는 상황(Win - Win Situation)'을 만드는 것이 중요하다. 노사관계에 있어서 사용자가 승자가 되고 노동자가 패자가 되는 상황이나, 사용자가 패자가 되고 노동자가 승자가 되는 상황 모두 다 좋지 못하다.
- 부부관계, 상사와 부하관계, 학생과 선생님과의 관계 그 어떤 관계에서도 마찬가지이다. 따라서 '우리들과 게네들(We - They)'이라는 갈등의 모습이 아닌 '나(Me)보다는, 우리(We)'가 강조되어야 한다.

3. 인간관계를 이해하는 분석수준

인간관계론의 연구대상은 사람들의 행동(Behavior)과 깊은 관계가 있다. 행동이란 말은 단순하게 사람들이 어떤 일을 하고, 말하고 하는 것에서부터 상대를 특정한 방식으로 지각하고, 특정인에 대하여 긍정적·부정적 태도를 가지고 행동하는 것 등 매우 다양한 것까지 포함한다.

인간관계를 학문적으로 연구하기 위해서는 이러한 인간행동을 연구해야 하는데, 이때 인간의 행동은 일반적으로 세 가지 행동수준 '개인수준, 집단수준, 조직수준'에서 파악될 수 있다. 하지만 본서에서는 인간관계의 분석수준을 개인 차원(Personal Factor)과 대인관계 차원(Interpersonal Factor)으로 대분한다([도표 1 - 1] 참조).

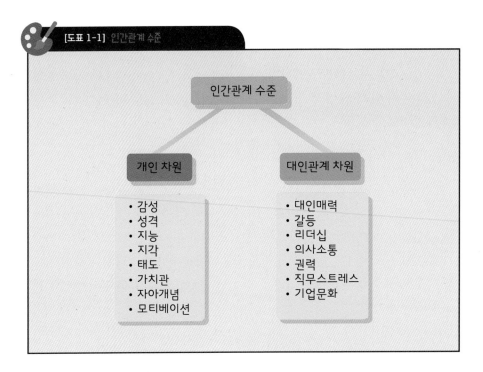

[도표 1-1] 인간관계 수준

(1) 개인 차원

조직 내에는 나, 부하, 상사, 동료 등과 같이 여러 개인들이 모여 있다. 이 사람들은 조직구성원이기 이전에 한 인간이며 개인이다.

■ 개인 차원의 행동들은 개인이 가진 속성들로 감성, 성격, 지능, 지각, 태도, 가치관, 자아개념, 모티베이션 등이다.

(2) 대인관계 차원

집단 속의 행동은 2~3명 이상이 서로 상호작용하면서 어떤 일을 해냈을 경우를 말한다. 인간은 다른 개인과 공통된 속성도 함께 가지고 있어, 개인과 개인이 서로 연결되어서 일하고 행동한다. 예를 들어, 외향적인 성격을 가진 다섯 명이 영업부에 속해 있다고 그 영업부가 일을 항시 외향적으로 하는 것은 아니다. 다섯 명 간의 커뮤니케이션, 리더십, 권력, 갈등 등이 바로 '집단행동' 수준에서의 인간행동에 따라 상호 영향을 끼친다.

- 대인매력, 갈등, 리더십, 의사소통, 권력, 직무스트레스 등에도 관심을 가져야 집단 속의 개인을 이해할 수 있게 된다.
- 조직은 목표를 달성하기 위하여 일하는 개인들의 집단이다. 영리조직이든 비영리조직이든 간에 조직 내에는 그에 맞는 행동이 존재한다. 예를 들어, 아무개의 행동처럼 조직도 마찬가지로 어떤 행동을 한다. 조직 내 부서가 몇 개이며, 조직의 규칙과 제도가 어떠하며, 조직의 분위기에 따라 개인 및 집단의 행동이 영향받게 되어 있다.
- 그러므로 조직수준에서의 행동은 개인과 집단의 행동이 상호작용하면서 서로 결합되어 질 때의 행동을 말한다. 대표적인 것이 기업문화이다. 따라서 조직수준의 행동은 조직의 개인 및 집단의 행동을 모아놓은 행동으로 구성된다. 본서에서는 인간관계의 가치 행동, 즉 개인행동, 집단행동, 조직행동을 개인 차원과 대인관계 차원으로 구분하여 설명할 것이다.

[도표 1-2]는 좋은 인간관계를 위해서는 행동과 성과가 상호 연계되어야 함을 보여준다.

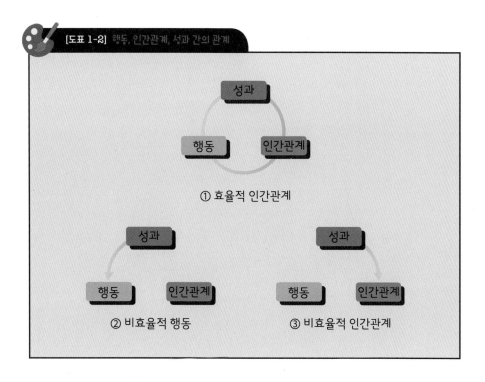

[도표 1-2] 행동, 인간관계, 성과 간의 관계

① 효율적 인간관계

② 비효율적 행동

③ 비효율적 인간관계

4. 인간관계론 정의와 체계

(1) 인간관계론 정의

대학을 졸업하고 보람찬 직장을 다니기 위해서는 특정 직업을 갖기 위해서 필요로 하는 지식, 스킬, 태도 등의 역량(Competency)을 보유해야 한다. 효과적인 인간관계 혹은 대인관계 기술을 가지고 있지 못한다면 직장생활 내내 어려움을 겪게 될 것이다. 요즘처럼 변화무쌍한 직장환경에서 일도 복잡하지만 인간관계는 더더욱 어렵고 복잡하다. 인간관계를 연구하는 학문을 인간관계론이라고 하는데, 인간관계론은 '사람들이 서로 어떻게 상호작용하는지 사람들 간의 관계를 연구하는 것'으로 정의된다.

- 인간관계와 관련된 지식은 개인, 직무 그리고 경력의 유효성을 향상시키는 데 도움이 된다. 효율적인 인간관계는 지식, 경험, 스킬 그리고 속성, 태도 등의 조화가 있을 때 가능하다. 예를 들어, 인간이 가지고 있는 인지적 스킬(Cognitive Skills)에는 의사결정, 문제해결, 비판적 사고, 창의성, 혁신 등이 있다.
- 인간이 가진 관계스킬(Relationship Skills)은 영향력, 협상, 의사소통, 적극적 경청과 신뢰구축 등이 포함된다.
- 개인능력(Personal Capabilities)은 적응력, 유연성, 발랄함, 정직성, 자아계발 등이다. 예를 들어, 강한 인간관계 스킬을 가진 사람들은 자신의 직장생활과 삶에서 성공가능성이 훨씬 높고 타인과의 업무수행능력에서도 앞서게 된다.
- 인간관계에 대해서 공부하는 것이 직장생활에서 일을 할 때 파생되는 타인과의 문제를 해결해줄 뿐 아니라 타인의 신념이나 태도, 행동을 이해하는 데 도움이 된다.

(2) 인간관계 연구의 체계적 접근법

사람들이 어떻게 상호작용하고 일을 하면서 행동하는지에 대하여 다양한 요인들이 영향을 미친다. 독자들이 이 교과서 내용의 학습을 통해 인간관계 연구의 체계적인 접근법을 이해하게 된다면, 특정 조직에서 어떻게 효율적인 인간관계를 맺어갈 것인지에 대해 알게 될 것이다.

■ 체계$^{(System)}$란 전체를 구성하는 개별요소들의 집합체라 할 수 있다.

■ 하나의 체계 내에서 각각 부분은 다른 부분과 연결되어 있고 직접적인 영향을 미치게 되고 각각의 부분은 전체에 영향을 준다. 예를 들어, 기업은 불량품을 줄이면서 생산비용을 낮추기를 원한다. 이러한 업무를 하기 위해서 품질에 영향을 주는 요인에 관심을 갖게 된다.

■ 기업이 출시하려는 상품의 품질에 영향을 미치는 요인을 찾기 위해 원재료, 기술 그리고 제조과정, 작업자의 숙련이나 작업태도, 작업자를 통제하는 감독자들의 관리방식 등 개별요소들에 문제가 없는지, 개선할 점은 없는지에 주목해야 한다. 이는 하나의 체계 안에서 조직의 지속성장을 위해 각 부서 간 연결관계가 원활한지, 각 개별요소들이 조직 전체의 목표 달성을 위해 서로 효율적으로 작동하는지를 관리하는 접근법이다.

■ 체계적인 접근법을 통해 기업은 조직의 상이한 부서들 사이에 효율적인 연계에 주목하게 된다. 개인과 집단의 상호작용이 어떻게 조직의 전반적인 성과에 영향을 주는지에 대해 끊임없이 노력하게 된다. [도표 1-3]은 인간관계에 미치는 각 부분들과의 영향관계를 나타내고 있다.

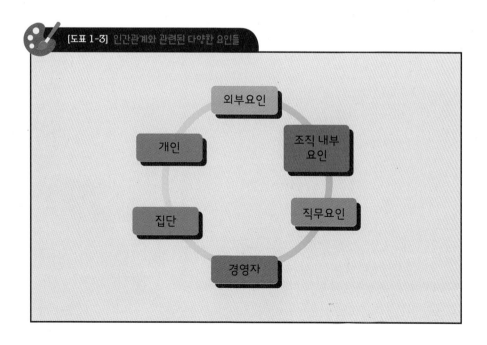

[도표 1-3] 인간관계와 관련된 다양한 요인들

외부요인
조직 내부 요인
개인
직무요인
집단
경영자

- 외부요인 : 기술변화, 인구통계 급변
- 조직의 내부요인 : 리더십, 권력, 다양한 인력구성, 조직목표, 조직구조, 조직문화
- 직무요인 : 신기술 수용 등
- 경영자 : 개인의 관리스타일 등
- 집단 : 의사결정과정, 갈등관리 등
- 개인 : 개인의 학습, 감성과 태도, 지각, 동기부여 등

아이디어 박스　1-4

■ 조직 특성의 변화와 요구되는 역량

컴퓨터와 기술이 사회 · 경제적으로 미치는 변화와 영향을 집중적으로 연구해온 세계적 미래학자이자 미래전략 컨설팅 전문가인 제임스 마틴(J. Martin)은 그의 책 「Cybercorp」에서 21세기 조직의 핵심 특징을 [도표 1-4]와 같이 분석하고 있다.

[도표 1-4] 21세기 조직의 특징

요인	특징
속도	일들이 매우 빠르게 진행되고 신속한 의사결정이 요구됨.
반환시간	활동과 결과는 신속하게 발생함.
불확실성	변화와 불확실성은 문제와 기회를 만듦.
가상기업	종업원이 특정공간에 위치하지 않음.
차별화된 능력	조직의 독특한 능력은 경쟁력을 제공함.
기민성	유연성이 핵심.
지식의 하부구조	지식의 토대는 정보사용, 확산, 분류, 향상, 저장, 창조, 취득을 위해 필요함.
지리적 다양성	조직은 여러 개의 제품에 초점을 두거나 지역적 특수성 대신 지리적 다양성과 하나의 제품에 초점을 둠.
학습	종업원 지원에 강조를 둠으로써 조직이 더 많은 공헌을 하도록 종업원의 스킬과 지식을 증가시킴.

실전실습

*각 실전의 답은 별도의 교안에 들어 있음.

Q

1. 다른 사람들이 당신을 좋아하게 만드는 비결이 있을까? 다음 과정은 하나의 샘플이다.

① 미소(웃음) : 웃음으로 사람을 대하면 상대는 나를 우호적으로 인지할 것이다.

② 말과 행동이 같은 사람이 되기 : 상대는 진솔하게 나를 대할 것이다.

③ 항상 호재를 전달하는 사람이 되기 : 다른 사람에게 실현가능한 긍정적 소식을 주자.

④ 긍정적인 사람이 되자 : 항상 세상을 긍정의 눈으로 바라본다.

⑤ 행복하게 만드는 사람 : 그 사람이 속한 조직(회사)도 밝아진다.

⑥ 적절한 신체 언어를 사용하기 : 사람들이 관심을 가질 수 있도록 비언어적 단서를 적절하게 사용하자.

⑦ 여러분 자신을 더 많이 노출하자 : 사람 속을 알 수 있도록 진정성으로 소통하면 상대는 나를 더 친근하게 느낄 것이다.

A

1. 타인이 나를 더 좋아하게 하는 방법은 다음과 같다.

①

②

③

④

⑤

⑥

⑦

Q 2. 교재 6쪽, 인간에게 있어 일한다는 의미는? 다음은 샘플이다.

① 노동을 통해서 생계유지가 가능하다.

② 일을 하지 않고는 살 수 없다.

③ 노동은 가치창조의 원천이다.

④ 노동은 자아실현의 수단이다.

⑤ 노동은 인생의 행복을 추구하기 위한 수단이다.

A 2. 여러분이 생각하는 일한다는 의미는 다음과 같다.

①

②

③

④

⑤

Q 3. 다음은 인간관계 퀴즈 10가지이다. 결과 값이 어떤가? 개선이 필요한 것이 몇 가지인가? 결과를 가지고 여러 친구들과 비교하면서, 나의 인간관계를 판단해 보자.

3. 그렇다고 할 때 '강함', 그렇지 않으면 '향상 필요', 보통이면 '평균'이라고 쓰자.

구 분	내가 나를 평가할 때	나를 잘 아는 사람 (친구, 가족, 동료)이 나를 평가할 때
① 나는 자신감 있다.		
② 나는 윤리적이고 정직하다.		
③ 나는 창의적 문제해결자이다.		
④ 나는 의사소통을 잘하는 사람이다.		
⑤ 나는 상호 협력적이다.		
⑥ 나는 변화를 기꺼이 받아들인다.		
⑦ 나는 주도하는 편이다.		
⑧ 나는 어떤 사람과도 편안하게 지낸다.		
⑨ 나는 책임을 피하지 않는다.		
⑩ 나는 부드러운 용모를 가지고 있다.		

4. 다음은 인간관계 분석수준에 관한 퀴즈이다.
　　다음 칸을 완성 하시오.

A

4. 그렇다고 할 때 '강함'. 그렇지 않으면 '향상 필요', 보통이면 '평균'이라고 쓰자.

분석수준	개인수준(1인)	대인관계 수준(2인 이상)
① 감성		
② 대인매력		
③ 성격		
④ 리더십		
⑤ 지능		
⑥ 의사소통		
⑦ 태도		
⑧ 가치관		
⑨ 권력		
⑩ 자아개념		
⑪ 직무스트레스		
⑫ 모티베이션		
⑬ 기업문화		

학습성과

■ **2장을 학습한 뒤 학습자가 할 수 있어야 할 학습성과**

1. 인관관계론에 영향을 준 인접학문들을 설명할 수 있어야 한다.
2. 인간관계론의 역사적 발전 단계들을 설명할 수 있어야 한다.
3. 인관관계론 연구대상을 분석할 수 있어야 한다.

핵심
키워드

■ **과학적 연구방법, 인접학문, 조직행동론, 고전학파, 과학적 관리법, 관료제, 호손연구, 21세기 스킬**

쉬어가며

■ **안개의 기원/박제영**

춘천 춘천 나지막이 춘천을 부르면 출렁출렁 안개가 새어 나옵니다 아니 정확히 안개인지는 모르겠습니다 춘천이라는 말, 그 말에 한 번이라도 닿은 것들은 마침내 안개가 됩니다 아니 호수에 비친 얼굴이 안개처럼 흐려졌다는 말일 수도 있습니다 어쩌면 단지 떠도는 소문일지도 모릅니다

어제는 횃불을 들고 안개 자욱한 공지천변을 따라 고슴도치 섬까지 걸어갔더랬습니다.
춘천의 정현우 시인이 그랬거든요

"고슴도치 섬에는 안개공장이 있대 퇴출된 詩노동자들이 섬 밖으로 안개를 나르고 있대"
과연 그러했습니다 늙은 난쟁이들과 맹인들이, 물론 그들은 퇴출된 습지의 시인들입니다 섬 밖으로 안개를 나르고 있었습니다 그들에게 물었습니다 여기가 안개의 기원인가요? 아니라고 더 깊은 곳까지 가보라고 자기들도 그곳에서 온 물과 바람과 나무와 풀로, 고양이의 울음과 쥐의 눈물과 도마뱀의 오줌으로 안개를 만들고 있을 뿐이라고
안개 속에서 더 깊은 안개 속으로 그렇게 한참을 걸어 들어갔더랬습니다
사람도, 나무도, 강물도 안개가 되어버린 그 속에서 과연 나는 무엇을 보았을까요?
아무 것도 없습니다.
춘천에서 안개의 가장 안쪽을 아주 오래 걸어보았는데, 마침내 아무 것도, 안개도 없습니다

Chapter 2

인간관계론의 시대적 발전

인간관계라는 학문을 말하기에 앞서 우리는 **인간관계**와 **인간관계론** 학문을 먼저 구분해 볼 필요가 있다. 인간관계에 대한 처세술, 즉 기법적인 측면에 중점을 두고 실제적인 사실을 다루는 세계가 때로는 **대인관계(Interpersonal Relations)**라고도 불리는 인간관계이며, 이러한 사실 또는 현상을 분석하고 해석하며 바람직한 인간관계를 연구하려는 학문을 인간관계론이라고 한다. 그러므로「인간관계론」이란 인간행동에 관한 학문이다. 이러한 인간관계론은 인간을 주체로 한 인간의 상호작용에 관한 학문, 인간에 대하여 파악해 보려는 일종의 **실천적 학문**이라 할 수 있다.

1. 인간탐구의 어려움

인간에 대한 연구는 매우 오래 전부터 계속되어 왔지만, 인간에 대한 탐구는 주로 철학자나 신학자들로부터 시작되었다. 인간관계는 실로 복잡·미묘하기에 이를 이해하고 해석하기 어려울 뿐만 아니라, 더 나아가 인간이란 무엇이며, 인간관계란 어떤 것인지에 관해서 한마디로 쉽게 말할 수 없다.

인간탐구가 어려운 이유는 다음과 같다.

- 과학을 통해서도 인간의 실체를 정확히 분석해 낼 수 없다. 이렇듯 인간행동, 인간관계에 대한 특성으로 인해 인간을 단지 과학적 방법을 통해 분석한다는 것은 별 의미가 없을 수도 있다. 실험실에서 특정상황을 조작한다거나, 엄격한 통제조건에서 인간을 분석하는 것 자체가 무의미할 수도 있기 때문이다. 갓난아기조차도 자신의 독특한 경험과 다양한 본능을 가진 존재이기 때문에 고유한 인간행동들을 무시한 채, **과학적 연구방법**만을 적용하여 해석하는 것도 오류를 만들어 낼 수 있다는 점이다.

- 인간에 대한 연구인 인간관계론이 직면한 어려움중 하나가 과학적 조사방법의 적용한계에만 있는 것은 아니다. 인간을 구성하고 있는 여러 특정부분들도 중요하지만 전체적 형상(Configurations)이 더 중요하다는 뜻이다. 최근까지 전체의 이해보다는 세부적인 원소, 분자부터 연구해야 한다

는 원소 환원론적 학문탐구 경향으로 인해 전체적인 인간 형상들의 미세한 분석과 부분탐구에 지나치게 몰두하였었다. 그러다 보니 전체적인 모습을 조망해보는 노력보다는 인간의 성격, 지각, 태도 등 특정한 부분만을 파헤치는 경향이 심했다.

■ 인간을 한 가지 특질, 즉 성격에 따라 개인을 분류할 수도 있지만 성격에 따른 인간분류는 또 다른 특질, 예를 들어 지능 같은 특질에 따른 분류와는 아무런 상관이 없을 수도 있다. 그러므로 인간에 관한 부분적 이해와 전체적 모습의 조망이 동시에 필요하다.

■ 자연과학에서는 어떤 현상을 측정할 수 있게끔 정확하고, 누구에게나 제시 가능한 단위들이 설정되어 있다. 그러나 사회과학 중에서도 인간에 대한 탐구는 그런 단위들이 명확하게 설정될 수도 없을뿐더러, 있다 하더라도 정말 그럴 것인가라는 의문을 갖게 한다. 많은 정신분석학적 결론들이 표면적으로 타당성을 지니고는 있지만 사실상 이 결론들 대부분은 인간이 내린 주관적 판단에 기초한 것이어서 과학에서 요구하는 '증명'이 가능하지 못한 것들도 많다.

2. 인접학문으로부터의 통합

인간관계론은 인접학문들의 도움을 받아야 하며, 그러한 인접학문의 과학적 조사방법들을 원용해야만 한다. 그래서 개인은 심리학이나 조직행동론에서, 사회는 사회학에서, 문화는 문화인류학에서의 지식들을 빌려올 수밖에 없다. 물론 각 학문을 분리시켜 놓음으로써 얻을 수 있는 이득이 있기도 하다. 그러나 어느 한 분야를 연구하는 연구자라 할지라도 다른 분야들을 참조하지 않으면 문제를 명확하게 해결하기 어렵다는 것도 분명하다.

그러므로 [도표 2-1]에서와 같이 인간관계론은 심리학, 사회심리학, 사회학, 문화인류학, 정치학의 발견들을 통합하는 인간행동의 학문이다. 인간관계론에 도움을 준 학문은 응용행동과학이며 수많은 행동관련 전공으로부터 도움을 받았다.

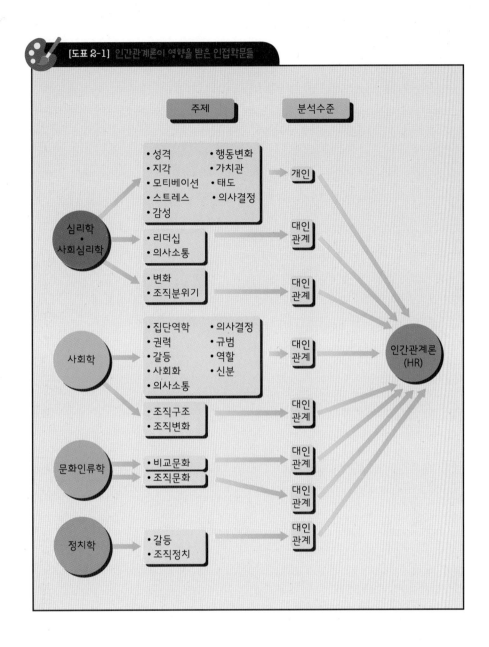

[도표 2-1] 인간관계론이 영향을 받은 인접학문들

(1) 심리학

심리학은 인간이나 동물의 행동변화를 측정하고 설명하려 한다. 심리학자들은 개인행동을 연구하는 데 관심을 가지고 있다. 학습이론가, 지각이론가, 임상심리상담가들은 인간관계론의 지식체계에 많은 공헌을 하였다. 특히, 산업조직심리학자들은 피로, 지루감, 그리고 효율적인 직무수행을 방해하는 작업조건과 관련된 요인들에 관심을 가졌다. 최근에 그들은 학습, 지각, 성격, 정서, 교육훈련, 리더십, 욕구와 동기부여, 직무만족과 의사결정과정 그리고 직무수행평가, 태도측정, 종업원선발기법 그리고 작업설계, 직무스트레스를 설명하는 데 많은 공헌을 하고 있다.

(2) 사회심리학

사회심리학은 심리학의 한 분야로 심리학과 사회학 둘 모두로부터 파생된 학문이다. 이 학문은 타인으로부터 사람들이 영향을 받는 것에 초점이 맞추어져 있다. 어떻게 사람들이 변화를 수용하고 변화에 대한 장애를 어떻게 줄일 수 있으며 실행시킬 수 있는가를 연구한다. 게다가 사회심리학자들은 태도변화의 이해와 측정, 의사소통 유형, 신뢰형성, 개인욕구를 만족시키기 위한 집단활동의 방법들 그리고 집단의사결정과정에서 많은 공헌이 있었다.

(3) 사회학

심리학자들이 개인에 관심을 가지는 반면에 사회학자들은 개인의 역할 안에서 사회체계를 연구한다. 즉, 사회학은 인간존재에 수반되는 여러 가지 관련성을 연구한다. 사회학자들은 특히 공식조직과 복잡조직 등 조직 내의 집단행동 연구를 통해 인간관계론에 많은 도움을 주었다. 집단역학, 작업팀의 설계, 조직문화, 공식조직 이론과 구조, 조직기술, 의사소통, 권력과 갈등의 주제에 사회학자들의 공헌이 많다.

(4) 문화인류학

문화인류학은 인간존재에 대하여 탐구하며 인간의 활동에 대하여 연구하는 학문이다. 예를 들어, 문화인류학자들은 문화나 환경에 관한 연구를 통해 서로 다른 조직이나 국가에서 인간들 간 기본적인 가치관, 태도, 행동에 어떤 차이가 있는지를 연구한다. 오늘날 조직문화, 조직환경, 비교문화 차이에 대한 연구들 중 대부분이 문화인류학의 연구방법을 사용하여 이루어진 것들이다.

(5) 정치학

정치학의 공헌도 인간관계론을 이해하는 데 아주 의미가 있다. 정치학은 정치적인 환경 내의 집단이나 개인의 행동을 연구한다. 여기에는 아주 특별한 주제에 관심을 갖는 갈등의 구조, 권력의 배분, 그리고 어떻게 개인의 관심사에 대한 권력행사의 수위를 조절할 것인가 하는 것들이다.

3. 인간관계론의 연구대상

『Human Relations in Business』라는 책을 쓴 데이비스(K. Davis)는 인간관계론을 다음 두 가지 측면을 갖는 학문임을 주장한다.

- 실증연구를 통하여 인간행동의 인과관계를 이해하고 기술하며 확인하는 일이다.
- 지식을 실제적인 상황에 응용하는 것과 관련된 것이다.

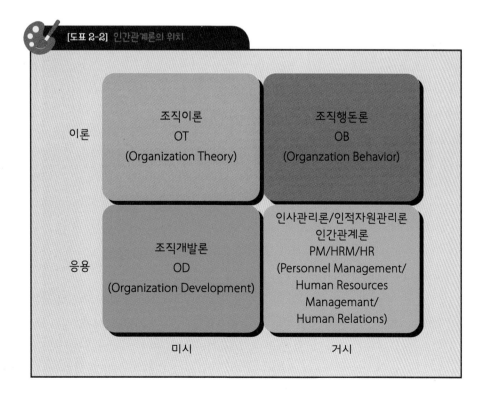

[도표 2-2] 인간관계론의 위치

	미시	거시
이론	조직이론 OT (Organization Theory)	조직행돈론 OB (Organzation Behavior)
응용	조직개발론 OD (Organization Development)	인사관리론/인적자원관리론 인간관계론 PM/HRM/HR (Personnel Management/ Human Resources Managemant/ Human Relations)

그는 전자를 '조직행동론(Organization Behavior: OB)'이라고 하며, 후자를 '인간관계론(Human Relations : HR)'이라고 명명하면서 이들이 상호보완적으로 사용되어야 함을 밝히고 있다([도표 2-2] 참조).

따라서 인간관계론의 연구대상은 조직행동론의 연구대상과 별 차이가 없다. 조직행동론이 조직경영에 있어 인간 측면과 조직 측면을 다루는 것처럼, 인간관계론은 조직과 개인행동에 있어서의 '인간관계'에 초점을 두고 조직 속의 인간행동에 영향을 미치는 여러 요인들을 이해하려는 관점을 가진다.

4. 인간관계론의 형성과정

(1) 고전학파 : 1900년대~1920년대

폐쇄적 – 합리적 이론을 주장하는 학자들을 고전학파(Classical School)라고 부른다. 과학적 관리이론의 아버지로 불리는 테일러(F. W. Taylor), 테일러보다 더 상세한 경영관리이론을 주장한 페욜(H. Fayol), 합리성에 입각한 관료제의 베버(M. Weber) 등이 대표적 인물이다.

① 테일러의 「과학적 관리법」

테일러는 조직적 태업(Systematic Soldering)이 단지 임금지불제도의 불합리성 때문에 나타난 것이 아니라, 이른바 '주먹구구식(Rule of Thumb) 관리'나 '표류관리(Drifting Management)'에 의한 노동의 비합리적 운용에 기인한다고 생각하였다. 그러므로 여러 측면에서의 과학적이고 합리적인 방법이 도입되어야 하고, 작업자를 과학적인 방법으로 선발·훈련하여 개인능력을 발전시켜주어야 한다고 주장하였다. 관리자는 구상하고 작업자는 실행해야 하며 '시간연구'나 '동작연구'와 같은 과학적 방법을 통한 작업방식의 과학화, 임금형태의 합리화, 작업환경의 개선 및 정비, 작업자의 신체적 조건에 대한 철저한 분석 등이 적용되어야 함을 제기하였다. 이것이 바로 '테일러리즘' 혹은 테일러시스템인 「과학적 관리법(The Principles of Scientific Management)」이다. 그 내용은 다음과 같다.

과학적 관리법 ■

테일러(F. W. Taylor)는 공장 작업자로 입사하여 감독자를 거쳐 끝내 공장 경영자가 되면서 회사가 생산량을 더 증가시키고 종업원이 보다 나은 임금을 받기 위해서는 작업환경을 설계하는 것이 중요하다는 것을 깨달았다. 그는 무거운 쇳덩이를 다루는 작업자가 작업 중에 언제 일하고 언제 휴식하는지에 관하여 일일이 지시함으로써 그들이 피로도 덜 느끼면서 작업자의 평균생산성을 하루에 12.5톤에서 47톤으로 증가시켰다. 그 결과 작업자들은 더 많은 임금을 받을 수 있게 되었으며, 회사도 톤당 드는 비용을 9.2센트에서 3.9센트로 감소시키는 효과를 보게 되었다. 이런 내용을 담은 책이 바로 오늘날까지 잘 알려져 있는 『과학적 관리법(The Principles of Scientific Management)』이다.

이러한 과학적 관리법은 첫째, 효율성을 증진시키기 위해 작업방법을 과학적으로 설계한다. 둘째, 우수한 작업자들을 선발하고 그들을 새로운 방법에 의해 교육시킨다. 셋째, 관리자와 작업자들 간에 협동심을 고양시키고, 넷째, 관리자와 작업자들이 작업설계와 작업수행에 있어서의 책임을 함께 진다. 그러나 과학적 관리법의 부작용도 있었다. 작업자들을 비인간적으로 착취했고, 전보다 적은 수의 작업자들만으로도 작업이 이루어질 수 있기 때문에 실업률이 증가하는 결과를 초래하였다. 그럼에도 불구하고 테일러의 과학적 관리법은 인간관계론 태동에 많은 기여를 하였다.

- 모든 작업자에게 명확하게 설정된 충분한 과업을 주어야 한다(a Large Daily Task).

- 작업자가 과업을 확실히 수행할 수 있도록 표준화된 여러 조건을 부여하여야 한다(Standard Conditions).

- 작업자가 과업을 완수한 경우, 성공에 대한 높은 임금을 지불하여야 한다(High Pay for Success).

- 작업자가 과업을 완수하지 못하고 실패할 경우, 손실을 작업자에게 부담시켜야 한다(Loss in Case of Failure).

- 과업은 평범한 일꾼이 아닌 최상의 조건을 갖춘 소수의 인간만이 달성할 수 있는 것이어야 한다(a First Class Man).

② 폐욜의 경영관리 직능 이론

폐욜은『산업 및 일반경영관리론(Administration Industrielle et Generale)』에서 기업들이 수행하게 되는 모든 활동들을 다음과 같은 6개 부문으로 구분하였다.

- 기술적 직능 : 생산, 제조, 가공

- 영업적 직능 : 구매, 판매, 교환

- 재무적 직능 : 자본의 조달과 관리

- 보호 · 안전적 직능 : 재산과 종업원의 보호

- 회계적 직능 : 재고조사(관리), 대차대조표, 원가계산, 기타 통계자료 등

- 경영관리적 직능 : 기획, 조직, 지휘, 명령, 조정, 통제

[도표 2-3] 폐욜의 14가지 경영관리 원칙

① 분업화 : 모든 작업은 분업화, 전문화한다.
② 권한과 책임 : 상급자는 명령권과 책임을 가진다.
③ 규율 : 사원들은 정해진 규율을 지켜야 한다.
④ 명령통일 : 어떤 일의 지시든, 한 사람의 상사로부터만 받아야 한다.
⑤ 지휘통일 : 목표를 완수하기 위해 한 사람의 상급자에 의해 특정의 계획으로 작성되고 지휘되어야 한다.
⑥ 조직목표 우선 : 개인목표가 조직목표, 단체목표보다 우선될 수 없다.
⑦ 고정보상 : 보상은 조직, 주주, 노동자 모두를 만족시키는 수준으로 적절하게 정해져야 한다.
⑧ 집권화 : 분권화와 집권화는 상황에 따라 적정수준으로 유지해야 한다.
⑨ 계층화 : 조직의 지시, 의사소통, 정보전달 등은 계층과 상하연결망을 통하여 이루어져야 한다.
⑩ 질서와 순서 : 조직 내 모든 인적 · 물적 자원은 순서에 의해 질서정연하게 배치, 배분, 사용되어야 한다.
⑪ 공정 : 상급자는 모든 하급자를 공정하게 대해야 한다.
⑫ 고용보장 : 이직률을 낮추고 사원들에게 고용안정을 확신시켜야 한다.
⑬ 자율권 부여 : 구성원에게 자율과 결정권을 부여한다.
⑭ 협동심 부여 : 구성원들의 단결과 조화를 유지함으로써 동기를 부여한다.

페욜은 관리기능의 합리적인 수행을 위해 [도표 2-3]과 같은 14가지 경영 관리 원칙을 제시하였다.

③ 베버의 관료제

베버는 『사회 및 경제조직의 이론(Theory of Social and Economic Organizations)』에서 권한의 구조에 관한 이론을 발표하였다. 그는 이상적인 조직형태를 관료제로 설명한다. 베버의 관료제 특징을 요약하면 다음과 같다.

- 합법적 권한과 권력에 의한 지배
- 규칙·규정 등의 일괄체계에 의한 의사결정
- 조직의 최고경영층을 정점으로 하는 권한·책임의 수직적 구조

아이디어 박스 2-2

인간자원의 중요성

1800년대 영국의 오웬(R. Owen)은 공장 노동자의 전반적 직무상황과 작업환경을 향상시키는 데 관심을 가진 최초의 인물이다. 그는 조직에서 인간자원의 중요성을 인식한 최초의 경영자 중 한 사람이었다. 그 전까지 공장 노동자들은 기계나 설비와 같은 범주로 논의되었다. 스코틀랜드의 라나크(Lanark)라는 작은 마을 공장에서 9살 나이의 유아노동, 15시간 노동, 열악한 작업환경, 부도덕과 각종 범죄 등이 아무 거리낌 없이 자행되고 있다는 것을 알게 되었다. 그러자 오웬은 혁신을 단행하여 유아들을 위한 교육은 물론, 모든 공장 노동자에게 주택과 음식, 의복 등을 제공하였다. 그는 인간은 공장의 주인으로서 대접받아야 하며, 인격적 가치를 인식해야 한다고 주장하였다. 그는 보다 나은 작업환경, 최소 작업연령의 제한, 종업원 복리후생 등의 정책을 새롭게 하고 작업 시간도 단축하였다. 아무도 이런 생각을 가지고 있지 않았을 때 오웬만이 이러한 일을 한 것이다. 후세에 사람들은 오웬을 '인사관리의 아버지'라고 부르게 되었다.

- 전문화에 의한 과업의 분화

- 연공과 고과에 의한 승진

- 조직 내에서 각자의 지위에 따른 명령과 책임범위의 한정

- 능력과 기술적 지식에 따른 인원의 선발

(2) 행동학파 : 1920년대~1950년대

인간적 측면을 강조하는 1920년대에서 1950년 사이에 주장한 이론 중 가장 대표적인 것이 인간관계론의 출현이다.

① 오웬의 인간적 경영

산업혁명을 통해 사람들이 농장에서 공장으로 대거 이동하자. 새로운 공장 체계와 경영관리에 대한 필요성이 증대되었다. 육체적 힘이 좋은 사람 중에서 승진노무자가 발생하였고, 이들은 자기 나름대로의 방식으로 관리를 하고 있었다. 특히, 가부장적 관리가 주를 이루었는데, 공장주들은 자기가 데리고 있는 사람들은 내 자식이며, 내 맘대로 부려도 된다고 생각하고 있었다. 따라서

아이디어 박스 2-3

■ 배우자와 직업의 선택

인간과 교육, 인간과 조직, 인간과 직장 등은 인간이 떼려야 뗄 수 없는 관련을 지니고 있는 것들이다. 교육과 조직은 인간이 태어나는 순간부터 시작되어 죽음에 이르기까지 함께한다. 그래서 칸트(I. Kant)는 "교육이 사람을 사람답게 한다."고 하였다. 그렇다면 인간과 직장은 어떤 관계에 있는가? 일이 있어야 생계도 유지할 수 있으며, 인생을 살면서 소속감도 보유하게 된다. 일은 지위도 주고, 우리들의 주거장소도 제공해주며, 더 크게는 자아실현도 해준다. 그래서 인간이 살면서 가장 중요하게 생각해야 하는 것이 배우자의 선택과 직업의 선택이다.

인간은 생산의 원천이며, 기계의 한 부속품 취급을 당하며 착취당했다. 작업환경이나 안전 혹은 신체적 상해에 대한 조건은 매우 열악했다. 이러한 조건에서 작업자들은 위험에 무방비상태로 노출되어 있었으며, 단순작업에 내몰린 채 단조로움과 권태감에 찌들고 있었다.

② 메이요의 인간관계론

고전학파에 해당하는 관리방식은 조직의 인간적 측면을 무시하고 기계주의적인 관리기술의 합리화를 목적으로 하였다. 하지만 기업의 경영규모가 확대됨에 따라 경영관리의 과정에 대한 분석이 중요하게 되었다. 종업원들의 욕구불만에 의한 능률의 저하를 초래하고 경영자와의 적대적인 마찰을 가져오게 되었다. 마침내 하버드교수진의 몰인간성에 대한 비판과 기계주의적인 관리론에 대한 반성의 소리가 높아지게 되고, 호손연구(Hawthorne Study)를 계기로 활발하게 전개된 이러한 비판은 결국 '인간관계론'이라는 학문으로 탄생되었다.

인간관계론의 연구는 인간관계론의 아버지라 불리는 메이요(E. Mayo) 교수를 비롯한 몇몇의 동료교수들에 의하여 시작되었다. 초기에는 '조직에 있어서 인간행동의 새로운 이해'라는 주제 아래 산업에서의 노동과 피로의 조사에서 비롯되었다. 이러한 연구가 서부전기주식회사의 호손공장(Western Electric Hawthorne Plant)에서 실시되었다. 호손공장의 실험에 대한 결론은 다음과 같다.

- 작업능률을 좌우하는 것은 임금·노동시간 등의 노동조건과 조명·환기의 작업환경으로서의 물적 조건만이 아니라, 오히려 종업원들의 태도라든가 아니면 감정의 측면이 보다 더 중요하다는 것이 발견되었다. 이를 호손효과(Hawthorne Effect)라고 한다.

- 물적 조건도 그 개선에 의하여 효과를 가져올 수 있으나, 오히려 종업원들의 심리적 요인(욕구)이 물적 조건보다 더 중요하다는 것이다.

- 종업원들의 태도나 감정을 좌우하는 것은 개인적·사회적 환경, 사내의 권력관계, 혹은 소속하는 비공식 집단(Informal Group)의 힘 등이었다.

- 상사와 부하의 인간관계는 부하의 산출량의 질과 양에 중요한 영향을 미친다는 것이다. 종업원이 상사를 진정으로 존경하지 않는다면 제대로 상사의 지시와 명령에 귀 기울이지 않게 될 것이다.

결국 종업원의 소속감이 중요하며, 인간의 상호작용에 의하여 자연적으로 발생된 인간관계가 매우 중요하다는 사실이 인식되었다. 이러한 실험을 계기로 조직을 구성하고 있는 사람의 측면에서 사람을 효과적으로 관리하는 데 관심이 증폭되었으며, 고전적 경영이론의 한계를 극복하려는 주장이 운동(Human Relations Movement)처럼 일어났다.

(3) 경영과학 학파 : 1960년대~1990년대

제2차 세계대전 동안 영국군과 미군은 대규모 부대 이동을 조정하는 것, 적절한 군수물자를 적합한 장소에 공급하는 것을 관리하는 것과 같은 복잡한 문제를 해결하는 데 많은 관심을 가졌다. 군부대에서는 수학자, 물리학자, 여러 과학자들로 구성된 경영과학 학파(Management Science School)로부터 많은 도움을 받았다.

군대에서의 관리방식이 기업의 복잡한 경영문제를 해결하는 모형을 개발하고 다양한 기법들을 사용하는 것으로까지 연결되었다.

■ 컴퓨터의 도움으로 통계모형(Statistical Models)을 적용하기가 훨씬 수월해졌다.

■ 통계모형은 경영자의 분석도구로서 조직활동을 계획하거나 통제하는 데 필요한 의사결정에 도움이 되었다.

(4) 정보시대와 창의성 시대 : 1990년대 이후 현재

21세기 스킬을 위한 파트너십(Partnership for 21st Century Skills)이라는 광범위한 연구조사에 의하면 지난 수십년 사이, 산업경제가 제조업 중심 기반에서 정보, 지식, 혁신에 의해 작동되는 서비스 경제로 급격하게 변동되었다고 한다.

■ 이제는 서비스 경제에서 더 선진화된 경제로 이동하고 있다.

■ 혁신적인 산업과 기업, 고성장 일자리 등은 새로운 지식을 생산하고 팀으로 일을 하며 정보관리 등 효과적인 의사소통을 통해 복잡한 문제에 대하여 유연하게 반응하는 역량을 보유하도록 종업원을 교육시키는 데 주안점을 두고 있다.

[도표 2-4] 21세기 스킬

학습과 혁신 스킬	정보, 매체, 기술 스킬	삶과 경력 스킬
◆ 창의성과 혁신 ◆ 비판적 사고와 문제해결 능력 ◆ 의사소통과 협력	◆ 정보파악 능력 ◆ 매체파악 능력 ◆ ICT(Information & Communication Technology) 분석능력	◆ 유연성과 적응력 ◆ 주도권과 자기통제 ◆ 사회적, 비교문화적 스킬 ◆ 생산성과 책무

■ 1990년대 정보시대를 넘어 이제는 창의성이 핵심 패러다임이 되는 시대로 변하고 있다.

21세기에 필요한 스킬은 **[도표 2-4]**와 같다.

CHAPTER 2

실전실습

 1. 다음은 인간관계론 연구의 역사를 정리한 것이다. 그림에서처럼 시대별 주요 변화에 대해 연구하여 보자.

시대별 주요 변화

Human Relations Timeline

1830	1870	1990	1920	1930	1940	1950	1960	1970-1990
• 오웬 • 엔드류 유어		• 프레드릭 테일러 • 에릭 파커 폴레 • 막스 베버	• 엘튼 메이요 • 길브레스 부부		• 아브라함 매슬로우		• 더글라스 맥그리거 • 에릭 번 • 칼 로저스	• 에드워드 데밍
• 공급자 철학	• 노동기사단 (Knights of Labor) • 노동조합 연합 조직 • 노동환경 열악 • 불공정한 처우	• 관료제	• 과학적 관리 • One best way	• 강성 노조 • 호손 실험	• 인간관계론 탄생	• 과학적 관리 • 욕구5단계설	• X이론, Y이론 • 교류분석 • 갈등관리 • 집단역학	• 인간관계론 연구 촉발 • 전시적 품질관리 성장

- 로버트 오웬(Robert Owen : 1771-1858)은 웨일즈 몽고메리셔 뉴타운에서 출생한 사회주의자이면서 개혁가이다. 그는 스코틀랜드에 방직공장을 운영하면서 조합을 만들고 임금과 노동조건을 개선하여 노동자 사기를 올리는 운동을 펼쳤다. 영국과 미국의 노동자들에 많은 영향을 미쳤다. 그의 철학은 오웬주의(Owenism)라 불릴 만큼 그의 주장을 따르는 사람들이 많았다. 전 세계 협동조합 설립운동의 아버지이면서 인사관리의 아버지로 불린다.

- 조지 엘튼 메이요(George Elton Mayo : 1868-1949)는 오스트리아 애들레이드에서 출생한 조직이론가이며 심리학자이다. 미국으로 넘어와 산업연구 분야의 하버드 대학 교수를 하면서 호손연구를 주도하면서 인간관계학파를 시작한 인물이 되었다. 그가 가진 기본적 철학은 조직에는 모든 작업자들 간에 사회적 환경과 좋은 인간관계가 형성되어지는 것이며, 사람들은 자기이익만으로 동기부여 되는 것이 아니라는 점을 주장하였다.

- 길브레스(Frank Gilbreth : 1868-1924 & Lillian Gilbtrth : 1878-1972)부부 중 프랭크 길브레스는 뉴욕에서 태어난 엔지니어이고 릴리언 길브래스는 교사이자 심리학자이다. 1904년 부부가 된 이들은 생산과정에서 다른 어떤 요소보다 노동과정에서의 동작연구(Motion Study)에 관심을 가졌다. 자신의 성을 거꾸로 철자하여 서블리그(Therblig)법이라 하여 작업의 기본요소동작을 정하고 불필요한 동작을 줄여 능률적인 작업을 하는 방법을 연구하였다.

1. 인간관계론을 연구한 역사적 인물들이 많이 있다. 역사적인 고전학파 인물 3분에 대하여 분석해보자.

-

-

-

2. 'Chapter 2. 인간관계론의 시대적 발전'에 나오는 핵심 키워드가 무엇인지 정확하게 이해할 필요가 있다. 용어의 정의로부터 학문은 시작되기 때문이다.

2. 용어의 정의는 다음과 같다.

① 과학적 연구방법 :

② 인접학문 :

③ 행동과학 :

④ 실증연구 :

⑤ 인과관계 :

⑥ 자연과학과 사회과학:

Q ㅌ. 다음 박스 안에 있는 핵심키워드는 누구의 주장인가?

A

ㅌ. 주장자 :

Division of work / Authority / Discipline / Unity of command / Unity of direction / Subordination of individual interests to general interests / Remuneration / Centralization / Scalar chain / Order / Equity / Stability of tenure of personnel / Initiative / Esprit de corps

Q 4. 엘트 메이요는 다음 박스처럼 주장하고 있다.

① Giving people attention can change their productivity.

② Employees have many needs beyond those satisfied by money.

③ Informal work groups can be very powerful within an organization.

④ The relationship between supervisors and employees in very important, affecting both quantity and quality of employee output.

⑤ Employees have many needs that are met away from the job.

⑥ Relations between coworkers affect their performance.

A

4. 핵심이 무엇인지 파악하자.

①

②

③

④

⑤

⑥

3장을 학습한 뒤 학습자가 할 수 있어야 할 학습성과

1. 인간관의 변화에 대해 설명할 수 있어야 한다.
2. 인간존재의 유형에 대해 설명할 수 있어야 한다.
3. 인간관계 개선에 대해 설명할 수 있어야 한다.
4. 교류분석에 대해 설명할 수 있어야 한다.
5. 경영자 역할에 대해 설명할 수 있어야 한다.

경제인, 사회인, 자아실현인, 자기지각, 자기주장, 타인지각, 타인합의, 교류분석, 경영자 역할

섬/박제영

격렬돈지 비열돈지는 모르것고 섬이 원래 격렬하고 비열한 것잉께 죽었다 깨도 모를 것이다 뱃놈서방 뱃놈아부지 바다가 다 잡아묵꼬 독한년 징한년 소리 이십 년은 이골이 나믄 그나마도 쪼메 알 것잉께 섬은 무신? 염빙하고 자빠짓네

어찌까이 슴 이야그는 와 혔당께로 저 작것이 슴 이야그만 나오면 요라고 그마 환장허분당께 오늘 장시 파했응께 언능 가랑께로

삭힌 홍어와 탁주 맛있게 먹었다고, 잘 먹고 간다고, 하면 되었을 것을, 하여튼 입이 방정이다 춘천 풍물시장 완도탁배기 집에 가시거든 완도 여자 금정氏와 그 어미를 만나시거든 격렬비열도 같은 섬 이야기는 꺼내지 마시라 홍어맹키로 삭힌 여자들이니 환장할 섬을 몸 속에 삭힌 여자들이니

Chapter 3

인간관 변화와 인간관계 개선

들어가며

가정, 직장, 학교, 지역, 혈연 등 사람은 어디에서든지 인간관계를 맺으며 살아가게 된다. 그런데 이러한 인간관계를 자세히 파고들면 1대1의 무수한 인간관계가 얽혀있음을 알 수 있다. 그렇다면 어떤 상태를 가리켜 올바른 인간관계라고 말할 수 있을까? 그것은 상대하는 사람이 서로 개인으로 독립하여 **대등한 입장**에서 관계를 맺고 서로가 충분히 자신을 주장한 결과로써 상호이해에 도달하는 관계일 것이다. 그러나 대등한 인간관계에 갑자기 **균열**이 생기기도 하며 원래 상태로 복귀되는 것 자체가 불가능해지기도 한다. 그러므로 인간관이 시대마다 어떻게 변화되고 있는지와 인간관계에 균열이 생겼을 때 어떻게 개선할 수 있는지에 대해 학습해 보기로 하자.

1. 인간관의 변화

인간관계의 주요 이론들은 각 시대에 맞는 인간에 관한 관점이 변화되어 왔다. **경제인**(Economic Man), **사회인**(Social Man), **자아실현인**(Self Actualizing Man) 등이 각각 시대를 대표하는 인간관이다. 이러한 인간관은 고정된 것이 아니라, 그 사회의 그 시대 사람들이 지향하는 관점이었다(**[도표 3−1]** 참조).

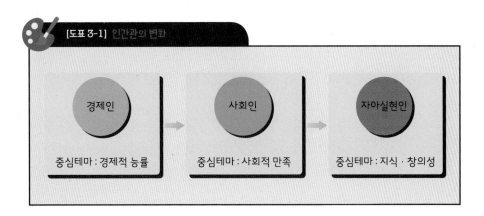

[도표 3-1] 인간관의 변화

경제인	사회인	자아실현인
중심테마 : 경제적 능률	중심테마 : 사회적 만족	중심테마 : 지식 · 창의성

(1) 경제인 인간관

테일러는 과학적 관리법과 함께 20세기를 여는 중요한 사람으로 간주된다. 그는 철강회사의 엔지니어로 근무하면서 낭비와 비효율성에 대해 관심을 가졌다. 그는 노동자들이 조직적 태업을 하는 이유가 일일 과업표준량이 정해져 있지 않은 채 주먹구구식 지시와 명령 때문이고, 그들이 매우 열심히 일한 결과가 평상시 달성해야 될 표준량이 되는 것을 두려워했기 때문이라고 결론지었다. 또한 작업자들은 모든 작업이 완료되면 해고될지도 모른다고 생각했기 때문이다. 테일러는 근본적으로 노동자들이 어리석으며, 게으르고 뻔뻔스러운 사람들이기에 물질적인 동기가 주어지지 않으면 일을 열심히 하지 않는다는 기계적 인간관을 가지고 있었다. 이러한 기계적 인간관에 근거하여 조직은 효율성, 능률의 논리, 경제성, 합리성을 향상시키기 위해서 노력하였다.

(2) 사회인 인간관

1930년대 호손공장 실험결과에 영향을 받은 인간관계 운동은 종래의 기계적 인간관을 버리고 사회적 인간관을 더 중요한 패러다임으로 생각하였다. 심리학적 인간관을 조직유효성에 기여하는 인간관으로 보게 된 것이다. 사회인으로서의 인간은 경제적·기계적·합리적 존재라기보다는 제한된 합리성(Bounded Rationality)을 가진, 사회적 동물로서 의미와 만족을 추구하며 스스로 동기유발에 의해 일을 하는 존재로 또는 비공식 조직의 구성원으로서 비공식 리더의 리더십에 영향을 받는 사회적 존재라는 인식이 1940년 이후 널리 확산되었다.

(3) 자아실현인 인간관

매슬로(A.H. Maslow)의 욕구단계설에서 인간의 가장 고차원적 욕구가 바로 자아실현의 욕구라는 주장이 제기되면서, 인간은 직장생활을 통해 자아실현을 추구한다라는 인간관이 나타나게 되었다. 인간관계 측면에서 볼 때 개인의 행동동기에 있어서 경제적 혹은 물질적 욕구 충족보다도 사회적 욕구와 자아실현 욕구에 대한 충족이 더욱 강조되고 있다. 따라서 개인은 작업집단에 대한 소속감, 조직으로부터의 인정, 그리고 자기 직무에 대한 만족감을 통해 자기 직무의 자율성과 책임성, 성취감을 더 중시하게 된 것이다.

2. 인간존재의 유형

현대 인간관계론에서는 인간을 '관계적 존재', '주체적 존재', '상황적 존재'로 규정하고 있다. **[도표 3-2]**는 3가지 존재의 관계를 나타낸 것이다.

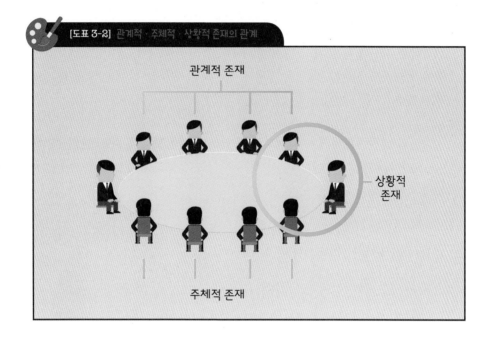

[도표 3-2] 관계적 · 주체적 · 상황적 존재의 관계

관계적 존재

상황적 존재

주체적 존재

(1) 관계적 존재

인간은 자신을 둘러싸고 있는 환경 속에서 접촉하는 '대상, 사물, 사람'과 어떤 '목적'을 가지고 환경들을 상대해야만 한다. 인간은 무수히 많은 사물, 사람을 접하고 있는 것이다. 이러한 인간존재를 '관계적 존재'라고 한다.

(2) 주체적 존재

직장에서는 활달한 성격의 사람으로 여겨지는 사람이, 집에서는 그 반대이거나, 학교에서는 조용한 학생인 듯 싶지만, 집에서는 수다쟁이인 학생들을 우리 주위에서 쉽게 찾아볼 수 있다. 이처럼 장소에 따라 다른 성격을 나타내는 예는 수없이 많다. 그렇다고 해서 사람이 순간순간 원칙 없이 행동하는 것은 아니다. 사람은 몰개성적인 존재도 아니며 여러 가지 인생체험을 통해 서서히 자신의 생각이 확고해져 그것에 의해 행동하게 되는 것이다. 이렇게 주체적으로 살아가는 인간존재가 바로 '주체적 존재'이다.

(3) 상황적 존재

사람은 타인과 접할 때 관계적 존재로서 자신을 의식하지만, 그때그때의 상황에 의해서도 변한다. 이렇듯 상황에 의존해서 변하는 인간을 '상황적 존재'라고 한다.

이상의 인간존재의 3가지 형태는 독립되어 있기보다는 서로 관련되어 있다. 주체적 존재인 인간이 어떤 상황에 처하면 상황적 존재로 변하기도 하며, 특정 상황과 특정 관계로 인해 관계적 존재가 더 강해지기도 하는 것이다.

3. 인간관계의 메커니즘

"사람과 사람이 관련을 갖는다."라는 것은 어떤 것일까?

- 사람은 본래 자유롭고 싶어 한다. 결국 타인에게 구속되지 않고 자신이 느끼는 대로 또 자신의 의지대로 자신을 위해 행동하기를 원한다.

- 그러나 사람은 혼자서 살 수 없기 때문에 다른 사람과 관계함으로써 그 순간부터 완전한 자유를 누릴 수 없게 된다. 두 사람의 관계에 있어서 한 사람이 완전히 자유롭기 위해서는 다른 한 사람은 자유의 일부를 포기하지 않으면 안 되기 때문이다.

- 사람과 사람이 대등한 관계로 마주할 경우, 상대방도 자신도 똑같이 자유롭고 싶다고 생각하고 있으며, 자신과 상대하는 상대방도 나와 같은 가치를 가진 인간이라고 생각하는 것이 옳다.

인간관계에서 상대방과 조화를 이루는 것이 절대적으로 필요하다.

올바른 인간관계가 되기 위해서 **[도표 3-3]**의 4가지 측면에서의 인간관계가 제대로 이루어지지 않을 때 어떻게 되는지에 대하여 설명하기로 한다.

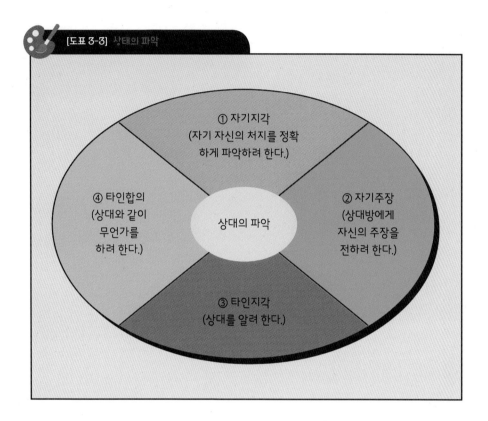

[도표 3-3] 상태의 파악

(1) 자기지각의 실패

자기지각이란 어떤 것일까? 자기지각은 내 자신은 어떤 존재일까에 대한 자아의식이라고 할 수 있다. 결국 타인과 자신과의 관계에 있어 '관계적 존재', '주체적 존재'로서의 자신을 올바르게 인식하는 것이다.

① 객체와 주체로서의 자신

사람은 자신을 어떻게 인지하는 것일까? 감정을 억제하고 될 수 있는 한 객관화하여 자기 자신을 파악해야 한다. 결국 과거의 자신이 여러 가지 상황 속에서 현실에 어떻게 반응하고 어떻게 살았는가를 객관화하여 관찰하거나 자신을 이미지화시켜 보는 것이다. 자신을 객관화시켜 보면 자신이 어떻게 보일까?

아이디어 박스 3-1

■ 다면적 사고

슈베르트(F. P. Schubert)는 신동(Super Child)이 아니라 초인(Super Man)이었다. 그러나 모차르트는 양쪽 다였다. 모차르트가 불후의 명곡을 많이 남긴 것도 중요하지만, 그의 다면적 사고가 그의 많은 창조적인 활동을 가능하게 만들었다는 것이 더 중요하다. 흥을 돋우는 기악곡이나 화려한 아리아 속에 엄숙함과 슬픔을 느끼도록 했으며, 진지하고 엄숙한 진혼곡에도 화려한 오페라의 느낌이 묻어나도록 작곡을 하였다. 그의 음악은 장조(Major)와 단조(Minor)가 환상적으로 결합되어 있으며, 서로 상반되는 요인을 동시에 생각하는 사고방식을 가지고 있었다. 이는 피카소도 그랬고, 백남준도 그랬다.

대부분의 사람들은 수직적 사고(Vertical Thinking)에 익숙해져 있기 때문에 수평적 사고(Lateral Thinking)의 장점을 이야기하기 위해 수직적 사고와 비교해 보는 것도 의미가 있다. 수직적 사고에서 중요하게 여기는 것이 올바름(Rightness)이라면 수평적 사고에서 중요시하는 것은 풍부함(Richness)이라 할 수 있다. 수직적 사고는 여타 다른 사고의 경로를 무시하고 하나의 경로만을 선택한다. 이에 반해 수평적 사고는 어떤 한 경로만을 선택하는 것이 아니라, 다른 경로도 개발하려고 한다. 또한 수직적 사고는 이동해 나갈 방향이 있을 때만 이동하고, 수평적 사고는 방향을 창출해내기 위해 이동한다. 예를 들어, 어떤 사람이 "율리시스는 위선자다."라는 결론을 내렸다고 하자. 3명의 사람이 이런 결론에 대해 서로 다른 태도를 갖고 있다. 넌 틀렸어, 율리시스는 위선자가 아니야!, 어 재미있는데! 네가 어떻게 해서 그런 결론에 도달했는지 얘기해 줄래?, 매우 좋아! 다음은 뭐지? 그 아이디어를 어떻게 발전시킬 수 있니? 수직적 사고가 분석적이라면 수평적 사고는 능동적이다.

- 먼저 자신이 어떤 개성의 소유자인가 하는 점과 자신이 처한 상황에 어떤 적응능력을 가지고 있는가 하는 점을 파악해야 한다.

- 그 반대로 주체로서의 자신에만 이끌려 사는 것도 올바른 인간관계라 할 수 없다. 결국 객체로서의 자신을 의식하면서 주체성을 지닌 채 주체와 객체가 합체되는 세계에서 살고 그 속에서 자신을 파악하면서 다른 사람과 인간관계를 맺어나가는 것이 이상적인 모습일 것이다.

② 보여지는 자신과 자기 자신

타인이 자신을 제대로 볼 수 없기 때문에 다른 사람들에게 보여지는 자신의 모습이 더 높은 객관성, 신뢰성을 가질 것이다. 이러한 자신을 '보여지는 자신'이라 부르자. 그러나 다른 사람은 나에 대하여 그렇게 말하지만 나는 다르다, 나는 이러하다라고 생각하는 자기 자신의 모습을 가지고 있다. 이러한 자신을 '자기 자신'이라 부르자. 이렇듯 보여지는 자신과 자기 자신에 따라 3가지의 인간관계 모습으로 나누어 진다.

■ '보여지는 자신'만으로 행동하는 유형이다. 이 유형은 타인과의 대립과 주위 사람으로부터의 고립을 두려워하는 사람들이다. 현대의 젊은이들 중 피동적인 생활로 주체성이 미처 성숙되지 못한 사람들이 여기에 해당한다. 이러한 유형의 인간관계도 앞서 말한 것처럼 객체로서의 자신에 연연하는 사람들과 같다.

■ '자기 자신'만으로 행동하는 유형이다. 이 유형은 타인은 안중에도 없이 자신의 세계에서만 사는 사람이다. 현대의 젊은이들은 초등학교 때부터 다양한 학습이나 여러 재능을 배우는 등 또래 친구들과의 교제가 적어져서 자신만의 세계에 갇혀 사회성이 희박한 경우가 있다. 이들은 타인에 대한 배려심이 결여되고 독선적 행동을 하는 경우가 많다. 또한 이들은 자신보다 능력 있는 사람을 대하면 열등감 및 좌절감에 빠지게 된다.

■ 양자의 조화를 이루면서 행동하는 유형이다. 이 유형은 타인에게 보여지는 자신의 모습을 알고, 자기 자신을 끝까지 밀고 나갈 수 있는 끈기 있는 주체성과 창조성을 발휘할 수 있는 사람으로, 이러한 인간관계가 바람직하다.

(2) 자기주장의 실패

자기주장은 단순히 자신이 하고 싶은 것을 일방적으로 표현하는 것이 아니다. 상대방이 자기주장에 동의를 표현해 주지 않는 경우도 매우 흔하다.

① 왜 자기주장을 하는가?

사람과 사람이 인간관계를 맺기 위해서는 자신과 상대방 간의 '관계에 대한 적극적 작용'이 필요하다. 가정, 학교, 직장에서 인간은 타인과 접촉하면서 공동의 목표를 향해 무언가를 실현하는 다양한 관계의 매듭을 수없이 서로 공유하고 있다. 예를 들면, 가정에서 인간은 윤택하고 안정된 가정을 만들기를 원한다. 부모들은 아이들이 건강하고 건전하게 성장하기를 바란다. 이것은 혼자서는 절대로 실현될 수 없다. 부부간의 협력이 필요하고, 부모 자식간에도 조화로운 관계가 성립되지 않으면 안정된 가정을 이룰 수 없다. 이때에 대치하는 사람 또는 한 사람과 여러 사람 사이에서 어느 쪽이든 한 쪽의 관계에 대하여 적극적 작용이 필요한데, 이것이 바로 자기주장이다.

- 이렇게 사람은 새로운 관계를 맺기 위해 자기주장을 한다. 사람은 타인과의 관계 속에서 '주체적 존재'이고 싶어 하기 때문이다. '관계적 존재'로서의 자신을 의식하고 그 속에서 관계에 대한 적극적인 작용으로써 자기주장이 생겨난다.

- 그러나 인간관계가 시작되면 관계 속에서 자신의 주체성과 고유성을 인정받으려 하는 욕구가 커지며 또 다른 자기주장이 생긴다.

- 따라서 사람은 관계 속에서 자기위치를 찾기 위해 자기주장을 한다. 인간은 관계적 존재이고 인생 속에서 여러 사람과 여러 상황에서 관계를 맺어가는 상황적 존재이다. 그러나 한번 맺은 관계가 영원히 유지되기는 불가능하다. 그래서 관계가 희박해지기도 하고 잘잘못으로 좋았던 인간관계가 끊어지기도 한다.

② 무엇을 주장하는가?

이미 살펴본 바와 같이 자기주장은 인간관계에 있어서 '관계에 대한' 적극적 작용이다. 진정한 자기주장이 없으면 안 된다. 남에게서 빌린 자신을 주장한다면 인간관계는 잘못될 것이기 때문이다.

또한 사람은 '상황적 존재'라고 했다. 결혼하여 여러 가지 가정환경의 상황 속에서 작은 실패를 거듭하면서도 각자의 자리를 지키는 사람이 많다. 그 사람의 경제적 경영능력, 시부모와 남편, 자식 등과의 인간관계를 원활하게 하는 능력, 어떤 때는 위기를 극복하는 능력 등도 있다. 여러 상황 속에서 자신의 위치를 알고 타인을 향해 주장하고 싶은 것을 전하려 하는 것이 자기주장이다. 이러한 의미에서 지기주장이 되지 않은 사람은 타인과 좋은 인간관계를 맺을 수 없고 좋지 않은 인간관계를 만들게 한다.

(3) 타인지각의 실패

앞에서 사람이 자신을 안다는 것이 얼마나 어려운 것인지 서술했다. 자기 자신이 막연한 존재라고 한다면 남을 정확히 안다는 것은 한층 더 어려울 것이다. 말하는 사람보다 말을 듣는 사람이 대화의 전체적 모습을 알아차리기 쉽다. 사람은 일상적 생활에서 타인을 알고 싶어 하고, 대인관계를 만들어내지만 그 대인관계의 동기에 대해 더 알고 싶어 한다. 반대로 사람은 무관심한 타인에 대해서는 별 관심을 두지 않는다.

- 알려고 하는 욕구가 생겨나는 것은 타인과 새롭게 관계를 갖고 싶어 하는 동기(관계희망)가 있기 때문이다.
- 존재하는 관계를 서로 유지, 발전시키고 싶어 하는 동기(관계유지)도 있다.
- 특정관계 속에서 타인에게 의존하거나 지배하고 싶어 하는 동기(관계지배)가 있다.
- 존재하고 있는 현상을 피하려는 동기(관계거부)도 있다.

따라서 관계희망, 관계유지, 관계지배 등의 동기로 인해 타인을 이해하려는 욕구가 생겨나는 것이다. 이러한 점을 단서로 하여 사람은 어떻게 타인지각을 하는지 생각해 보자.

① 상대의 무엇을 보는가?

맞선을 보는 상황을 가정해보자. 처음 만나는 순간에 사람은 상대의 무엇을 관찰하는가?

- 자신이 표현한 것에 대해 상대가 어떻게 반응하는 행동을 하는가 이다.
- 상대가 타인을 어떻게 대하는 사람일까 하는 단서이다. 그 단서를 통해 신뢰할 만한 인물일까 아닐까 하는 것을 알고 싶어한다.
- 상대가 타인으로부터 어떻게 취급되고 있는가 하는 실마리를 알고 싶어 한다.
- 상대에 대한 감정을 냉정하게 관찰하고 있는가 하는 점이다.

■ 한눈에 반하거나 하면 냉정한 판단이 되지 않는다. 호의적 감정을 없애고 상대를 냉철하게 관찰하려 한다.

② '상대방을 안다'는 것은?

"상대를 알고 싶다."라는 것은 자기주장, 결국 상대에게 내 주장을 "받아들이게 하고 싶다."라는 것과 동일한 것이다. 사람은 여러 종류의 사람과 갖가지 상황 속에서 만나 다양한 관계를 맺는다. 그런 상황 속에서 항상 일관성을 가지고 행동한다고는 말할 수 없지만, 무의식적이라도 자신이 생각하는 방향으로 무엇이든 진행해 나간다. "상대방을 안다."라는 것은 먼저 이러한 방향성을 아는 것이다.

아이디어 박스 3-2

■ 생산성 높이기

원시인들이 일을 가짐으로써 생겨난 가장 뚜렷한 변화는 모여서 자신들이 주거할 공간을 만드는 것과 일을 할 때 협력해서 해야 좋다는 점, 그리고 어떻게 사람에게 맞는 일을 적절하게 나눌 것인가의 문제였다. 이 세 가지는 긴밀하게 연결되어, 보다 큰 집단이나 사회를 가능케 만드는 역할을 하였을 것이다.

프랑스, 스페인, 이탈리아에는 100개 이상의 동굴에 원시인들의 그림이 있다. 원시인들은 동굴 벽, 천장, 땅바닥에 천연물감인 빨강, 노랑, 검정, 갈색을 이용하여 그림을 그렸다. 그 그림은 미술을 전공한 한 명의 원시인에 의해 그려진 것이 아닐 것이다. 동굴 속에서 불을 밝혀주는 사람, 물감을 만들어 주는 사람, 그림을 그리는 사람 등등 각자의 역할을 가진 사람들로 일이 분업되어 암각화가 그려졌을 것이다. 모여서 함께 일하지만, 자기가 잘 할 수 있는 일을 나누어서 했던 것이다. 무언가 조직하여 조직력을 만들어, 능률을 높이겠다는 취지는 협력사냥의 수확물을 높이는 데 기여했을 것이다. 그러나 초기의 협력사냥에서는 그저 함께 모여 일하면, 혼자 일할 때보다 더 많은 결과가 나온다는 생각만 했을 수도 있다. 하지만 협력보다 더 중요한 개념이 바로 분업(Division of Labor), 즉 일을 나누는 것이었다. 무언가 조직하여 조직력을 높이는 것과 함께, 자기가 맡은 일에 대하여 전문성을 가지고 일을 나누어서 하면, 더 많은 생산성을 높일 수 있게 된 것이다. 오늘날 이러한 분업을 기업에서는 분화 혹은 업무분장이라고 한다.

- 회사에서 경영에 따른 위험^(Risk)을 두려워하지 않고 적극적으로 일을 하는 사람과 자신의 책임을 회피하는 사람이 있듯이, 상대방의 행동에 대한 방향성의 차원에서 보면 어떤 종류의 패턴을 띠는가를 미리 아는 것도 아주 중요하다.

- 잘 모르는 사람이 좀 만나자고 하면 무엇 때문에 그럴까하고 불안해질 때도 있다. 하지만 그 사람과 만나서 이야기해 보면 바로 상대방의 목적을 알 수 있고, 어떤 목적에서 어떤 행동을 하는 인물인가를 알 수가 있다. 이렇게 상대방의 행동 배후에 있는 동기를 찾는 것으로 그 사람에 대한 행동의 의미를 파악하게 된다. 사람들은 파악된 실마리로 타인을 이해한다.

- 언어라고 하는 것은 하나의 신호이다. 그것이 내포하는 세계는 사람에 따라 미묘한 차이가 있다. 같은 말을 하는 한국인끼리도 언어의 배경에 있는 개인의 지적 세계가 다르다. 그래서 올바른 타인지각이 없이는 상대의 말을 바르게 이해할 수 없고 상대방도 마찬가지이다.

- 반대로 자신만의 언어로 일방적으로 말한다면 상대가 이해할 수 없게 된다. 예를 들어, 어린이와 대화한다고 할 때, 자신이 어린이의 수준으로 눈높이를 맞추어 대화를 해야 어린이를 이해할 수 있다.

(4) 타인합의의 실패

자신의 주장을 "상대가 받아들인다."라는 것은 공통적인 이해가 생겨나서 함께 무엇인가를 공유한다는 의미이다. 자기주장에 상대가 어떠한 반대의견도 제시하지 않든지, 또한 아무 반응이 없든지 하는 것도 옳지 못하다. 자기주장이 상대의 마음으로부터의 공감에 기초하여 공동행동으로 표출될 때 이를 타인합의라 부른다. 그렇다면 타인합의는 어떤 목적과 동기로 이루어지는 것일까?

- 먼저 타인지각으로 대인행동의 관계동기^(관계희망, 관계유지, 관계지배, 관계거부)를 서술했지만 타인합의도 똑같이 이런 관계동기에 기초하여 생겨났음을 알 수 있다. 즉, 새롭게 관계를 맺는 것, 종래의 관계를 유지하는 것이 중요하다.

이러한 관계동기에 기초하여 타인합의에 대한 어떤 조건이 충족되어야만 진정한 의미의 타인합의가 되는 것인가?

- 서로 마주 대한 사람이 서로 서로가 하나의 객체로 존재하고 대등한 관계를 맺어 서로가 충분한 자기지각 혹은 타인지각이 이루어짐과 동시에 명확한 자기주장이 쌍방 간에 이루어짐으로써 비로소 생겨난다.

- 인간관계를 맺는다는 것은 타인합의가 된다는 것이고, 반대로 인간관계가 깨진다는 것은 타인합의가 이루어지지 않는다는 것이다. 타인합의에 대한 몇 가지 사례에 대해 서술하면 다음과 같다.

① 불일치 초래

인간의 눈에 들어오는 현상들은 인간과 대상물 사이에 존재하는 과거의 경험을 기초로 하여 인식된다. 과거나 현재에도 경험하지 않았다면 그러한 현상들은 인식되지도 않을 것이다. 타인합의를 하지 못하는 경우를 생각해 보자.

- 외형적 혹은 표면적인 요소만으로 사물을 판단하는 경우이다.

- 인식의 차이에서 생긴 것으로, 그 사람이 서로 자기지각, 타인지각이 대등하게 이루어지지 않는 경우이다. 사람은 자신의 결점을 잘 생각하지 않고 자신의 인식을 과신하여 자기지각을 똑바로 하지 못한 채 인간관계를 맺으려고 할 때 타인합의가 이루어지지 않는다. 동료가 말한 '친절한' 조언이 상대에게는 '귀찮은' 잔소리로 느껴지는 경우도 있다. 동료는 상대방도 자신과 같은 형태의 사람이라고 생각해 자신이 하고 싶은 것을 좋은 의미에서 상대에게 조언을 한다. 따라서 자신과 상대의 입장을 바꿔 생각해 보는 노력이 없는 한 인간관계가 제대로 이루어질 리 없다.

- 가치관, 인생관의 차이에서 오는 것이다. 각자의 주장이 다른 사람과는 다를 수 있다. 서로 다른 길을 선택하는 것을 너그럽게 허용해야만, 즉 다양성을 인정해야만 인간관계가 유지될 수 있는 것이다.

② 관계지배의 합의

관계지배에 관련한 사항에 대해 생각해 보자. 앞에서 서로 상대방이 객체로서 존재하고 대등한 관계로 합의한다는 경우에 대해서 서술했으나, 인간에게 있어서는 지배를 하거나 지배를 받거나 하는 인간관계도 존재한다. 이러한 관계지배의 인간관계는 어떤 상황에서 생겨나는 것일까? 사람의 관계에 있어서 쌍방 간의 관계를 어떻게 보는가에 따라 다음과 같은 경우가 있다.

- 자신과 상대를 비교하여 자신이 우세하다고 생각하면 점점 지배적 태도로 바뀐다.

- 반대로 자신이 열세라고 생각하면 서서히 종속적 관계가 되어간다. 양쪽 모두가 관계지배를 인정하는 경우에 처음에는 어느 한쪽의 일방적인 인지였다 하더라도 인간관계가 지속되면 될수록 종속 및 지배의 관계가 생겨난다.

4. 인간관계의 개선

인간관계의 개선이라는 뜻에는 여러 가지 다양한 의미가 함축되어 있다. 여기서는 인간관계에 있어서 인간의 심리와 행동을 어떻게 이해하는 것이 좋은지에 기초하여 살펴보려 한다.

무엇이든 좋은 인간관계를 유지하는 것에는 먼저 자신을 아는 것이 필요하다. 그 후에 상대방에 대하여 이해하는 것이 필요하다. 이러한 타인이해를 연구하는 교류분석(Transactional Analysis)에 대하여 이론과 실제를 알아보기로 하자. 최근 교류분석은 교육, 의료, 산업 등에 있어 인간관계의 조정, 대인관계의 스트레스 해소 등의 목적으로 행해지고 있다. 어떤 이는 교류분석을 자기 자신의 성격 분석을 통해 타인과의 인간관계를 좋게 제어할 수 있도록 학습하는 방법으로 간주하고 있다. 피드백의 관점에서 보면 자기이해를 하고 그 뒤에 타인과의 인간관계를 잘하기 위해 피드백을 하는 분석이라 할 수 있다. 교류분석은 원래 미국의 번(E. Berne)에 의해 제안된 것으로 정신분석이론에서 힌트를 얻어 만들어졌다. 그러나 정신분석이론이 난해한 내용임에 비해 교류분석은 일반인들도 쉽게 이해할 수 있어 널리 사용된다.

(1) 교류분석이란?

교류분석에서는 인간의 퍼스낼리티 속에 행동을 자극하고 조정, 통제하는 세 가지 원천, 즉 원자아(Id), 자아(Ego), 초자아(Superego)가 있다고 가정한 프로이트(S. Freud)의 이론에 기초하고 있다. 3가지 자아를 [도표 3-4]처럼 자아상태라고 부른다. 자아상태는 '감정과 사고 위에 그것들과 관련된 일련의 행동양식을 통합한 하나의 시스템'이다.

- 부모상태라는 것은 부모를 비롯해 자신을 양육해 준 사람들의 교육방법, 느낌, 행동 등을 무의식적으로 받아들이는 부분을 말한다. 어린 시절의 아버지는 언제나 옳았다는 기억 때문에 이 상태에 있는 사람은 어버이처럼 느끼고 행동하려는 경향을 갖는다.

- 어른상태라고 하는 것은 사물을 사실에 기초하여 냉정하게 판단한다. 결국 이성적인 판단부분을 말한다. 모든 사람은 자기 속에 어른(성인)을 갖고 있다. 논리적 사고 혹은 합리적 행동에 의해 특징지어진다.

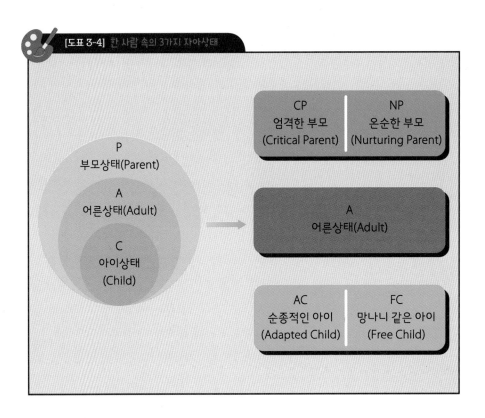

[도표 3-4] 한 사람 속의 3가지 자아상태

- 아이상태라고 하는 것은 약한 어린아이 같이 본능적·감정적으로 행동하는 상태이다. 감정에 지배당하기 쉬운 부분으로, 모든 사람은 자기 속에 작은 아이를 갖고 있다.

3가지의 자아상태는 한 사람의 마음속에 공존하는 것으로서, 전체적으로 균형을 이루는 것이 바람직한 상태이다. 그러나 대부분의 경우 사람은 3가지 자아상태 중에 한 가지 상태가 특별하게 더 강한 특징을 갖는다. 만약, 당신이 등교시간 때 타고 있던 버스가 전혀 움직이지 않는다고 가정하자. 첫 시간 수업은 출석이 엄해서 꼭 일찍 가야 한다. 이런 상황에 빠졌다면 당신은 다음의 P, A, C의 3가지 자아상태 중 어떤 상태가 되는가?

- P의 상태 : "왜 이렇게 차가 많을까? 요즘은 도로공사도 빈번하고, 도대체 교통행정이 어떻게 된 거야. 시청에 민원이라도 넣어야겠다."

- A의 상태 : "어디선가 교통사고라도 난 모양이네, 계속 막히면 내려서 딴 길로 택시를 타고 가야겠다."

- C의 상태 : "싫다, 싫어! 이럴 때에 하필이면 막히냐! 정말 미치겠다."

(2) 교류분석의 유형

앞에서 서술했듯이 3가지 자아상태는 대인 간의 상호작용 및 인간관계 분석에 응용될 수 있다. 두 사람 간의 교류분석을 위해 각자의 자아상태가 어떠한 구조를 가졌는가를 분석하였다면 다음 단계로 어떠한 교류패턴을 보이는가를 분석해야 하는데, 교류패턴은 기본적으로 다음과 같은 3가지 유형으로 구분된다. [도표 3-5]에서와 같이 교류패턴은 상호교류, 교차교류, 표면교류로 나눌 수 있다.

① 상호교류

상호교류는 개방적(Open) 교류라고도 불리며, 두 사람 간에 서로 기대했던 대로 교류가 이루어지는 평행적(상호보완적) 교류이다. 관리자는 부모상태에서 부하를 대하고 있으며, 부하도 아이상태에서 상사를 대하고 있는 것이다. 부하가 어른으로서 질문했을 때 관리자가 어른으로서 대답하였고, 부하가 어린이의 자아상태를 취하고 관리자를 어버이로 대하여 말할 때, 관리자는 어버이로서 반응한 것이다. 또한 상사와 부하가 서로 대등한 어른상태에서 교류할 수도 있는데, 이러한 관계가 가장 바람직한 인간관계라 할 수 있다.

② 교차교류

상호교류와 달리 교차교류는 비상호보완적 혹은 폐쇄적(Closed) 교류라 불린다. 관리자가 상대의 자아상태를 제대로 파악하지 못했을 때 상대에게 대했던 마음이 서로 무너져 인간관계에 상처를 받게 될 수도 있다. 상사는 부하를 아이 대하듯 하지만, 부하는 상사와의 관계를 동등하게 여기고 있어 교류가 어긋나게 되는 것이다.

③ 표면교류

표면교류라는 것은 상대와 교류할 때 드러나 있는 표면에 담긴 뜻이나 메시지가 있듯이 표면 아래에 숨겨지고 변장된 의미가 담겨져 있는 비노출교류를 의미한다. 공개적으로 상사가 부하에게 대등한 입장에서 대우하지만, 뼈있는 말 속에는 숨겨진 의미가 있어 경우에 따라 상대를 아이 취급하고 있는 것이다.

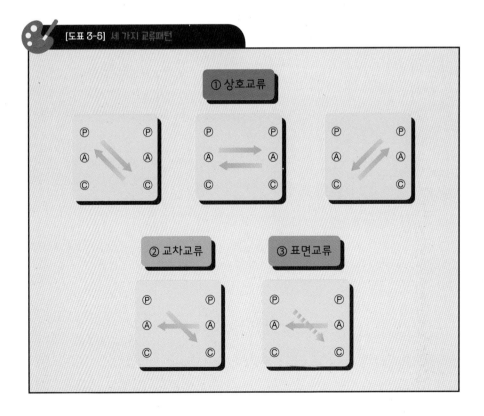

[도표 3-6] 세 가지 교류패턴

(3) 교류분석을 통한 대인관계

기본적인 인간관계는 자신과 타인과의 관계에 일관된 구조를 형성해 나간다. 여기서 자신과 타인 사이에 어떤 감정^(느낌)과 구조를 가지고 있는가에 대하여 고찰하고, 그것을 기본적 대인관계의 구조라고 부른다. 올포트^(G. Allport)는 "인간의 성격이라는 것은 고정되고 완성적인 것은 아니다."라고 하였다. 성격은 어느 정도 고정적 특성을 갖는 반면에 연속적으로 변화하는 개념이기도 한 것이다. 따라서 자신에 대한 성격을 많이 파악하면 할수록 자신의 결점을 고칠 수 있음을 의미한다.

해리스^(T. Harris)는 『자기긍정^(I'm OK) – 타인긍정^(Yor're OK)』이라는 책에서 녹음기에 비유해서 사람의 과거 경험을 이야기하고 있다. 인간의 두뇌는 평생의 모든 경험을 테이프에 기록하는 고성능 녹음기와 같이 작동하며, 녹음기가 녹음하듯이 경험과 관련된 여러 느낌들을 녹음한다고 설명한다. 또한 그는 자신과 타인에 관련해서 가질 수 있는 4가지 기본적인 인생관을, 남들이 자기를 어떻게 보고 있으며, 자기가 남들을 어떻게 보고 있는가 하는 점이 긍정적 태도 혹은 부정적 태도에 따라 4가지 유형으로 구분된다고 하였다([도표 3-6] 참조).

학자들은 사람은 자신과 주변인에 대한 확신을 가진 채 상대를 대하게 된다고 주장한다. 이러한 생각 혹은 확신을 생활자세^(Life Position)라 이름 붙이고, 상대와의 교류에서 긍정^(OK)의 의미에는 존중, 인정, 수용, 가치, 신뢰의 의미도 내포하고 있다고 한다.

① 자기긍정 - 타인긍정

나도 옳고, 너도 옳다는 태도는 아주 바람직한 자세이다. 상호간 서로 존중하는 관계가 형성되며, 갈등이 없다. 이것은 생각과 신념, 이성과 자신감에 기초한 행동인 것이다.

② 자기긍정 - 타인부정

이 단계는 아이가 부모들의 차가운 태도로 인하여 공격적으로 바뀌는 상황이다. 해리스는 이 단계를 범죄적 단계라 규정하였다. 이때에는 타인의 잘못된 점만을 보며, 자신이 다른 사람보다 우월하다고 믿기 시작한다. 의사소통을 할 때 상황을 통제하고 대화를 지배하며, 분위기를 자기중심적으로 몰아가려고 애쓰면서 권력을 장악하려고 한다.

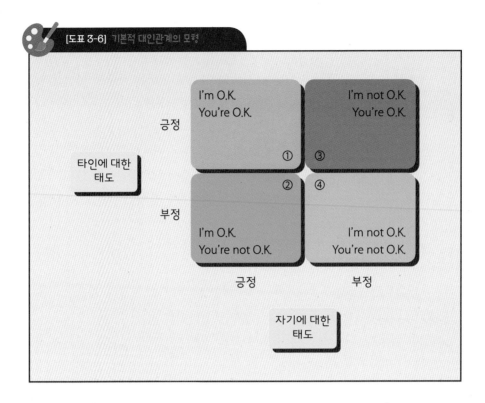

[도표 3-6] 기본적 대인관계의 모형

③ 자기부정 - 타인긍정

타인에게 크게 의존하는 경향이 짙으며, 자기존경이 낮은 사람들의 태도가 여기에 속한다. 이 입장에 있는 사람들은 남들보다 우울해하는 빈도가 많고 의기소침한 상태가 길게 이어지며, 무리에서 떨어져 소외되고, 자기 자신은 별 능력이 없다고 자기비하하기도 한다. 여기에 속한 사람에 대한 타인의 지원이 끊기면, 자기부정 – 타인부정으로 태도를 바꾸게 된다.

④ 자기부정 - 타인부정

다섯 살배기가 되는 아이들에게는 걸음걸이를 할 때 손을 잡아주거나, 밥을 먹여주거나 할 필요가 없다. 부모의 보살핌이 필요 없는 때가 바로 이때이다. 그렇다고 이러한 상태에서 만일 부모가 냉정하고 쌀쌀맞게 대하면, 충격을 받게 되고 타인의 도움을 받지 못하여 생활 자체가 위축되며, 결국에는 정신적으로 극도의 자포자기 상태로 빠지게 된다. 자기부정과 타인부정이 이루어지는 이때가 가장 나쁜 상태이며, 심할 경우 정신분열증 증세를 보이기도 한다.

5. 경영자의 역할

어떤 사람들은 변화를 쉽게 받아들이기도 하며, 다른 사람들은 변화를 심하게 거부하기도 한다. 어떤 사람들은 너무 우유부단해서 의사결정을 내리지 못한다. 또한 다른 사람들은 회사경영에 적극적인 참여를 통해 매우 활기차게 일하면서 일을 즐기기도 한다. 이렇듯 다양한 종류의 사람들을 동기부여시키기 위해서는 다양한 접근법을 사용해야 한다. 특히, 경영자라면 의사소통에 대한 관리자의 스킬을 강화하는 것뿐 아니라 회사 내부에서 구성원에 대한 팀워크를 높이는 데 능력이 있어야 한다.

최고의 경영자가 보유해야 할 역량은 무엇인가?

- 특정한 관리업무에 있어 좋은 대인관계 스킬을 보유하는 것이다. 경영자는 경영자가 가지고 있어야 할 전문분야에 있어 기술적 능력이 필요하다.

- 기술적 지식만으로는 충분치 못하며 다른 사람과 일하기 위한 대인간 스킬이 절대적으로 필요하다.

- 성공적인 경영을 위해서 기술적 스킬이 필수적인 것이기도 하지만 그것만으로는 불충분하다. 오늘날 작업장에서의 경쟁과 요구는 증가하고 있다. 경영자는 이제 기술적 스킬만으로 성공할 수 없다. 경영자는 이제 좋은 사람을 다루는 스킬을 보유해야만 한다.

(1) 경영자가 하는 일이란?

경영자는 다른 사람을 통해 많은 일을 수행한다. 그들은 의사결정을 내리고 자원을 배분하며 목표를 달성하기 위해 타인의 활동을 지휘한다. 경영자들은 조직 내에서 자기의 일을 수행하면서 기능부서들이 공동의 목표를 달성하도록 경영을 한다. 경영자들은 타인의 활동을 감독하고 위와 같은 조직들의 목표를 달성하는 데 책임을 진다.

(2) 경영자의 10가지 역할

1960년대 말 MIT의 민츠버그(H. Mintzberg)는 경영자가 직무를 수행하는 데 가져야 할 5가지 대표적 역할에 대하여 발표하였다. 이러한 경영자에 대한 관찰에 기반하여 민츠버그는 경영자는 각기 다른 10가지, 즉 매우 상호 연관된 역할 혹은 관리자의 직무에 귀인한 행동을 수행한다고 결론지었다.

① 대인역할

모든 경영자들은 의식적이고 상징적인 임무를 수행하게 된다. 대학의 총장이 학위수여식을 하거나 공장의 감독이 대학생의 공장견학을 허가하거나 할

아이디어 박스 3-3

■ 호손연구

테일러 방식에 대하여 못마땅하게 생각한 메이요(E. Mayo)와 하버드 대학 교수진들은 호손(Hawthorne)이라는 공장의 프로젝트를 맡게 되었다. 그들은 공장을 경영함에 있어 테일러의 경영이 생산성 증대를 가져오는가를 검증코자 하였다. 우선 표준화된 작업조건이나 낭비적인 작업방법을 개선하였을 때 생산성이 변화되는지를 조사하였고, 휴식시간이나 보상의 방법을 바꾸었을 때, 생산성이 얼마나 향상되는지를 조사한 것이었다.

그 중 하나가 바로 공장의 조명을 더 밝게 했을 경우, 제품을 조립하는 성과가 얼마나 향상되는지를 조사하였다. 조명도를 높였을 때 계전기판 조립의 표준성과는 당연히 증대되었다. 그러나 이상하게도 조명도를 다시 원위치로 낮추었는데도 생산성은 계속 오르는 현상을 보였다. 더 세밀한 조사가 진행되어 공장직원들과 인터뷰가 시행되었다.

"유명한 대학 교수님들이 저희 공장의 생산성에 대하여 조사한다고 하니까 자부심도 생기고 더 잘 해야 되겠다고 생각했어요, 그리고 저희들의 행동을 너무 세밀하게 관찰하고 계신 것 같아서 더 열심히 일한 거죠." 즉, 공장 종업원들의 생산성의 변화는 물리적 노동 조건과 같은 환경의 변화보다는 사람들과의 관계, 심리적 혹은 사회적 분위기의 변화에 대해 더 예민하게 반응하고 있었던 것이다.

생산성 향상을 가져오게 하는 것은 권한체계나 정해진 규칙의 준수에 의해서라기보다는 동료와의 비공식적인 관계, 작업집단 내의 분위기, 작업집단 내의 비공식 집단의 존재와 그 집단 속의 규범 등과 관련된 인간관계가 더 많은 영향을 준다는 결론을 내리게 되었고, 이를 후세에 인간관계 학파라고 부르게 되었다.

때 갖는 활동이 바로 외형적 대표자 역할, 즉 우두머리 역할이다. 모든 경영자들은 또한 리더 역할을 갖는다. 이 역할은 고용 및 훈련하고 동기부여시키며 종업원을 훈련시키는 것을 포함한다. 대인역할은 바로 연결 역할 혹은 연락자 역할이다. 민츠버그는 대인역할을 정보를 가진 경영자가 외부인과 접촉하는 활동으로 보고 있다.

② 정보역할

대부분의 경영자는 정도의 차이는 있다 하더라도 자기 자신의 외부조직이나 기관으로부터 정보를 취득한다. 전형적으로 경영자는 잡지를 구독하거나 타인들과 대화하면서 고객의 기호변화들을 배우고, 경쟁자들이 어떤 계획을 세웠는지 등등에 대한 정보를 취득한다. 민츠버그는 이러한 것을 정보탐색자 역할, 즉 모니터 역할이라고 부른다. 경영자는 또한 조직구성원에게 정보를 전달하는 활동을 한다. 이를 확산자, 산포자 역할 즉, 정보 보급자 역할이라 한다. 게다가 경영자는 조직의 외부인들에게 조직을 대변하는 대변인 역할을 수행한다.

③ 의사결정 역할

민츠버그는 선택결정을 해결하는 역할을 규명하였다. 기업가 역할이란 경영자가 조직의 성과를 향상하기 위한 새로운 계획안을 감독하고 주도하는 것이다. 분쟁 해결사 역할은 예측할 수 없는 문제에 부응하기 위해 수정활동을 수행해야 한다. 자원배분자 역할은 인간, 물질 그리고 화폐적 자원을 배분하는 데 책임을 진다. 마지막으로 경영자는 자기 부서가 우위를 얻도록 다른 부서와 논쟁하며 협상하는 협상자 역할이다.

(3) 경영 스킬

경영자가 하는 역할이 무엇인가를 고려할 때 바로 조직의 목표를 달성하는 데 경영자가 가져야 할 능력 혹은 스킬에 대한 것이다. 로버트 카츠(R. Kartz)는 기술적 스킬, 인간 스킬, 개념적 스킬을 규명하였다.

① 기술적 스킬

기술적 스킬이란 전문화된 지식이나 전문성을 적용하는 능력을 말한다. 외과의사와 같은 전문직을 가진 사람들이 보유하고 있는 스킬에 대하여 생각해보면 전형적으로 그러한 직업을 가진 사람들이 보유한 기술적 스킬에 초점을 두고 있음을 알 수 있다. 모든 직무들은 어떤 특수한 전문성을 필요로 하며 거의 대부분의 사람들이 자기 직무에 관한 기술적 스킬을 개발해야 한다.

② 인간 스킬

개인이나 집단 내에서 타인을 이해시키고 동기부여시키며 일을 하는 능력을 인간 스킬이라 한다. 많은 사람들은 기술적으로는 아주 능숙하지만 대인관계에는 무능력한 경우가 많다. 사람들은 좋지 못한 청취자인 경우가 많으며 타인의 욕구를 이해하지도 못하거나 갈등을 관리하는 데 어려움을 겪기도 한다. 경영자는 타인을 통해 일을 수행하기 때문에 의사소통, 동기부여, 권한이양에 대한 훌륭한 인간 스킬을 보유해야만 한다.

③ 개념적 스킬

경영자는 복잡한 상황을 진단하고 분석할 정신능력을 가지고 있어야 한다. 이러한 과업은 개념적 스킬을 요구한다. 예를 들어, 경영자의 의사결정은 최상의 대안을 선택하고 평가하며 그들 스스로 수정할 수 있는 대안을 규명하고 문제를 발견하는 것들이다. 경영자는 합리적 과정이나 정보이해에 대한 무능력으로 인해 실패하기 때문에 기술적 그리고 대인적 능력이 있어야 한다.

실전실습

Q 1. 사이먼(H. Simon)의 제한된 합리성(Bounded Rationality)에 대한 다음 내용을 참조하여 더 분석해보자.

① 의사결정자는 합리적이면서 동시에 종합적인 결정을 하려는 노력을 피하기도 한다.

② 선택은 합리적으로 이루어지지만 그 선택은 선택이 이루어지는 실제 상황에 의해 제한을 받게 된다.

③ 최종 결정시 목표달성의 극대화 보다는 만족화 수준에서 종료되기도 한다.

A 1. 제한된 합리성이란 다음과 같다.

①

②

③

Q **2.** 자기지각(self-perception)이란 타인뿐 아니라 자신의 행동을 보고 이전에는 파악하지 못했던 자신을 인식하는 것을 의미한다. 다음은 샘플이다. 당신은 자기 자신을 어떻게 보고 있는가?.

① 내 자신은 어떤 존재인가?

② 나는 내 자신을 제대로 파악하고 있는가?

③ 나는 어떤 이미지의 사람인가?

④ 나는 상대에게 저는 이런 타입(스타일)이라고 자신 있게 설명할 수 있는가?

⑤ 나는 내가 믿고 있는 사실에 따라 지각하고 있는 것은 아닌가?

 A 2. 나는 나를 이렇게 지각하고 있다.

①

②

③

④

⑤

Q **3.** 자기주장(self-assertion)이란 자기의 의견을 내세우는 것을 의미한다. 다음은 자기주장의 가이드라인 샘플이다.

할 일	해서는 안 될 일
• 상대방의 행동을 객관적으로 묘사한다.	• 행동이 아닌 타인의 감정을 묘사한다.
• 구체적인 용어를 사용한다.	• 추상적이고 모호한 표현을 한다.
• 자신의 감정을 솔직하게 표현한다.	• 자신의 감정을 부인한다.
• 조용한 목소리로 말한다.	• 감정을 폭발한다.
• 긍정적인 문구로 감정을 표현한다.	• 부정적인 문구로 감정을 표시한다.

A 3. 빈칸을 완성하시오.

할 일	해서는 안 될 일
• 상대방이 변화해 주기를 바라는 행동에 대해서 확실하게 말한다.	•
• 작은 변화를 부탁한다.	•
• 한 번에 한두 가지만 부탁한다.	•

Q

4. 교류분석(TA)을 활용하여 개인의 성장과 변화를 위한 성격파악 및 심리치료 그리고 상대방과의 교류를 통한 바람직한 의사소통 등이 가능하다. 다음은 인간관계론 수업시간에 좋은 학생들의 예이다.

① 자신과 남을 존중하는 학생

② 자신의 행동을 인식하고 타인을 공정하게 대하는 학생

③ 타인의 욕구를 인식하고, 다른 학생의 생각을 수용해주는 학생

④ 상대를 격려하고 남을 도와주면서 칭찬을 아끼지 않는 학생

⑤ 새로운 시도를 할 줄 아는 학생

⑥ 공격적이기 보다는 자기주장을 하는 학생

A   4. 나쁜 학생들의 예를 추가하시오.

① 남을 괴롭히는 학생

② 공격적인 학생

③ 욕을 입에 달고 다니는 학생

④ 다른 학생들과 잘 어울리지 못하고 혼자 다니는 학생

⑤ 남에게 피해는 주지 않지만 멍 때리는 학생

⑥

⑦

⑧

⑨

⑩

Q

5. 다음 사례를 통해 취업을 앞 둔 4명의 학생과 교수 간 어떤 생활자세를 선택하고 있는지 50쪽의 기본적 대인관계 모형을 통해 분석해보자.

① A형 : 취업에 자신이 없어요. 교수님이 추천해주지 않으시면 저는 절대로 취업 못할 거에요.

② B형 : 저는 취업 안할 거에요. 교수님이 추천한다 해도 저는 취업하지 않을 거에요.

③ C형 : 과거 A교수님이 수업 중간 중간에 취업에 도움이 되는 말씀을 많이 해주셨어요. 그때는 그게 많은 도움이 되었죠, 존경하고 싶은 교수님이에요. 그런데 지금의 B 교수님은 저에게 관심도 없고 취업추천도 안 해주고 계셔요.

④ D형 : 교수님이 전공에 대해 재미있게 가르치셔서 이 과목을 배우면서 취업역량이 많아 진 것 같아요.

A

5. 다음 칸 안에 위의 A, B, C, D형을 배열하고 분석하시오.

자기긍정-타인긍정	자기부정-타인긍정
자기긍정-타인부정	자기부정-타인부정

사람들이 어떻게 움직이는지에는 관심 없어요. 무엇이 그들을 움직이는지 궁금한 거예요.

-피나 바우쉬(전 독일 현대 무용가)-

I'm not interested in how people move, but what moves them.

-Pina Bausch(German performer of modern dancer)-

인 간 관 계 론

PART 2

개인 차원의
인간관계

학습성과

■ **4장을 학습한 뒤 학습자가 할 수 있어야 할 학습성과**

1. 직장에서의 감성노출이 왜 중요한지 설명할 수 있어야 한다.

2. 감정노동 및 감성지능경영자 개념을 설명할 수 있어야 한다.

3. 지능과 직무의 적합에 관해 설명할 수 있어야 한다.

핵심 키워드

■ **감성, 감정, 감정노동, 감성지능경영자, 유머, 감정메시지, 기능, 능력, 지적능력**

쉬어가며

■ **가위바위보/박제영**

1
다섯 살 도은이는 틈만 나면 가위바위보 하자고 조른다. 언니한테 배웠는지 어린이집에서 배웠는지 모르지만 문제는 엉터리란 거다. 내가 바위를 내고 제가 가위를 내도 제가 이긴 것이고 제가 보를 내고 내가 보를 내도 제가 이긴 거다. 내가 이겼다고 하면 그 순간 난리가 난다. 울고불고 무조건 제가 이겨야 하는 그런 가위바위보는 우리 집에서만 벌어지는 일은 물론 아닐 거다. 저녁 어스름 집집 창문 밖으로 새어나는 빛 속에 아이의 땡깡 울음이거나 식구들의 웃음이 묻어 있다면 분명 그곳에선 지금 한판 가위바위보가 벌어지고 있는 거다.

2
언젠가는 도은이도
가위바위보의 놀이 규칙을, 이기고 짐의 상관관계를 알게 될 거다
또 언젠가는
가위바위보가 단지 이기고 짐의 놀이가 아님을,
감자에 싹이 돋고 잎이 무성해지고 다시 흙으로 돌아가는,
삼라만상의 운행질서임을 깨닫게 될 거다
그 때가 되면 아비의 죽음마저도
슬퍼하지 않을 수 있을 거다
땡깡 울음을 그치고
덤덤하게 아비를 보내줄 수 있을 거다
그랬으면 좋겠다

3
오늘도 나는 도은이랑 가위바위보를 한다
당분간은 도저히 도은이를 이길 수 없는
그래도 좋기만 한
가위. 바위. 보!
도은이 이겼다!
창 밖의 저녁은 저리 깊고 어둡지만
아직은 배경일 뿐이니

Chapter

4

인간감성과
지능의 이해

직장에서의 감성, 감정노출, 유머, 감성메시지 등의 사용 등을 학습함으로써 **감성경영**에 대하여 이해한다. 경영은 대부분 이성의 관점에서 이루어진다고 할 수 있으나, 이성과 함께 감성의 문제를 **동시에** 효율적으로 관리해야 한다. 몇몇 심리학자들은 지능은 부모로부터 유전된다고 믿고 있다. 그러나 유전 이외의 개인의 외부 환경요인이나 기타 요인에 의해서도 단계적으로 **지능**은 발전하는 것으로 알려져 있다.

들어가며

1. 감성이 중요해지는 이유

사람들에게 있어 일을 한다는 것 자체가 삶의 중요한 구성요소일 뿐만 아니라 삶을 살아가는 데 필요한 자원을 획득하도록 해주며, 사회활동을 통한 자아실현까지도 제공해 주는 역할을 한다. 하지만 일을 하는 과정에서 직장에서 일어나는 각종 사건과 상황을 접하면서 감정(Emotion)이라는 것을 어떻게 통제하느냐가 아주 중요한 문제로 대두되고 있다.

■ 감정이란 환경 속에서 발생한 감정반응이며, 개인에게 의미 있는 사건의 인지적 표현이다. 그러므로 감정을 이해하기 위해서는 특별한 사건에서 원인과 결과를 파악해야 하는 것이다.

■ 개인입장에서 회사에 아주 중요한 프로젝트를 성공적으로 성사시켰을 때의 느낌과 감정은 자부심도 느끼게 되고 기쁨에 가득 차게 될 것이다. 하지만 일을 하면서 분노도 생기고 종종 주위 사람들에게 화도 내며 감정통제를 잘 하지 못하게 되는 경우도 더 흔하게 나타난다.

■ 예민한 의사결정 상황에서는 효율과 생산성보다는 질투심과 분노에 사로잡힌 채 합리성보다는 감정에 더 치우치는 경우가 종종 있다. 더구나 직장에서의 감정 표현은 자기가 맡은 직무의 하나이다.

■ 인간은 합리적이면서 동시에 감정적이기 때문에 합리성을 추구하는 기업에서도 감정에 의한 인간행동이 최근 주목을 받고 있다.

이제 감정은 하나의 정보이다. 사람들은 감정을 무시하려고 노력하지만 그렇게 되지 않으며, 감정을 숨기려고 하지만 그렇다고 생각대로 많이 숨기지도 못한다. 그러므로 의사결정을 내릴 때 감정을 효과적으로 사용해야 한다.

우리는 이런 말들을 많이 들어왔다. "너무 화내지 마라. 너는 사람을 너무 감정적으로 대하는 것 같다. 이성적으로 해야만 한다." 이처럼 인간은 확실하게 감정을 드러낼 만한 확실한 상황에서도 아주 조심스럽게 주의하면서 감정을 소극적으로 표현하고 조직에 순응하도록 배워왔다. 특히, 직장에 들어가 일하는 경우라면 더 그랬다. 그러다보니 일하는 동안 감정을 표현하는 것에 대해서 아주 미숙한 것도 사실이다. 사람들이 살면서 저지른 가장 큰 실수나 후회 중 하나는 자기자신을 주체하지 못하고 감정을 잘못 폭발하여 자신의 감정을 상대에게 경솔하게 드러냈을 때이다. 결국 감정은 꽁꽁 숨기는 것이 아니라 결과적으로 제대로, 잘 노출하는 데 그 핵심이 있다.

(1) 감정노동

최근 감정연구의 중요한 관심분야로 떠오르는 것 중 하나가 감정노동(Emotional Labor: EL)이다. 육체노동과 정신노동에 종사하는 거의 모든 종업원들은 자신의 육체와 인지능력을 노동과정에 투입해야 한다. 하지만 대부분 직무는 육체노동과 정신노동에 추가하여 인간의 감정을 노동력으로 요구한다. 조직은 구성원들이 다른 구성원들과 상호작용을 거래하는 동안 바람직한 감정을 표현하도록 강요받으며, 특히 감정 표현이 직무의 일부를 이루는 서비스 조직에서, 감정노동은 더욱 중요한 핵심 노동력이 된다.

■ 혹쉴드(A. R. Hochschild)는 인간감정이 어떻게 상품화되는지(Commercialization of Human Feeling)를 설명함에 있어 개인의 실제적인 감정인 '실제 느낀 감정(Felt Emotions)'이라는 구분을 통해 감정노동에 대한 개념을 처음으로 정립하였다.

■ 감정노동이라는 하나의 개념을 '공공연하게 겉으로 드러나는 얼굴과 신체의 표현(Facial and Bodily Display)을 만들어내기 위해 느낌을 관리하는 것'이라고 정의 내린다.

아이디어 박스 4-1

감성경영 ■

2001년 9월 11일은 미국인 더 나아가 온 세계인에게 비극적인 사건으로 마음에 새겨져 있다. 빌딩이 있던 그 자리의 이름을 미국인들은 가든 제로라고 부르고 있다. 없어진 땅, 그건 자유민주주의가 공격받고, 전 세계 일등 국민이라는 희망까지 없애고 말았다. 미국인들이 아랍에 대하여 갖는 좋지 않은 감정은 태도에도 영향을 주고, 결국 행동에도 힘을 행사한다. 아랍에 대한 부정적 태도가 생겨나며, 아랍의 몇 나라를 공격하는 행동이 지금도 계속되고 있다. 아랍인들이 생각하는 미국에 대한 태도나 행동도 좋은 감정일 리 없다. 그러한 감정을 어떻게 경영하느냐 하는 것이 21세기 새로운 화두이다.

특히, 경영현장에서 분노를 어떻게 조정하고 다스릴 것인가 하는 점은 경영자 모두에게 해당되는 문제이다. 사무실에서 고함을 지르든지, 서류를 집어 던지고, 책상을 치거나 전화기를 내동댕이치고, 욕을 하면서 상대방을 위협하는 위험행동 등은 반생산적 행동이다. 미국에서는 이러한 행동이 많아서 책상분노(Desk Rage)라는 말까지 생겨났다. 이러한 분노는 감정조절의 실패나 스트레스로부터 기인된 것이다.

그러므로 경영자는 구성원들의 피로를 풀어줄 휴식경영에 돌입해야 한다. 각종 운동을 통한 육체적 훈련프로그램, 음악 감상이나 명상, 요가 등의 치료, 전문적 의학치료, 개인휴가의 활용, 기분전환을 위한 프로그램의 가동, 희소한 자원의 적정한 제공, 문제에 대한 정보공유를 통한 해결책의 모색, 격려와 칭찬을 통한 자긍심 고취 등의 계획을 수립하여 적용해야 한다.

- 다양한 직업들을 대상으로, 즉 항공사 승무원, 편의점 점원, 사건담당형사와 신용회사의 수금사원, 전문 헬스케어 강사 등 감정노동에 대한 연구가 더 많이 진행되었다.

- 미국노동자의 최소한 1/3 이상이 감정노동에 종사하고 있으며, 직장에서의 의사소통 중 2/3가 감정노동과 관련된 것이라는 통계도 있다.

한편, 감정노동이 많이 이루어지는 직무에 있어 특정 종업원에 의해 표현된 감정은, 그 자신의 내적인 감정상태와 불일치되는 경우가 많다. 이런 상태를 감정부조화(Emotional Dissonance), 즉 표현된 감정(Expressed Emotions)과 진심으로 우러나는 느낌(Genuinely Felt) 사이의 갈등, 직무스트레스, 감정고갈과 조직이탈 등이 생겨난다고 한다. 이와 같이 감정부조화가 생기면 종업원의 태도, 종업원 심리, 종업원 행동에 있어 부정적 결과를 보인다.

(2) 감성지능경영자

최근에는 전통적인 감정의 관점을 지능의 감정으로 바꾸자는 주장에서 '감성지능경영자(Emotional Intelligent Manager)'가 등장했다. 감성지능을 보유한 경영자가 의사결정이나 문제해결을 하는 최적의 행동을 만들고 변화와 성공에 대응함에 있어 감성지능은 막연하게 중요하다는 것이 아니라 절대적으로 필요하다는 점이다.

'감성지능경영자'는 1980년대 말 존 마이어(John Mayer)와 피터 살로비(Peter Salovey)라는 두 명의 심리학자에 의해 개발된 소위 감성지능(Emotional Intelligence)이라는 개념과 일맥상통하는 것으로 감정능력(Emotional Competencies)에 대한 능력기반 접근법이라 할 수 있다. '감성지능경영자'의 4가지 감정기술은 [도표 4-1]과 같다.

[도표 4-1] 4가지 감정기술

사람을 읽어 감정을 밝히기	감정은 데이터를 담고 있다. 감정이란 우리의 현실세계에서 혹은 우리의 내부세계, 사회적인 세계, 자연환경 어디에서 지금 벌어지고 있는 중요한 사건들에 대한 일종의 신호이다. 그러므로 정확하게 타인과의 관계에서 감정을 드러낼 줄 알아야 하며, 효과적인 의사소통을 위해서라도 타인에게 정확한 감정을 표현하고 전달할 줄 알아야 한다.
무드에 몰두하여 감정 사용하기	감정은 우리들이 생각하는 어떤 것이나 우리가 어떻게 생각할 것인가에 대해 영향을 미친다. 감정은 중요한 사건에 대한 주의력을 나타낸다. 감정은 사람들에게 분명한 활동을 하도록 하게 해주며, 감정과 관련된 문제를 해결하는 과정을 통해 사람들에게 어떤 가이드를 제공해 주기도 한다.
미래의 감정까지 예측하기	감정을 이해해야 한다. 감정은 임의적이나 무작위적인 사건이 아니다. 항상 원인을 동반한다. 감정은 어떤 규칙들에 의해 변화하며 이해될 수 있다.
감정을 가지고 감정 관리하기	감정은 정보를 담고 있으며 생각에 영향을 미친다. 감성지능이 인간의 합리적인 원인을 찾고, 문제해결을 하며, 판단 및 행동하는 데 절대적으로 필요하게 된 것이다. 이제 감정에 대한 지혜를 포함한 전략을 선택하든지 안 하든지와 무관하게 감정에 대한 개방적인 사고가 필요하다.

한편 골만(D. Goleman)은 1995년 감성지능은 다음과 같은 5가지 구성요소로 이루어져 있다고 주장한다.

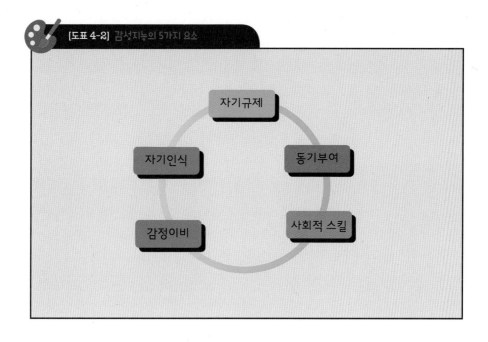

[도표 4-2] 감성지능의 5가지 요소

자기규제

자기인식   동기부여

감정이비   사회적 스킬

- 자기규제(Self Regulation) : 공격적인 기분이나 감정을 통제하거나 변화시키는 능력

- 동기부여(Motivation) : 에너지와 인내로 돈이나 지위를 초월하여 일을 흔쾌히 하게 하는 능력

- 사회적 스킬(Social Skills) : 사회 속에 사람들과의 연결망을 구축하고 상대를 설득하는 스킬

- 감정이입(Empathy) : 타인과의 공감능력

- 자기인식(Self Awareness) : 자신의 감정과 기분, 감성을 정확하게 지각하는 능력

(3) 일터에서의 유머

직장에서 사람들과 가끔 심각하면서도 어느 때는 보기 좋은 우정을 유지하

는 것은 그렇게 쉬운 일이 아니다. 하지만 일하면서 크게 웃으며 사람을 대하는 것은 주위 사람들의 사기도 향상시킬뿐더러 개인 건강에도 좋다는 보고가 있다. 문제는 그러한 유머를 어떻게 올바로 사용하는가 하는 점이다. 사람들은 항상 크게 웃는 것을 좋아한다. 사람들이 일하면서 항상 일을 즐길 수만 있다면 얼마나 좋을까? 이제 어느 때 어느 장소에서든 웃음이 더욱 필요해지고 있다. 하지만 일이 즐겁게 진행되지 않는데도 웃어야 하는가? 비즈니스를 기쁨 속에서만 할 수 있는 것일까?

아이디어 박스 4-2

■ 감성적 측면의 역량

기업은 항상 인재 전쟁(Talent War) 중이다. 『삼국지』에는 48살 유비가 27살 제갈량을 얻기 위해 삼고초려 했다는 표현이 나온다. 옥에서 보물을 찾고, 귀한 인재를 초빙하기 위해 많은 수고와 노력을 한 것이다. 지혜가 칼보다 무섭다는 것을 유비는 알았다는 얘기다. 천리마를 구별해 내는 전설 속의 명인을 백락이라 한다. 이러한 백락이 있으니 천리마를 찾을 수 있다는 것이다. 명마는 언제 어디서나 있지만 그 명마를 알아보는 백락은 언제 어디서나 있지 않다. 예컨대 국내외 명문대학 및 MBA 출신의 엘리트 확보를 위해 CEO가 앞장서 유치활동에 나서기도 한다. 1등 리더의 탁월한 능력 없이는 1등 기업을 만들 수 없다고 생각하는 것이다.

그렇다면 진정한 1등 리더들이 가지고 있는 공통자질은 어떤 것일까? 한 연구에서(Lessons from the Top) 1등을 하고 있는 성공리더를 조사한 결과, 15개의 자질 중 지적능력, 명료한 사고, 폭 넓고 해박한 사업지식 등 지적 혹은 기술적 측면의 자질은 고작 3개였고, 나머지 12개는 모두 감성적 측면의 역량이었다.

열정, 넘치는 에너지, 의사소통 능력, 설득력, 강한 유대감, 동기부여, 성실성 및 도덕성, 자만심의 견제, 경험의 적절한 활용, 내적 평화, 긍정적 태도, 옳은 일을 올바르게 처리하려는 의지 등은 대부분 소프트한 차원의 감성지능(Emotional Intelligence)이다. 감성리더의 대가 다니엘 골만(Daniel Goleman)은 성공적인 리더와 그렇지 못한 리더 간의 차이는 기술력이나 지능지수(IQ)가 아닌 감성지능(EI)의 차이에서 기인된다고 발표한 바 있다. 엘리트 코스를 밟고, 고학력을 소지한 스마트한 사람들이 꼭 1등 리더는 아니란 얘기다. 자신의 한계와 기능성을 객관적으로 판단해 자신의 감정을 잘 다스리며, 상대방의 입장에서 그 사람을 진정으로 이해하고, 타인과 좋은 관계를 유지할 수 있는 능력. 그리고 도전 정신과 열정이 뒷받침되어 있는 사람이 바로 감성적 리더십을 가진 사람이며, 이들이 진정한 1등이었다.

아이디어 박스 4-3

감성지능을 소유한 리더 ■

조직구성원의 성공을 가능케 하기 위해서는 다른 사람에게 영향을 행사하는 리더십이 필수적이다. 리더십은 하나의 능력이다. 효과적인 리더의 특성이란 부하를 다룰 풍부한 지능 및 감성지능(Emotional Intelligence)을 소유하고 있어야 하며, 부하들로부터 신뢰를 얻어낼 수 있는 품격(Integrity)을 가지고 있어야 한다. 리더는 성취욕구, 동기부여, 자아 효능감(Self Efficacy), 전문적인 비즈니스 지식을 갖춘 자라야 한다.

어떤 리더십이 좋은가에 대하여는 많은 논란이 있다. 예를 들어, 지시를 잘하는 리더가 좋다. 또는 지원을 잘 해주는 리더가 좋다. 부하들과의 참여를 잘하는 리더가 좋다. 무엇보다도 업적이나 성과지향적인 리더가 좋다. 카리스마가 있어야 한다는 식이다. 경우에 따라서는 모두 맞는 말이다.

최근 변혁적 리더십이 많은 주목을 받았는데, 이는 전략적 비전을 만들 줄 아는 리더십이며, 만들어진 비전을 구성원 모두와 공유하여 끊임없이 비전을 새롭게 만들고, 그 비전에 모두가 충분히 몰입하도록 만드는 리더십이다. 이런 리더십이 카리스마보다 더 큰 힘을 발휘한다.

비즈니스를 하면서 유머를 적절하게 사용한다는 것은 그리 쉽지 않다. 웃음이 만병의 치료약임에는 분명한데, 일터에서는 종종 심각한 일이 발생하기도 하고, 분위기가 살벌해질 때가 많다. 사람들은 상대가 어떠한가에 따라 영향을 많이 받는다. 유머는 이제 일터에서의 도구와 같은 것이며 일터에서 일하는 사람들의 건강 상태를 말해주는 일종의 바로미터가 되고 있다. 유머로 일터가 가득 찰 때 사기는 높아지고, 스트레스는 풀어지며, 생산성과 창의성은 높아질 수 있다. 더불어 인적자원의 가치는 더욱 생동감 있게 될 것이다.

- 웃음과 유머를 표현하는 사람은 상대의 건강에 도움을 준다. 유머가 건강에 미치는 효과를 보면 유머로 인해 병의 회복도 빠르며, 아픔도 완화해주는 것으로 알려져 있다. 웃음이 면역체계를 자극하고 스트레스 호르몬을 줄여주며 엔돌핀을 높여주기 때문이다.

- 유머는 스트레스를 줄여준다. 많은 심리학자들은 유머가 스트레스의 완벽한 천적이라고 말한다. 유머는 인간의 감정을 통제하며 위기로 치닫는 순간을 피하게 해준다.

■ 유머는 문제해결을 도와준다. 유머는 우리가 겪고 있는 심각한 문제로부터 잠시 여유를 찾게 허용함과 동시에 생각해내지 못했던 다른 관점을 주기도 하고 의외의 해결점을 찾게 해준다.

이제 인적자원의 새로운 무기는 바로 유머이다. 유머라는 무기를 가지고 우리를 괴롭히는 스트레스를 떨쳐 내야 하며, 산업재해나 각종 질병을 이길 수 있어야 한다. 이제 유연한 작업장을 원하고 직원들의 사기도 높여주며, 결근과 이직을 줄이기 위해서 일부러라도 웃음을 만들어내는 즉, 감정을 경영하는 개인, 팀, 조직이 필요하다.

2. 일터에서의 감정

(1) 감정과 인간관계

장의사로 근무하는 사람은 감정을 어떻게 조절해야 할까? 병원이나 약국 종사자들도 고객들에게 방긋 웃으며 재차 방문하기를 원해야 하는 것인가? 신용보증기금이나 법원에 근무하는 사람들은 불만에 가득 찬 고객을 대할 때 어떻게 해야 하는가?

■ 과거의 감정이 현재의 감정에 반복적인 영향을 행사하기도 하는데, 걱정이 많은 자식은 어른으로 성장한 뒤에도 걱정을 많이 하는 감정을 소유할 가능성이 크다. 이처럼 감정은 물려받기도 하고, 내 감정이 상대에게 전파되기도 한다. 인간이 감정의 동물이라면, 이러한 감정을 어떻게 관리하고 표현하고 잠재우는가는 더욱 중요하며, 인간관계에서도 매우 중요한 문제가 된다.

■ 고객의 불만스런 감정에 그대로 노출되는 상황에 놓인 서비스 종사자들은 평상시와 똑같은 감정으로 응대할 수도 없는 것처럼, 벽 뒤에 숨어 운다고 해서 감정이 조절되는 것도 아니다. 이럴때 어떻게 할 것인가? 감정이 상해서 막 화를 내거나 아픈 상처나 억울함이 떠올라 눈물이 흘러내리거나 자리를 박차고 나가버리는 반응으로 고객과의 귀중한 상담이나 민원을 해결할 수 있는 것인가? 그러나 분명한 것은 중요한 감정을 누르

게 되면 그 반응은 더욱 더 좋지 않은 것으로 나타난다는 점이다. 고객도 사람이요 서비스 요원도 사람이다. 사람은 사랑받고 상대로부터 인정받기를 원하는데 유독 서비스 분야에서는 고객은 문제없고 고객에 대한 서비스 요원만이 문제가 있는 것처럼 일방적인 요구가 일어나는 경우가 흔하다. 최근의 갑질 손님 논쟁이 그것이다.

■ 인간의 기본적 욕구가 좌절되면 분노나 화가 생기게 된다. 이를 적절하게 표현하면 되는데, 표현하지 않고 누르면 그 감정은 누적되며, 누적된 감정은 새로운 사람을 만났을 때 더 친절하고 만족스럽고 감동스런 서비스를 할 수 없게 만든다. 억누른 감정이 스트레스로 남게 되는 것이다.

감정에 대해 깊은 관심을 보인 다니엘 골먼^(D. Goleman) 이래 최근 감정이 인간관계에서 중요한 화두가 되고 있다. 감정이란 사람이 어떤 대상이나 사람에 대해 반작용으로 가지게 되는 느낌이라고 할 수 있는데, 화, 기쁨, 슬픔, 공포, 사랑, 놀람, 혐오, 수치 등의 느낌들이다. 특히, 서비스 분야에서는 **[도표 4-3]**과 같은 감정들이 주를 이룬다.

[도표 4-3] 감정의 집합

감정의 또 다른 모습
화남, 안달, 원통함, 억울함, 짜증남, 답답함, 번잡함, 적대감, 비애, 쓸쓸함, 울적함, 우울, 외로움, 낙담, 실망, 근심, 불안, 무서움, 우려, 당황, 안절부절못함, 주저함, 두려움, 멸시, 질시, 경멸, 증오, 불쾌감, 죄책감, 황당함, 유감, 모욕감, 부끄러움

(2) 감정관리

[도표 4-3]의 생각하기도 싫은 감정들을 통제 혹은 관리하기 위해서 어떻게 해야 하는가?

- 자신의 감정을 잘 발견하여야 한다. 위의 감정들 각각을 정확하게 구분할 수 있는가? 자아에 대하여 깊은 성찰을 한다면 구분이 가능하다.

- 자신의 감정을 분석하는 자아분석을 해 보는 것이다. 이러한 자아분석은 자신의 직장과 가정에서부터 발견하는 것이 좋다.

- 자신의 서비스 업무를 수행하는 대인관계에서 해결책을 찾아야 한다. 자아분석이란 자신이 과거에 왜 그런 감정을 가졌던 것인지, 그 감정으로 인해 어떤 좋지 않은 결과가 나타났는지를 유추해내는 과정이라고 할 수 있다.

- 업무수행을 하면서 느끼는 주요한 감정들을 발견하였다면 그것을 문서로 기록해 두어야 한다. [도표 4-3]과 같은 감정들은 생기면 후회가 되는 것들 밖에 없다. 그렇다고 그냥 무시하고 억눌러서는 안된다. 기록된 감정들과 그 감정으로 인한 결과를 보면서, 자신을 성찰하고 상황을 반추함으로써 무언가 얻어지는 경험과 가치가 생기게 된다. 그러고 나면, 반복되지 않도록 자신의 감정을 조절할 힘이 생기게 된다.

(3) 감정메시지

감정메시지는 감정 섞인 메시지를 사용하자는 뜻이 아니라, 감정에 호소하는 메시지라는 의미이다. 인간이 완벽하게 이성적이지 않다면 100% 감성적이지도 않다. 감정은 진실하고 솔직할 때 상대를 움직이게 만드는 힘을 가진 실체이다. 따라서 고객과의 대화에서 감정은 때론 동정도 되고 흥분도 되며, 자랑이 되어도 좋다. 만족이란 것도 일종의 감정이다. 홀가분하고 낭만도 감정이며, 애정과 포근함도 느끼게 되는 것이다. 이런 긍정적 감정을 담은 메시지를 사용하는 방법에 대해서 살펴보자.

- 목표달성에 도움이 될 때는 긍정적 감정이, 목표달성이 방해받게 된다면 부정적 감정이 발생할 소지가 크다. 따라서 고객과의 목표달성 과정에는 협상과 대응, 양보와 타협, 조정과 통제 등의 수단들이 필요하다.

- 일반적으로 사람은 타인이 나에 대하여 많이 알고 있다고 생각하고 더더욱 내 자신의 감정을 많이 배려한다고 생각하는 경향이 있다. 하지만 자신의 감정을 드러내고 표현하는 데는 매우 부족한데, 특히 자신의 의사를 표현할 때 '나'보다는 '우리'라는 입장에서 인간관계를 하는 경우가 많다. 자신의 감정 표현에 대해 공부가 필요하다.

- 자신의 감정문제에 대해 솔직하게 표현하며, 감정해소를 위해서는 자신의 관점을 정확하고 분명한 어조로 표현하는 것이 좋다. "나의 지금 기분은 이렇다. 당신의 행동이나 말이 나의 감정을 이렇게 만들었다. 나는 이렇게 생각한다."는 식의 분명한 표현과 감정의 노출이 필요하다는 이야기이다.

3. 지능과 인간관계

부유한 환경 속에서 태어났다면 좋은 학교, 좋은 배경 속에서 각종 학습기회를 누릴 수 있기에 지능발달에 앞설 수도 있다. 오늘날 일반적으로 지능은 유전과 환경요인 모두의 결과임이 입증되고 있다. 사람들은 다른 사람과 전혀 다른 일을 전혀 다른 방식으로 수행한다. 어떤 사람이 수학, 영어 등은 매우 잘하지만 국어, 미술 등은 아주 못하는 경우가 있다. IQ 90 이하의 사람이 자동차의 엔진을 잘 다룰 수 있는 반면, IQ 130 이상의 사람은 그런 일을 못 할 수도 있다. 이렇게 볼 때 인간의 지능은 부분적이거나 단편적이기보다는 다양한

아이디어 박스 4-4

지적능력과 직무수행 ■

높은 IQ는 직무가 신선한 것이거나 애매한 것, 변화하는 것 혹은 공인회계사, 엔지니어, 과학자, 건축가 그리고 의사 등과 같이 여러 가지 측면으로 이루어진 전문적인 직업과 직무를 수행하는 것들과 강한 정(正)의 상관관계가 있다고 알려져 있다. 하지만 IQ는 수공업자, 사무직 근로자 혹은 경찰 업무와 같이 복잡한 직무들에서 강한 상관관계가 나타나지 않는다. IQ는 단순한 문제해결 혹은 일상적인 의사결정을 필요로 하는 비숙련 직무와 타당한 예측치가 되지 못하는 것, 즉 상관관계가 없었다. 지능은 직무수행에 영향을 주는 요인뿐 아니라 종종 가장 중요한 요인으로 간주된다. 예를 들어, IQ는 직무 면접, 신원조회 혹은 대학 성적보다도 가장 좋은 직무수행의 예측치가 된다.

지능(Multiple Intelligence)임에 틀림없다. 이러한 인간의 다중지능은 그 개인의 행동에 직접적인 영향을 준다.

(1) 지능이란?

지능이란 무엇인가? 그 사람은 매우 '지적'이야. 난 정말로 '바보 같은' 짓을 했어. 당신은 '영리하지' 못해. 이런 말이 모두 지능을 얘기하는 것이다.

- 최초로 지능이란 용어를 사용한 사람은 영국인 스펜서(H. Spencer)이다. 그는 외부 현상에 대하여 다양한 대상을 인지하고, 그러한 현상에 대한 적응행동의 능력을 지능이라 했다.

- 터만과 써스톤(L. M. Terman & L. L. Thurstone)에 의하면 지능을 추상적인 사고능력이라 했다. 이들에 의하면 수학을 잘하는 사람은 머리가 좋다는 식의 해석이 된다. 게이츠, 헨몬 그리고 디어본(A. I. Gates, V. A. C. Henmon, W. F. Dearbone) 등은 "지능이란 학습능력이다."라고 정의한다.

- 비네(A. Binet)는 지능을 '환경에의 적응력'이라고 정의하면서, 지능은 방향, 이해, 발명, 비판 4가지로 구성된다고 주장한다. 이러한 4가지 구성요소들로서 어떤 상황에 대하여 어떻게 자신을 적응시키고, 판단, 이해하며 추리하느냐의 차이로서 지능을 이해한다.

- 지능이란 '인간이 가지고 있는 환경에의 적응능력'이라고 할 수 있다. 지능은 인간행동의 전체적 능력 중 일부이며, 학습된 능력, 언어구사력, 추리력, 상상력, 창조력 등도 모두 지능인 것이다.

- 수많은 지능검사를 만들어낸 웩슬러(D. Wechsler)는 "지능이란 이 세상을 이해할 수 있는 능력이며, 이 세상의 도전을 극복해 나갈 수 있는 재주이다."라고 말한다.

(2) 지능의 측정

지능에 관한 측정은 1884년 영국의 갈톤(F. Galton)에 의해 처음 시도되었다. 그는 부모와 자녀 사이에 지능이 유전된다고 믿었다. 또한 머리둘레와 지능이 관계가 있으며, 시각·청각이 예민한 사람들이 그렇지 못한 사람보다 지능이 우수할 거라고 생각했다. 그러나 그는 이러한 생각을 실증적으로 밝혀내는 데 실패했다.

보다 현대적 의미의 지능검사는 비네에 의해 만들어졌다. 비네는 지능에 관하여 다음과 같은 전제를 두고 연구하였다. 지능은 "인간이 성숙할 때까지 연령에 따라 발달할 것이다."라는 것이었다. 따라서 지능검사를 위한 두 가지 개념이 제시되었다. 그것은 첫째, 정신연령(Mental Age : MA)이라는 개념이고, 둘째, 지능지수(Intelligence Quotient : IQ)라는 개념이다. 이런 입장 속에 각 연령의 보통 아동들이 풀 수 있는 문장을 채택하여 검사를 구성하고, 이들이 풀 수 있는 문제를 기초로 하여 정신연령 수준을 정한다. 한 아동이 평균 7세의 아동들이면 풀 수 있는 모든 문장을 통과하고 평균 8세 아동이 풀 수 있는 문항을 모두 못 풀었다면 이 아동의 생활연령(Chronological Age : CA, 즉 실제나이)과 관계없이 정신연령은 7세가 되는 것이다. 결국 지능지수란 생활연령에 대한 정신연령의 비율을 말하는 것이다. 이것을 식으로 표현하면 $IQ = \dfrac{MA}{CA} \times 100$이다.

(3) 능력

우리들이 학교에서 가르침을 받았다 해서 항상 배운 것과 일치하도록 모든 일을 수행하는 것은 아니다. 인간 대부분은 정규적으로 분포된 능력곡선에서 보통보다 이하였다. 누구나 메릴 스트립과 같이 연기하며, 타이거 우즈와 같이 골프를 잘치고 스티븐킹과 같이 공포스러운 이야기를 잘 쓰는 그리고 휘트니휴스톤처럼 노래를 잘하는 능력을 가질 수는 없다.

- 모든 사람의 능력이 동일하지 않기 때문인 것도 사실이지만 어떤 개인은 근원적으로 다른 사람에 비해 능력이 떨어지게 되어 있다.
- 능력에 있어서 강점과 약점이 다르고 어떤 특정 과업이나 활동들을 수행함에 있어 다른 사람에 비해 상대적으로 우위 아니면 열위에 놓이게 된다.
- 능력이란 무엇인가? 능력이란 개인이 직무에 있어 다양한 과업을 수행하는 힘이라 할 수 있다. 그것은 사람이 어떤 일을 할 수 있는 것에 의해 측정가능하다. 개인의 전반적 능력은 두 가지, 즉 지능과 물리적 능력이다.

① 지능

지능이란 정신적 활동을 수행하는 데 필요한 어떤 것이다. 예를 들어, 지능검사는 사람의 일반적인 지능을 측정하도록 설계되어 있다. 지능검사에는 수리적 적성, 언어이해력, 지각적 속도, 연역적인 이유추론, 귀납적인 이유추론,

공간지각력 그리고 기억력 등이다.

직무에서 요구되는 것이 다르기에 사람들의 직무에서 쓰이는 지능들은 각각 다르다. 일반적으로 말해서 어떤 직무에서는 매우 정보처리적인 요구가 있으며, 직무를 성공적으로 수행하는 데 일반적인 지능과 언어적 능력은 더욱 요구된다. 물론 지능이 높다고 해서 모든 직무를 아주 잘 하리라는 것은 아니다.

지난 수십 년간 연구자들은 정신적 능력을 넘어서 지능을 측정하려고 시도하였다. 가장 최근의 연구에 의하면 지능은 4가지 하위요소들로 나누어져 있는 것으로 이해된다. 인지적, 사회적, 정서적, 그리고 문화적 요소들이다. 인지적 지능은 전통적인 지능검사에 의해 오랫동안 실시된 적성을 포함한다. 사회적 지능이란 타인과 효과적으로 상호작용하는 개인의 능력이다. 정서적 지능은 정서를 규명하고 이해하며 관리하는 능력이다. 그리고 문화적 지능이란 문화 간의 차이점에 대하여 인식하고 문화 간 상황에서 성공적으로 기능하는 능력을 말한다.

② 물리적 능력

물리적 능력은 덜 숙련되고 더욱 표준화된 직무를 성공적으로 수행하는 데 가장 중요한 것이 된다. 예를 들어, 물리적 능력 중 하나인 신체적 능력은 직무를 성공적으로 수행하는 데 필요한 스테미나, 손의 민첩성, 다리의 강도 등이 그것이다.

③ 능력과 직무의 적합

사람들은 가진 능력이 다르므로 종업원의 성과는 매우 높은 능력과 직무가 잘 부합될 때 이루어진다. 예를 들어, 항공기 조정사는 강력한 공간지각력을 가지고 있어야 하며, 해변 인명구조원은 강한 공간지각력과 신체조정력이 필요하며, 능숙한 경영자는 언어적 능력이 필요하다. 아주 높은 곳에서 건축일을 하는 사람은 균형감이 필요하며 잡지기자는 이유추론 능력이 있어야 한다.

- 종업원들의 능력이 부족하다면 경영자들도 실패할 가능성이 많다. 능력과 직무의 적합이 동시에 이루어질 때 종업원은 직무에서 필요한 요구조건을 훨씬 넘어서는 능력을 보일 수 있다.
- 종업원의 능력이 직무에서 이루어지는 필요 이상의 능력을 보이는 경우, 이들에게 더 많은 임금을 지불함으로써 아주 숙련수준이 높은 종업원을 유지할 수 있다.

실전실습

1. 경영에서는 그동안 감성보다는 효율, 이성, 경제, 능률 등을 더 중시했었다. 최근에 감성에 대한 중요성이 많아지고 있다. 경영학 실무에서 감성을 중시하는 개념을 정리해보자.

> ① 감정(감성)노동의 중요성 증대
>
> ② 감정지능 및 감성지능리더십
>
> ③ 감정의 억제보다는 감정의 적절한 노출
>
> ④ 감성경영(감성조절)

1. 위의 샘플이외 다음과 같은 것들이 있다.

①

②

③

④

Q 2. 어떤 메시지는 오랫동안 사람들의 기억에 존재하는 반면, 다른 메시지는 기억되지 못하고 순식간에 사라지는 이유가 무엇일까?

① 간결하게 표현된 메시지, 즉 단순한 메시지가 잘 통한다.

② 흥미를 유발하면서 관심을 끄는 메시지여야 한다.

③ 추상적인 메시지보다는 구체적 이미지를 가지고 있는 메시지여야 한다.

④ 신뢰할 수 있는 메시지여야 한다.

⑤ 사람들의 마음을 끌기 위해 메시지는 각별하게 여기는 무언가가 있어야 한다.

⑥ 메시지는 훌륭한 스토리를 가지고 있어야 한다.

 A 2. 상사가 부하에게 메일을 쓰는 상황이다. 토요일 주말 회사에 출근하여 일요일까지 야근을 지시하는 상황에서 적절한 감정 메시지를 작성하시오.

①

②

③

④

Q **3.** 직장을 다니거나 사업을 할 때 필요한 것들이 많다. 그 중에 지식, 기능, 기술, 인간관계 4가지가 있다고 하자. 지식, 기능, 기술 vs 인간관계 비중은 15% vs 85%라고 하는 통계가 있다. 왜 그런가?

A 3. 적어도 다음과 같이 3가지 정도 이유가 있다.

①

②

③

Q

4. 나와 남의 감정상태를 이해하고 접근하면 조직생활이 훨씬 효과적일 것이다. 그런데 나와 남의 감정을 인지하고 이해하고 조절하는 능력은 지식이나 지능지수보다는 감정지수(EQ: Emotional intelligence quotient)가 높아야 한다. 감정지수가 높을수록 조직에서의 대인관계에 성공을 거둘 수 있는 것이다.

> 긴 해외여행을 마치고 비행기 트랩을 내릴 때 비행기 승무원들이 내리는 손님들을 향해 얼굴에 미소를 띠고 일일이 인사를 한다. 물론 그들도 손님 못지않게 지치고 피곤하다. 그러나 웃어야 한다. 이것이 소위 감정노동(emotional labor)이다. 이런 노동에는 또 어떤 것들이 있는 가?
>
> ---
> 백화점의 점원, 은행원, 여행 가이드, 구청이나 세무서의 민원창구 공무원, 장의사, 약사, 신용보증기금, 법원 근무자

A

4. 감정이 상한 서비스 요원의 검정은 어떻게 치유해야 하는가?.

①

②

③

학습성과

5장을 학습한 뒤 학습자가 할 수 있어야 할 학습성과

1. 지각과 지각오류에 대해 설명할 수 있어야 한다.

2. 성격의 결정요인에 대해 설명할 수 있어야 한다.

3. 성격이론에 대해 이해할 수 있어야 한다.

핵심 키워드

지각의 법칙, 도형과 배경의 법칙, 지각오류, 귀인오류, 성격,
성격의 결정요인, 방어기제

쉬어가며

연애시/박제영

오늘만큼은 예쁜 연애시 하나 쓰겠노라 펜을 든 것인데

노라조 노라조, 아빠는 놀아줄 수가 없단다 밥 벌러 나가야 한단다 도은이는 혼자 논다 노라조 노라조 노래를 부른다, 오늘도 늦어요 또 늦어요? 내일도 늦을 거다 여보 모레도 늦을 거다 아내는 오늘도 혼자 잔다 마른 잠을 알약처럼 삼킨다, 아픈 데는 없니 어디 아픈 데는 없니? 없어요 엄마 위궤양이 어디 병인가요 역류성 식도염은 병도 아니잖아요 30년 전 아버지가 건넌 강이잖아요 울음의 강을 아버지도 무사히 건너셨잖아요,

라고 썼다, 밤새 지우고

아버지 자꾸만 오줌이 마려워요 아버지가 그랬던 것처럼 자꾸만 오줌이 마려워요,

노루오줌 같은 문장 하나 겨우 지리고 마는 것인데

Chapter 5

지각의 이해와 성격 파악

들어가며

개인의 경험, 배경, 영역 등의 차이에 따라 지각되는 것도 매우 다양한 모습을 보인다. 눈으로 제대로 본 것 같지만 **상황**에 따라 전혀 다르게 해석되기 때문이다.

평생 택시 한번 타본 적 없고 20년이나 된 치마 저고리에 화장 한번 제대로 해본 적 없는 김밥장수 할머니가 거액을 사회에 기탁했다. 그러면 사람들은 그 김밥 파는 할머니가 그런 용기를 낼 수 있었던 이유를 도덕적 초자아를 지닌 할머니의 **성격**에서 찾으려 한다.

1. 지각의 이해

지각(Perception)이란 감각들로부터 증거를 '선택', '조직화', '해석'하여 외부세계를 자각하게 만드는 과정으로 정의된다([도표 5-1] 참조). 인간은 외부로부터 주어지는 자극을 감각기관을 통해 받아들이는데, 이 과정에서 주어지는 자극들을 모두 받아들이는 것이 아니라 그 중 일부만을 선택적으로 수용한다. 이렇게 선택적으로 수용한 자극들 중에서 중요하다고 판단되는 것을 다시 선별하여, 이 자극들과 자기 자신이 이미 가지고 있는 지각구조 간을 연결시킴으로써, 하나의 의미를 부여하는 과정이 바로 지각인 것이다.

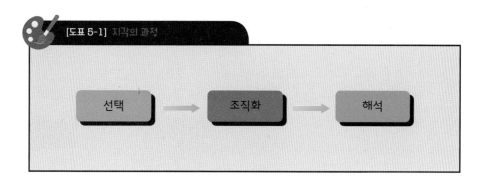

[도표 5-1] 지각의 과정

선택 → 조직화 → 해석

(1) 지각의 법칙

① 시각법칙

　TV뉴스를 보면 일반적으로 남성 아나운서가 왼쪽에 있고 여성 아나운서는 오른쪽에 있다. 이것은 인간의 시각이 오른쪽 시야에 비해 왼쪽 시야를 우위로 느끼기 때문이며, 여성 아나운서가 오른쪽이든 왼쪽이든 어느 쪽에 앉든지 아무 상관이 없는 것 같으면서도 이렇게 되어 있지 않으면 왠지 불안하게 느껴지기 때문이다. [도표 5-2]의 두 개의 도형을 보면 A가 B에 비해서 더 안정감을 준다. 오른쪽 시야보다는 왼쪽이 우위이며, 위쪽보다는 아래쪽의 시야가 우위이다. 그러므로 B의 도형은 상하좌우가 다 우위가 아니기 때문에 강한 긴장감을 일으킨다. 이를 지각의 시각법칙이라 한다.

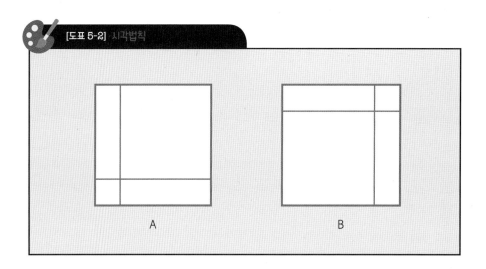

[도표 5-2] 시각법칙

② 선택과 집중법칙

　주의력은 정보에 대한 선택적 측면과 집중적 측면이 있다. 선택적 측면은 많은 정보 속에서 필요한 것을 선택하는 경우이며, 집중적 측면이란 선택된 정보는 다른 것보다 더 집중적으로 처리한다는 것이다. 따라서 다음 [도표 5-3]을 보게 되면 본래의 그림으로 보기보다는 그림 속의 얼굴 모습이 선택되어지고, 선택된 얼굴 모습을 우리의 뇌는 더 강하게 집중적으로 처리하려 한다.

[도표 5-3] 무엇이 보이는가?

③ 상황의 법칙

[도표 5-4]의 A 그림의 경우 중심원 둘레에 얼마 정도의 큰 원들이 있느냐에 따라서 왼쪽보다는 오른쪽 중심원의 크기가 더 크게 지각된다. B 그림의 경우 양쪽에 있는 정사각형의 크기에 따라서 그 사이를 잇는 선의 거리가 같음에도 불구하고 다르게 보인다. 이와 같이 개인이 이제까지 어떠한 경험을 해왔느냐 또는 어떠한 상황에 놓여 있었느냐에 따라서 같은 사실이라도 전혀 다르게 지각할 수가 있다.

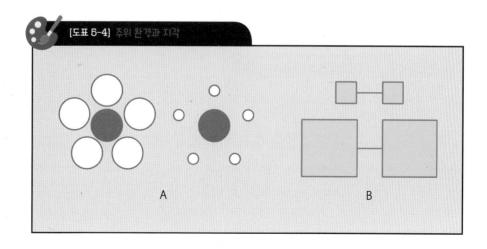

[도표 5-4] 주위 환경과 지각

A   B

④ 사전기대의 법칙

과거의 경험은 인간의 뇌 속에 전형을 만들어 놓을 뿐만 아니라 어떤 상황이 일어날 것이라고 기대하고 예측하게 만들기도 한다. [도표 5-5]와 같이 세 글자로 된 단어가 3개가 있다. 여러분들은 아마도 왼쪽부터 더! 핫! 캣! 이라고 읽을 것이다. 즉, 정관사의 THE와 모자라는 뜻의 HAT, 고양이란 뜻의 CAT으로 읽는다. 그런데 자세히 보면 세 단어마다 한 가운데 글자는 모두 같은 글자이다. 그럼에도 불구하고 왼쪽은 H로 가운데는 A로, 오른쪽은 A로 지각한다. 이는 단순한 글자의 특징 때문만이 아니라 단어로서의 문맥이라는 특수한 정보가 영향을 미쳐 종합적으로 연결된 단어로 인식해 버리기 때문이다.

[도표 5-5] 한번 소리 내어 읽은 후 다시 보자

TAE HAT CAT

[도표 5-6]에 있는 영문을 보면 '－AKE'라고 쓰여 있는데 '－'에 W, M, T 중 한 글자가 숨겨져 있다고 할 때 여러분은 뭐라고 읽고 싶은가? 앞에서와 같이 이 문장 앞부분과의 문맥 또는 읽은 이의 기억 속에 있는 지식, 또는 그 사람의 기대나 사고방식, 선입견에 따라 각각 다르게 읽혀지게 된다.

[도표 5-6] 밑줄에 넣을 글자는?

<u>?</u> AKE
UP!

아이디어 박스 5-1

귀신의 정체 ■

어두운 산길에서 멀리 서 있는 귀신을 보고 놀란 적이 있다. 자세히 보니 귀신의 정체는 소나무였다. 꼭 귀신인 줄 알았는데 정신차려 보니 소나무 숲이었던 것이다. 무섭다, 무섭다 하고 겁먹은 마음이 귀신을 만들어 낸 셈이다. 무섭다는 기분뿐만 아니라 선입관에 따라 사물이 달리 보이기도 한다.

[도표 5-7]을 보면 같은 그림도 마음의 자세나 기대에 따라 그 해석이 전혀 다르다. 먼저 A의 왼쪽부터 보면서 오른쪽으로 가면 남자얼굴로 보이며, B의 그림을 오른쪽에서 왼쪽으로 진행하면서 보면, 우는 듯한 여인이 보이게 된다 (그림을 다 보고 나면 A의 X와 B의 Y는 똑같은 그림).

[도표 5-7] 사전기대의 힘

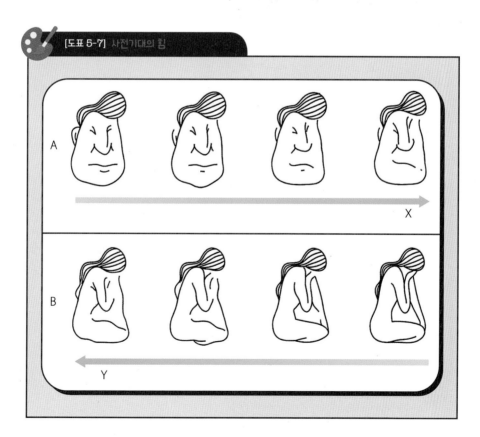

⑤ 착시현상

내리막길에서 가속패달을 밟는 바보 같은 사람이 어디 있겠는가 하겠지만 실제로 기복이 많은 도로를 주행할 때 흔히 그렇게 하는 일이 많다. 지금은 내리막길이지만 저 앞은 오르막길이라고 생각했을 때 운전자는 '속력을 내어 오르막길을 단숨에 올라가 버리자'하고 가속패달을 밟는다. 그런데 실은 오르막이라고 생각했던 곳이 내리막이어서 사고가 생기는 경우가 많다. 이런 길을 여행지에선 도깨비 도로라고 한다. 이렇게 실제와 다르게 보이는 것을 **착시현상**이라 한다. [**도표 5-8**]은 매우 잘 알려진 5가지 착시(Illusions)의 예이다.

A는 뮬러 – 라이어 착시(Müller-lyer Illusion)라는 것이다. B는 폰조착시(Ponzo Illusion)이다. C는 졸너착시(Zollner Illusion)라 한다. D는 분트착시(Wundt Illusion)이다. E는 포겐토프착시(Poggendof Illusion)라 한다.

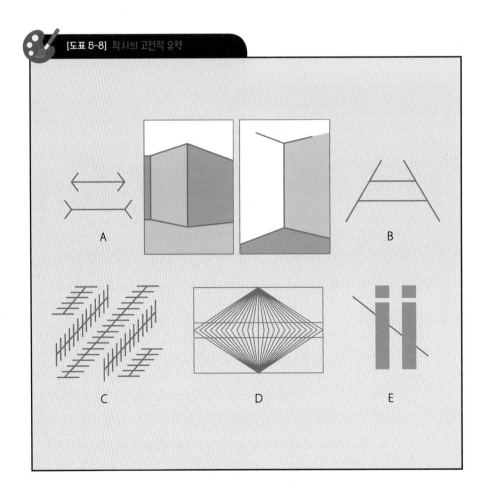

[도표 5-8] 착시의 고전적 유형

⑥ 도형과 배경법칙

도형과 배경(Figure-Ground)법칙이란 지각을 함에 있어, 어떤 것은 주체인 도형으로, 어떤 것은 배경으로 나뉘어서 지각되는 것을 말한다. [도표 5-9]의 A는 이마가 서로 맞닿도록 두 얼굴을 기울여 놓았다. 여기에 약간의 상상을 덧붙이면 중동지방의 사원과 비슷한 모스크의 모습을 볼 수 있다. 일단 여인들과 모스크의 모습이 지각되고 나면 여러분의 시선은 두 그림 사이에서 왔다 갔다 하게 될 것이다. B의 경우는 연인들의 얼굴을 변형한 것으로 두 얼굴이나 촛불로 보이게 된다. 무엇이 그린 것이고, 무엇이 도화지였는지 자연스런 혼돈이 생기게 된다.

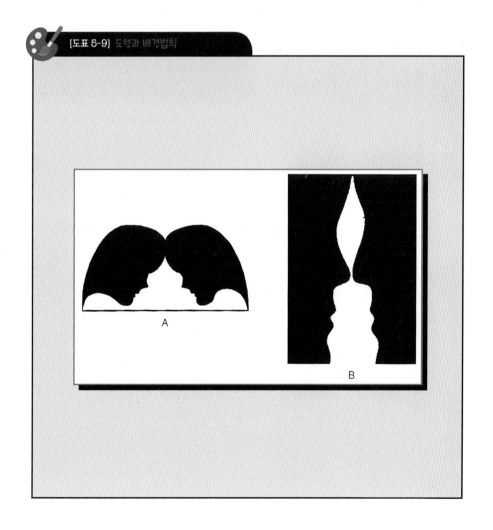

[도표 5-9] 도형과 배경법칙

⑦ 게스탈트법칙

게스탈트법칙(Gestalt Laws)이라는 것은 게스탈트 심리학자들이 제안한 대표적인 지각집단화의 원리들이다. 한 물체에 속한 정보들을 낱개로 보는 것이 아니라 하나의 덩어리로 묶어서 지각한다는 것이다. 이들은 지각 전반에 대해 전체는 부분의 합 이상이며(이를 Pränanz 법칙이라 한다.) 사람들은 부분을 먼저 지각하고 전체를 지각하는 것이 아니라 전체를 먼저 처리한다고 주장한다.

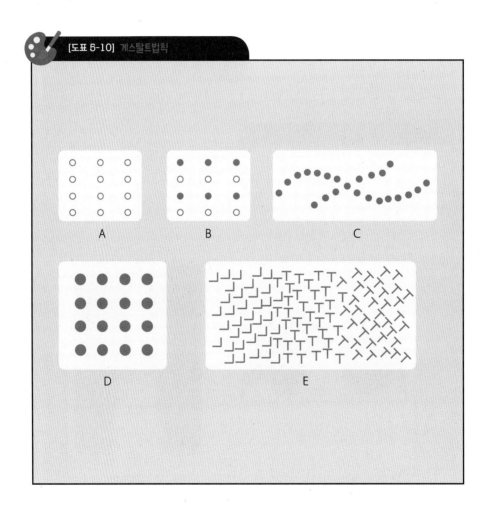

[도표 5-10] 게스탈트법칙

[도표 5-10]의 A는 근접성(Proximity)으로서 가까이 있는 요소들이 하나의 집단으로 묶인다는 원리이다. B는 유사성(Similarity)으로 형태나 색 등 유사한 요소

들이 하나의 집단으로 묶인다는 원리이다. C는 연속성^(Continuity)으로서 각각 점으로 된 것들이 두 개의 선의 형태로 지각된다. 이는 점과 점 사이가 실제로는 개방되어 있지만 닫혀있다고 보는 것이다. D와 E는 동그라미라는 대상을 지각할 때 개개의 동그라미로 지각하는 것이 아니라, 가장 단순한 형태로 지각적 통합을 이루려고 노력한다.

다음 [도표 5-11]처럼 어떤 형태로 지각되었다가^(Framing) 다른 그림의 형태로 다시 지각^(Reframing)되기도 한다. [도표 5-11]의 A는 남녀가 포옹하는 장면인가 아니면 남자가 수건으로 얼굴을 닦는 그림인가? B의 그림은 고개 숙인 펭귄인가 아니면 동양여인인가? C의 그림은 잠자는 고양이인가 아니면 쥐인가? D의 그림은 카우보이 모자인가 아니면 이발소에서 머리를 손질하기 위해 준비하고 있는 남자인가? 이에 대한 답은 처음 본 그림으로 지각하다 다른 그림을 보게 되고 그리고 나면 두 그림의 형태가 함께 지각된다.

[도표 5-11] 지각과 재지각

A   B   C   D

[도표 5-12] 전형의 예

⑧ 전형

인간의 기억 속에는 빈번히 일어났던 자극들의 관념이 저장되어 있다. 이것이 바로 전형(Prototype)이다. 보통 사람에 대한 얼굴, 미스코리아의 얼굴, 데모가 일어나는 장면 등을 이미 머릿속에 저장하고 있다. 그러다가 유사한 형태와 마주치면 자세히 보지도 않고 머릿속의 전형과 비교한 뒤 쉽게 지각해 버리고 만다. 결국 보고 듣는 것을 과거에 보았고 들었었던 것과 빨리 비교하는 것이다. [도표 5-12]처럼 한 외계인이 자기가 지금껏 보았던 모습을 자기와 비슷한 사람으로 지각하고는 "귀에서 손가락을 빼고 내말을 들어라!!"라고 얘기하고 있다.

(2) 지각오류

인간이 가지고 있는 구체적이고 주관적인 타인평가 오류를 고찰하고자 한다.

① 첫인상 효과

우리는 자신의 일상경험을 통해 첫인상이라는 것이 얼마나 중요한가를 잘 알고 있다. 한 실험이 있다. 우선 한 인물을 두고서 외향성 성격으로 묘사한 문장(A)과 또 내향성 성격으로 묘사한 문장(B)을 준비하고, 그 두 문장이 동일인물의 성격을 묘사한 것임을 미리 말하고서 제시하였다. 이 경우에 A→B의 순서로 제시했을 때와 B→A의 순서로 제시했을 때 그 인물의 성격이 어떻게 평가될 것인가를 조사한 결과 전혀 다른 평가결과가 나타났다. A→B 순서로 읽은 사람은 그 인물이 사교적이며 적극적이며 친하기 쉬운 성격의 소유자라고 평가한 반면, B→A의 순서로 읽은 사람은 그 인물은 내성적이며 다소곳하며 친해지기가 어려운 성격을 가졌다는 판단을 내리고 있었다. 어느 것을 제시하느냐에 따라서 전혀 다른 결과가 나온 것이다.

이처럼 첫인상이 중요한 역할을 하는데 왜 그런가? 사람은 어떤 사람을 보았을 경우 마음속에 첫인상으로 인한 어떤 그림을 만들어 버리기 때문이다. 그 후 나타나는 반대되는 증거 따위는 무시되어 버린다든가 이미 짜놓은 틀속에 일치되도록 재해석이 되는 것이다. 이와 같이 첫 번째 인상의 중요성을 '초두효과(Primacy Effects)'라고 한다. 최초의 인상이야말로 극히 중요한 것이다.

아이디어 박스 5-2

루스벨트 대통령 부인 ■

미국의 32대 루스벨트(F. Roosebelt) 대통령 부인 엘리노어 루스벨트 여사의 얘기다. 어느 가정에 별로 예쁘지도 않은 딸이 태어났다. 어머니는 남동생들만 귀여워했고 딸에게 하는 어머니의 잔소리는 항상 수치심과 소외감만 느끼게 했다. 그녀가 어릴 때 아버지는 집을 나갔고, 9살 때 어머니마저 세상을 떠났다. 그녀는 할머니 손에 맡겨졌으며 그 할머니는 그녀를 다른 애들과 못 놀게 했다. 그녀는 외로움과 함께 할 일이라고는 산책, 독서뿐이었다. 그녀가 바로 미국의 32대 대통령 부인이다. 그녀는 가난한 자, 억압받는 자의 보호를 위해 앞장섰고 UN인권헌장을 만든 장본인이었다. 결국 미남, 미인은 사무실에 가만히 있는 것만으로도 자기 역할을 다하고 있다고 생각하기에 다른 자질, 기술로 자기를 나타내려 하지 않는다. 따라서 기술, 자질을 익히려는 노력이 없다. 그러나 반대로 루스벨트 여사는 정신적 특성을 나타내려고 노력한 것이다.

[도표 5-13]의 경우는 여러 명이 청중들 앞에서 질문을 하는데, 맨 처음 질문자인 양복을 차려 입은 남자가 제일 먼저 질문을 하고 연이어 다른 사람들이 질문을 하였을 경우 기억에 가장 잘 남는 사람은 역시 제일 먼저 질문한 사람이었다. 또한 사람들은 누가 기억에 오래 남는가라는 질문에 가장 시간적으로 최근이었던 사람, 즉 조금 전에 질문을 끝낸 사람도 잘 기억해 내었다. 이를 최근 효과(Recency Effects)라 한다.

[도표 5-13] 초두효과의 예

② 평가배분오류

평가에 있어 배분오류(Distributional Error)는 평가자가 모든 사람들을 동일하게 평가하려는 경향에서 발생하는 오류이다. 어떤 평가자는 무조건 점수를 후하게 주는 경향이 있으며(관대성 오류 : Leniency Error), 반대로 어떤 사람들은 점수를 매우 낮게 주는 경향이 있다(엄격성 오류 : Severity Error). 경우에 따라서는 모두를 중간 정도로 평가해 버리는 중앙집중오류(Central Tendency Error)도 범한다.

[도표 5-14] 평가오류

영역	甲 종업원	乙 종업원	丙 종업원	丁 종업원
결근	4(2)	5(1)	5(1)	5(1)
의사소통	4(2)	5(1)	5(1)	5(1)
지시수행	5(1)	4(2)	4(2)	4(2)
작업의 질	4(2)	5(1)	4(2)	5(5)
작업의 양	5(1)	4(2)	5(1)	5(5)

[도표 5-14]에서 4명의 종업원들의 점수는 관대성 오류를, 괄호 안은 엄격성 오류를 나타낸다. 이렇게 평가하려면 평가를 포기하는 편이 더 낫다. 뿐만 아니라, 많은 평가자들은 피평가자의 어느 한 가지 측면에 대한 평가를 모든 측면에 대해 일반화시키는 경향도 자주 나타낸다. 이를 후광오류(Halo Error)라 한다. [도표 5-15]의 경우 평가자가 한 평가요소에서 매우 우수하거나 매우 열악하다는 것을 발견하면 거의 모든 평가영역에서도 높게 혹은 낮게 평가하게 되는 것이다. 이러한 오류는 평가할 종업원의 한두 가지 특성을 높게 평가한 반면에 함께 평가해야 할 다른 특성들을 관찰하기 어렵거나 그에 대한 정보를 가지고 있지 못할 때 발생하기 쉽다.

[도표 5-15] 후광오류

영역	甲 종업원	乙 종업원	丙 종업원	丁 종업원
결근	5	3	1	4
의사소통	5	3	1	4
지시수행	5	3	1	4
작업의 질	5	3	1	4
작업의 양	5	3	1	4

③ 스테레오타입 오류

스테레오타입 오류(Stereotype Error)란 인쇄를 하기 전에 활자를 배열해 놓고 거기에 납이나 구리를 부어 동판을 만들어 동일한 인쇄물을 수없이 만들게 되는데 이때 인쇄에 필요한 동판이 바로 스테레오타입이다. 이를 한국말로 하면 상동효과라 하는데 인간이 가지고 있는 **고정관념, 편견, 전형** 등이라 보면 된다.

④ 대조오류

대조오류(Contrast Error)란 차례로 제시된 두 대상 사이의 차이점을 인식하는 과정에서 오류가 발생할 수 있다는 것을 말한다. 나중에 제시된 사물이 처음에 제시된 사물과 커다란 차이를 보인다면, 나중에 제시된 사물과 처음에 제시된 사물과의 차이를 원래의 실제 차이보다 훨씬 크게 인식한다는 것이다. 우리가 처음에 가벼운 물체를 들어 보고 난 후에 무거운 물체를 들어 보면 그냥 처음부터 무거운 물체를 들어 본 경우보다 그것이 더 무겁게 느껴지는 것과 같은 이치이다.

⑤ 귀인오류

귀인(Attribution)이란 사람들은 타인의 행동이 왜 일어났는가에 호기심을 많이 가지고 있어 행동의 원인을 찾고자 하는데, 이때 찾아진 A의 원인을 B로 돌려서라도 호기심에서 벗어나 후련함을 얻으려 한다. 그러므로 타인의 행동을 어디다 귀속 혹은 귀인시키느냐에 따라 타인에 대한 해석이 달라지고 그 해석에 따라서 개인의 반응이 달라진다. 이러한 귀속에는 다음과 같은 여러 가지 오류가 숨겨져 있다.

㉠ 가장 기본적인 귀인오류

가장 기본적인 귀인오류(Fundamental Attribution Error)라는 것은 일반적으로 사람들은 다른 사람들의 행동을 그 사람이 처한 상황적 요인보다는 그 사람의 기질적 요인에 귀인시키는 오류이다. 대부분의 경우 행동은 개인의 기질적 특성과 상황요소가 결합되어 나타나는 경우가 많은데도 상황이 행동에 강력한 영향력을 행사한다. 불행한 상황에 처해 있는 사람은 그 사람 자신보다 상황적 요인에 불행의 원인이 있다고 보여지는 것이다.

ⓛ 자기기반 합의성 효과

사람들은 흔히 자기가 그 상황에서 어떻게 느꼈고 무엇을 하였는지에 관해서 결정한 다음, 다른 사람들도 똑같이 느끼고 행동했을 것이라고 판단하는 경향이 있다. 이때 다른 사람들의 의견이나 행동은 무시되기 일쑤다. 이렇듯 자기와 비슷한 부류의 사람이나 실제로 자기와 비슷하게 행동하는 사람을 찾는 것을 좋아한다. 이를 **자기기반 합의성 효과**(Self-based Consensus Effect)라 한다.

ⓒ 방어적 귀인가설

책상 모서리에 부딪혀 물건을 사방에 쏟은 덜렁이 친구를 쳐다보고 있다고 가정하자. 분명히 덜렁이 친구가 일부러 그렇게 하려고 한 것은 아니다. 그렇기 때문에 이 친구가 저지른 잘못을 지나치게 나무랄 수 없다. 그런 그가 깬 것이 만약 고려청자라면 어떻게 될까? **방어적 귀인가설**(Defensive Attribution Hypothesis)이란 관찰자는 사소한 것이 아닌 심각한 결과를 초래한 사고에 대해서 행위자에게 더 많은 책임을 전가시킬 것이라는 것이다.

ⓔ 자존적 귀인편파

학생들이 바라보는 테니스 코트에서 교수가 조교와 테니스 경기를 해서 완패했을 때 그 패배를 인정하기가 쉬운가? 햇볕을 바라보고 쳐서 눈이 부셨다. 아니면 오늘 컨디션이 좋지 않았다. 운이 나빠서 등의 핑계를 대기 마련이다. 이처럼 성공은 자기에게 돌리고 실패에 대한 책임은 부정하려는 경향을 바로 **자존적 귀인편파**(Self-serving Attribution Bias)라고 한다. 이렇게 부인해야 자기 자신의 존경심이 떨어지지 않고 편안함을 얻을 수 있기 때문이다.

ⓜ 자기중심적 편파

교수 3명이 한 책의 공동저자라고 가정하자. 출판사 직원이 각 교수 연구실을 돌면서 "이 책에서 가장 많은 공헌을 한 교수님은 누구이십니까?"라고 묻는다면 교수들은 어떤 반응을 보일까? 책을 공동으로 집필한 교수들은 모두 자기 자신이 가장 큰 공헌을 했다고 장담하게 된다. 서로 협력해서 얻어진 결과물에 대한 공로를 공정하게 배분하지 않고 상대방보다 많이 취하려는 태도가 발생한다. **자기중심적 편파**(Self-centered Bias)는 그 결과가 성공이든 아니든 간에 공동의 결과물에 대한 공로를 상대방보다 많이 취하려는 것이다.

2. 성격의 파악

성격은 인성, 성질, 성품, 개성, 적성, 퍼스낼리티 등으로 불린다. 한편의 영화나 연극에는 주인공이 한두 명일지라도 여러 명의 배우들이 등장하는데, 그들은 공통점보다는 극중의 역할에 맞게 나름대로의 독특한 특성을 지닌다. 고대 로마극장에 출연한 희극배우들도 마찬가지였다. 극중 역할에 따라 어떤 이는 가면을 쓰고, 어떤 이는 분장을 하고 연극을 한다. 이때 그들이 쓴 가면 또는 분장한 얼굴을 불어로 '뻬르조나(Persona)'라고 불렀고 이것이 오늘날 성격(퍼스낼리티 : Personality)이란 말의 어원이 되었다.

사람들은 '성격'하면 인간의 내면세계에 잠재되어 있는 어떤 것으로 생각하지만 성격은 잠재되어 있던 성질(Characteristics)이 밖으로 드러나 있는 것을 말한다. 그래서 사람들은 가면, 화장, 분장에 나타나 있는 성질들의 집합을 보고 그 사람의 정체를 알아차리며, 타인과 구별되는 특징을 간파하게 된다. 성격은 타인과 구별되는 특징적인 모든 성질을 통틀어 얘기하는 것이기에 성질 하나하나만을 지칭해서는 안 되는 것이다. 성격은 이랬다저랬다 변동되는 것도 아니다. 여러 가지 특질들이 쉽게 변하지 않으면서도 상호 연결되어 있는 그런 것이 성격이다.

(1) 성격의 결정요인

인간의 성격은 성격특질인 '씨앗'을 선천적으로 갖고 태어나는 것인가? 아니면 백지상태로 태어나 살아가면서 타인과의 상호작용을 통해 '타인과의 관계 속에서의 나'로 발전하는 것인가? 이런 각각의 물음들은 나름대로의 주장을 갖고 있다. 미네소타대학에서는 생후 6개월 후 떨어져 살게 된 일란성 쌍둥이 44쌍의 성격을 조사했더니 환경과 무관하게 성격이 똑같았다. 즉, 성격은 "유전된다."라고 주장한다.

이와 달리 유태인 6백만 명을 죽음으로 내몬 장본인인 히틀러의 경우를 보면 그가 어렸을 때, 그의 아버지가 장사하러 도시로 떠난 사이 히틀러의 어머니는 이웃 남자와 정을 통했는데, 그가 바로 유태인이었고 그 광경을 보면서 자란 히틀러의 성격은 비뚤어지게 되었다는 것이다. 결국 성격은 살아가면서 '습득(習得)'된다라는 것이다. 물론 이러한 유전적 요인, 환경적 요인 이외 문화적 요인, 가족과 사회집단 요인 등이 성격을 결정하는 요인이 된다. 하지만 여기서는 유전적·환경적 요인만을 설명하고자 한다([도표 5-16] 참조).

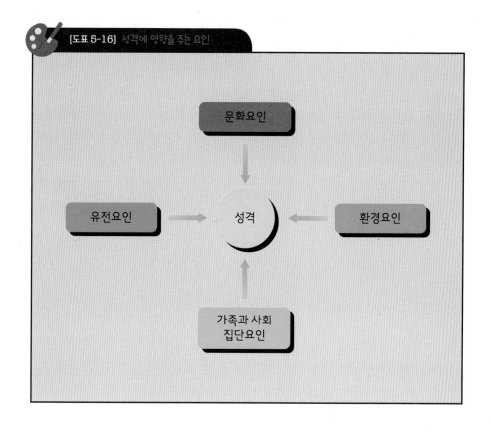

[도표 5-16] 성격에 영향을 주는 요인

① 유전요인

인간은 부모로부터의 유전형질을 받게 된다. 이러한 유전형질로 인해 부모와 동일한 특성을 가지게 된다는 것이다. 신체적 특성으로서 신장, 얼굴모습, 성별, 체질, 근육의 구성성분과 반사작용의 정도, 체력 및 생물학적 리듬 등은 자기 부모의 생물학적 · 생리학적 특성에 의해 완전하게 결정되는 특성이다. 이렇듯 성격도 부모로부터 그 씨앗을 받는다는 뜻이 된다. 서구의 수많은 사상가들은 유전이 환경적 요인보다 더 중요하다는 데 견해를 같이 했다.

어떤 아이는 지도자 성향이 강하도록 태어나고, 어떤 아이는 문제아나 또는 죄인이 되도록 태어난다는 것이었다. 그런데 만약 인간의 성격이 유전적이라면 개인 모두의 성격은 태어날 때부터 고정화되어 아무리 경험을 쌓아도 변하지 않게 될 것이다. 부모가 자녀를 훈육할 방법을 찾을 필요도 없고 아동들을 교육할 최선의 교육방법을 찾으려는 학교의 시도도 필요가 없다. 따라서 성격이 "유전된다."라는 주장은 적절하지 못할 수도 있다.

② 환경요인

인간의 성격은 인간이 살고 있는 환경의 영향을 받는다. 17세기 철학자인 로크(J. Locke)는 아기의 마음은 백지이며, 이 백지 위에 경험과 학습을 통해서 모든 것이 쓰여질 수 있다는 이론을 주장했다. 환언하면 유전은 중요하지 않으며, 아이는 환경이 명령하는 대로 무엇이든지 영향받는다는 것이다. 이러한 환경요인에는 가족, 문화, 교육 및 종교, 친구, 학교, 성장의 초기조건, 사회적 집단의 규범, 경험세계, 선생님, 언어, 가치관, 직장경험 등이 모두 포함된다. 개인이 접한 자기 자신의 모든 요인이 바로 자신의 성격을 형성하는 데 매우 중요하다는 뜻이 된다.

(2) 성격의 특성

어쨌든 성격이 유전되든, 살면서 습득되든지 간에 성격은 좀처럼 변하기 어렵다. 왜냐하면 기술, 지식처럼 열심히 배운다거나 훈련, 복습해서 될 문제가 아니기 때문이다. 그렇다고 해서 성격이 영원히 변하지 않는 것은 아니라서 성격형성에 여러 가지 요인들이 영향을 미친다. '얼굴 이쁘다.'라는 주변의 칭찬으로 인해 혹은 스스로 "나는 이쁘다."라는 사실을 알면서부터 남 앞에 나서기를 좋아하고 상대방에 대해 더 많은 자신감을 가지게 될 것이다. 자연적으로 그녀는 외향적 성격이 되고 명랑하게 될 가능성이 커진다.

(3) 프로이트에 의한 성격이론

① 정신분석이론

인간행동을 지배하는 근본적 동기는 무의식적인 요소임을 밝히고자 하는 노력이 프로이트(S. Freud)에 의해 이루어졌다. 프로이트는 정신결정론과 무의식적 동기를 가정한다. 정신결정론이란 인간이 느끼고 생각하고 행동하는 모든 것에는 원인이 있으며 원인 없는 행동은 없다고 보는 것이다. 무의식적 동기란 인간의 사고, 정서 및 행동은 의식이기보다는 무의식적 충동에 의해 일어난다고 보는 것이다. 또한 프로이트는 성격을 [도표 5-17]과 같이 3가지 구성요소, 즉 원초아, 자아, 초자아로 구성되어 있다고 보았다.

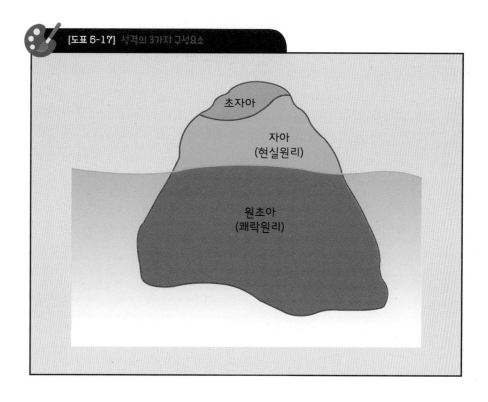

[도표 5-17] 성격의 3가지 구성요소

초자아

자아
(현실원리)

원초아
(쾌락원리)

■ 원초아는 성격의 무의식적인 부분으로 가장 원초적인 욕구들로 이루어
져 있다. 원초아는 항상 충족되기만을 추구하는 선천적이고 생물학적으
로 결정되어 있는 힘들로 구성되어 있다. 이러한 원초적 욕구는 성본능
(Libido)과 공격본능(Thanatos)으로 이루어져 있다. 결국 원초아는 욕구를 충
족하여 만족을 얻으려는 **쾌락원리**(Pleasure Principle)를 추구한다. 예를 들면,
배고플 때 음식물을 먹는 것을 상상하거나, 꿈속에서의 대리적 욕구충족
행동 등이 그것이다.

■ 자아는 원초아에 비해 이성적이다. 사람이 성장함에 따라서 의식적 마음
도 발달하는 것이다. 원초아를 억누르면서 동시에 원초아의 충동을 만족
시키는 행동을 선택하는 역할을 담당한다. 즉, 현실에 위배되지 않으면서
동시에 원초아의 욕구를 어떻게 하면 만족시킬 수 있는가를 찾는 성격의
부분이다. 그러므로 원초아와 달리 **현실원리**(Reality Principle)에 의해 지배된
다. 자아는 논리적 사고를 수행하며 우리가 현실세계에서 생활하는 것을
도와준다. 자아가 현실의 조건을 찾기 위해서는 배우고, 사고하며, 추리하
는 인지적 기술을 발달시켜야만 한다. 그러므로 자아는 자신이나 타인에

게 해를 끼치지 않고 본능적인 욕구를 충족시킬 수 있는 인지능력을 가진 사람이다.

■ 프로이트는 인간은 초자아를 가지고 태어나지 못한다고 하였다. 초자아 는 원초아의 욕구를 충족시킬 수 있는 현실적 조건을 자아가 찾았다 하더 라도, 그것을 욕구충족의 대상으로 삼는 것이 타당한가 아니면 그렇지 않 은가를 판단하는 성격의 부분이다. 초자아는 우리의 양심(Conscience)으로서 옳고 그름을 가린다. 따라서 아이들은 부모, 선생님과 같은 사람들과의 상호작용을 통해 내면화되어간다. 초자아는 도덕과 이상으로 나누어지는 데 도덕(양심)은 처벌을 통해서, 이상은 칭찬을 통해서 형성된다고 보았다. 결국 프로이트는 개인의 성격이란 이 3가지 구성요소의 상호작용에 의하 여 만들어진다는 결론을 내리고 있다.

(4) 방어기제

불안을 감소하기 위한 기제가 작동하는데, 이를 '방어기제(Defense Mechanism)' 라고 하였다. 방어기제에는 동일시, 반동형성, 승화, 억압, 주지화, 치환, 퇴행, 투사, 합리화 등이 있다.

① 동일시

이는 상대방에게 스스로 매력을 느껴 상대방이 가지고 있는 성격, 태도, 외 모 등과 같아지려고 동일시(Identification)하는 것이다. 영향력의 주체는 어떤 특 정 개인 또는 집단에게 영향을 미치겠다는 아무런 의도가 없지만, 그 사람이 성취한 업적이나 사고방식 및 영향력 등에 매료되어 자신의 습관이나 태도를 바꾸어 그 사람과 비슷하거나 똑같이 되려고 하는 것이다. 예를 들어, 힙합 가 수의 옷차림새와 모자, 머리 모양 등을 따라 함으로써 그들과 동일하게 되려 고 하는 것이 여기에 속한다.

② 반동형성

받아들일 수 없는 욕구와 대립되는 행동을 취해서 그런 욕구로부터 벗어나 려는 시도가 반동형성(Reaction Formation)이다. 프로이트는 지나치게 얌전한 사람, 온화한 사람, 예의바른 사람을 주의하라고 하였다. 그 이유는 이들의 내면에 는 강한 분노, 적개심, 공격성 등이 내포되어 있을 수 있다고 한 것이다. 이런 적대감을 그대로 외부로 표출하면 불안을 유발하기에 이와 상반되는 감정이나 행동을 표현함으로써 자신의 욕구를 회피할 수 있다는 것이다.

③ 승화

승화(Sublimation)란 불안을 한 차원 높여 사회적으로 공인된 방식으로 해소하는 것을 말한다. 즉, 부끄러운 동기를 보다 점잖은 형태로 표현하는 것이라 할 수 있다. 프로이트는 예술작품은 승화를 통해서 완성되는 경우가 많다고 믿었다. 성충동이 예술적 창조력으로 태어난 것으로 본 것이다. 공격욕구가 많은 사람이 판·검사, 의사가 되어 그 욕구를 좋은 방향으로 해소하는 경우가 이에 속한다.

④ 억압

불안을 유발시키는 요인을 내면세계 아래로 밀어내는 것을 억압(Repression)이라 한다. 즉, 자신이 갖고 있던 동기에 대하여 불안을 느껴 나머지 동기를 의식적 영역에서 의식할 수 없는 영역으로 추방시키려는 것이다. 프로이트는 달갑지 않은 친구와 한 약속을 잊어버리는 것도 억압의 일종이라 했다. 억압의 정도가 매우 심하다보면 기억상실증에 걸리기도 한다.

⑤ 주지화

스스로 납득할 만한 이유를 찾아냄으로써 불안에서 벗어나는 것을 말한다. 다른 말로 이해화, 납득화라고 한다. 결국 주지화(Intellectualization)는 지능의 정도가 높은 사람이나 교육수준이 높은 사람들이 그렇지 못한 사람보다 많이 사용한다.

⑥ 치환

억압된 욕구를 제삼자에게 대리 해소하는 행동이 바로 치환(Displacement)이다. 옛날 여인들이 우물가에서 시어머니를 탓하며 내리치던 빨랫방망이, 다듬이 돌, 물 항아리와 바가지 등이 치환대용물이다. 미국의 풍선카페에서는 상대 파트너의 얼굴을 풍선에 인쇄해 놓고 화살촉으로 풍선을 터트리며 자신의 스트레스를 풀기도 한다.

⑦ 퇴행

자기에게 만족을 주었던 특정 시기로 돌아감으로써 불안에서 벗어나는 것이다. 아버지에게 꾸중을 들은 딸은 아이처럼 잠자리에 누워 잠을 청한다. 부부싸움을 한 부부는 이불 깔고 누워 버린다. 집안에서 다 큰 성인이 갑자기 아이처럼 행동하는 것도 퇴행(Regression)이다.

⑧ 투사

투사(Projection)란 자기에게 불안을 야기시키는 내면의 동기나 생각들을 다른 사람들에게 떠맡기는 것을 말한다. 내면에 불안을 유발시키는 요인이 있을 때, 이를 타인에게 그 책임을 전가시킴으로써 불안에서 벗어나는 방법이다.

⑨ 합리화

불안상태에서 남들도 믿을 만한 이유를 둘러댐으로써 그 불안상태를 벗어나려는 것이다. 『이솝우화』 속에 여우가 포도를 따려다 못 따게 되자 "신포도인데 뭐!" 하는 경우가 일종의 합리화(Rationalization)이다. 사람들은 자기가 좌절당하지 않으면 안 되었던 이유를 발견함으로써 아픈 마음을 달래기 위해서 합리화에 호소하는 경우가 종종 있다.

아이디어 박스 5-3

■ 불안이란?

프로이트는 원초아와 자아 간의 갈등상태를 포함하여 '불안'에 대하여 많은 관심을 가졌다. 사람들은 원초아의 욕구가 생기고 자아가 이 욕구를 충족시킬 수 있는 현실적 조건을 제시하여, 이것이 초자아의 규범과 대치되지 않는다면 욕구를 충족한다. 하지만 항상 이렇게 되는 것은 아니며, 갈등상태에 빠지게 되는 경우가 있다. 이런 상태가 되면 초자아는 원초아의 욕구를 무의식 속에서 억압시켜 버린다. 이로 인하여 불안이 유발되는 것이다.

(5) 인간관계에 영향을 미치는 주요 성격

① 권위주의적 성격

권위주의는 권위를 신봉하는 것이기에 어떤 것보다 권위가 최선의 가치이고, 판단기준이며, 순종해야 할 대상이 되는 것이다. 따라서 권위주의적 성격이 강한 사람일수록 다음과 같은 행동을 보이는 경향이 짙다.

- 상사의 지시적 리더십을 흔쾌히 수락하며 따른다.
- 상사의 명령과 지시에 덜 반항한다.
- 강자가 약자를 이끌어야 한다는 생각에 동감한다.
- 권력에 지나친 관심을 보인다.
- 항상 약자보다 우월하다고 생각한다.

② 마키아벨리즘적 성격

권위주의와 매우 유사한 성격이 마키아벨리즘적 성격이다. 이는 실용주의를 주장하며, 감정적인 거리를 유지하거나 목적이 수단을 정당화할 수 있다고 믿는 사람들이 갖는 성격이다. 결국 자신의 목표를 달성하기 위해 다른 사람을 이용하거나 조작하려는 경향이 짙다.

- 자존심·아부심이 강하다.
- 자신의 이익만을 위해 행동한다.
- 타인에게 냉정하고 타산적이다.
- 자신의 목표에 도움될 때는 타인과 동맹한다.
- 거짓말, 속임수, 타협, 뒷조정, 과장된 칭찬, 권모술수에 능하다.

③ A형 성격과 B형 성격

프리드만(M. Friedman)은 성격과 스트레스에 관한 연구를 통해 A형(Type A) 행동, B형(Type B) 행동으로 행동패턴의 구분을 시도하였고, 그 이후로 많은 연구들이 이어졌다. B형 행동은 A형 행동과 정반대되는 특성을 가진다. A형 행동패턴은 다음과 같다.

- 적은 시간에 많은 것을 달성하려 한다.

- 시간에 대한 압박감이 많다.

- 적대적일 정도로 경쟁에 민감하다.

- 과업달성에 대한 방해를 참지 못한다.

④ 내재적 통제론자와 외재적 통제론자의 성격

로터(J. R. Rotter)는 통제의 위치(Locus of Control)란 개념을 통해 인생을 살아가는 한 개인의 행동에 통제의 위치가 영향을 준다고 설명한다. 어떤 사람은 부모, 교사, 친구 얘기를 들으면 나쁜 일을 하다가도 "내가 왜 그럴까?"하고 나쁜 일을 통제한다. 또 다른 사람은 부모, 교사, 친구의 말보다는 자기 자신의 마음에서부터 "이래서는 안 되겠구나!"하는 생각을 갖게 되어 행동을 수정하게 된다. 이때 전자는 외재적 통제론자이고 후자는 내재적 통제론자이다. 즉, 개인이 자기가 얻는 결과를 자신이 얼마나 통제할 수 있다고 믿는지의 여부가 바로 통제의 위치에 대한 개념인 것이다. 각각의 특성은 다음과 같다.

- 내재적 통제론자는 노력하면 업적이 오를 것이라고 확신한다.

- 내재적 통제론자는 업적에 대해 가치 있는 보상을 받으면 실적이 더 올라간다.

- 내재적 통제론자는 외재적 통제론자보다 더 적극적이다.

결국 내재적 통제론자는 자율에 맡기는 것이 더 효율적이라는 얘기다. 이런 사람들은 운명이나 상황도 자기 자신이 통제할 수 있다고 믿는다. 이에 비해 외재적 통제론자는 다음과 같은 경향을 갖는다.

- 외재적 통제론자는 내재적 통제론자 보다 직무만족에 더 열성적이다.

- 외재적 통제론자는 내재적 통제론자 보다 근심·걱정이 더 많다.

- 외재적 통제론자는 구조적 직무환경을 더 선호한다.

실전실습

Q 1. 아들과 아버지의 대화에서 의미하는 바는 무엇인가?

아버지: 이 정도 눈은 아무것도 아니야. 내가 어렸을 때는 이 가슴팍
까지 차게 눈이 왔단다.

아 들: ???

A 1. 적어도 다음과 같이 3가지 정도 이유가 있다.

　　① _____

　　② _____

　　③ _____

Q 2. 다음 그림은 토끼인가 오리인가?

A 2. 적어도 다음과 같이 3가지로 설명할 수 있다.

①

②

③

Q 3. 다음 그림 중 가운데 있는 것은 숫자인가 글자인가?

17

P 13 E

12

 A 3. 적어도 다음과 같이 3가지로 설명할 수 있다.

①

②

③

학습성과

■ **6장을 학습한 뒤 학습자가 할 수 있어야 할 학습성과**

1. 자아개념에 대해서 설명할 수 있어야 한다.

2. 조해리의 창을 분석할 수 있어야 한다.

3. 태도의 구성요소를 설명할 수 있어야 한다.

핵심 키워드

■ **자아개념, 동일시, 조해리의 창, 자아노출, 피드백, 태도, 구성요소, 태도변화**

쉬어가며

■ **쉘 위 댄스/박제영**

새벽 두 시, 색스폰을 연주하는 송대관의 네 박자를 불고 있는 저이는 남편이란다
무대 위 지루박을 밟고 있는 저 백발 노인네들은 시부모란다
주색질, 노름질로 죽네사네 숱하게 싸웠단다
자식들 눈에 밟혀 차마 등은 못 돌리고 수십 년 웬수처럼 그리 살았단다
칠십이 되어서야 마침내 이혼 도장을 찍었는데 시어머니가 뇌졸중으로 쓰러졌단다
웬수였던 시아버지, 지극정성 설마설마 병 수발하더니
시어머니, 2년 만에 저만큼 나았단다
춤이 좋다는 의사처방에 매일 새벽이면 아들 카페를 찾아와
저리 춤을 추는 것이니,
늙은이들 춤바람이라 오해하지 말란다
쿵짝 쿵짝 쿵짜자 쿵짝 네 박자 속에 사랑도 있고 이별도 있고 눈물도 있네,
길고 긴 오해를 풀고 있는 것이란다

새벽 네 시, 잠든 아내를 깨운다 여보 우리도 춤출까?

Chapter 6

자아개념과 긍정적 태도

들어가며

인간행동에 영향을 미치는 중요한 요인 가운데 하나가 바로 개인의 자아개념이다. 개인의 자아개념은 **자신에 대한 견해**를 말한다. 이러한 자아개념은 자신의 경험에 비추어 주변상황이나 사건을 평가하는 판단기준이 된다.

태도(Attitude)란 행동을 하기에 앞서 마음속에 형성된 **심리적인 준비상태**를 말한다. 모든 인간은 타인과의 상황에 대해서 일정한 태도를 형성하면서 살아간다. 사람·사물·사건을 대하다 보면 그것에 대한 좋은 느낌(好)·싫은 느낌(不好)이 있게 되는데, 이것이 바로 태도이다.

1. 자아개념이란?

자아개념(Self-Concept)은 자신이 어떠한 인간이며, 나의 능력은 어느 정도인가 등 인생의 모든 상황에 대해 어떻게 행동하고 반응하는지를 나타내 준다. 자아개념은 개인행동을 예측할 수 있도록 도와주는 지표 중 하나이다. 자아개념은 인간존재의 핵심이자 중심이며 일상적 경험의 총체적 결과인 것이다.

(1) 자아개념의 특성

① 후천적 습득

자아개념은 선천적으로 지니고 태어나는 것이 아닌 살아가면서 습득하는 것으로 나(I) 혹은 나(Me)에 대한 지각을 형성한다. 나에 대한 인식은 항상 변동상태에 있게 된다.

② 의미 있는 타인의 영향

'의미 있는 타인'이란 살아가는 동안 개인에게 매우 중요하고 영향력 있는 사람들을 지칭한다. 개인의 삶에서 이러한 의미 있는 타인들에 의해 개인의 자아개념이 형성되고 강한 영향을 받는다.

아이디어 박스 6-1

■ 균형상태

밀폐된 차 속에서 운전자가 크게 입을 벌려 하품을 하고 나면, 얼마 되지 않아 앞자리, 뒷자리에 앉아 있던 사람들도 돌아가며 하품을 한다. 그래서 하품은 전염된다라고들 한다. 한 사람이 차 안의 희박한 산소를 크게 마시고 나면 다른 사람들이 마실 공기가 희박해져, 너도 나도 산소를 마시려는 상태가 되고 마는 것인데, 이는 불균형상태가 균형상태(Equilibrium State)로 돌아가려는 자연적 현상 때문이다.

인간은 부조화, 불안정, 불안상태보다, 조화, 안정상태를 더 원하며, 균형 잡힌 것들을 더 선호한다. 갈등은 해결하려고 하며, 스트레스는 풀려고 하고, 자아는 방어하려고 하며, 태도와 행동의 불일치는 태도를 바꾸든, 행동을 바꾸어서라도 일치시키려 한다. 경영에서 태도는 개인행동 중에 아주 많은 관심을 가지고 있다. 그 중에서도 조직구성원이 가지고 있는 직무에 대한 태도가 생산성에 많은 영향을 미친다. 직무에 대한 태도는 직무에 대한 만족도로 볼 수 있으며, 만족스러운 태도를 가지고 있어야 올바른 행동으로 유도되게 된다.

③ 동일시와 판단의 기준

외부의 어떤 대상이나 집단을 자아의 일부로 받아들여 그런 대상이나 집단과 일체감을 느끼는 상황을 동일시(Identification)라고 한다. 예를 들어, 가족이나 집단 내에서 한 구성원이 고통을 경험할 때 집단 내의 다른 구성원들이 마치 자신의 고통처럼 느끼는 것이 바로 동일시의 결과이다. 자신의 견해와 일치하지 않거나 어울리지 않는 상황은 받아들이지 않게 되는데, 자아개념이 이러한 선택을 결정하는 판단의 기준이 된다. 자신에 대해 긍정적인 견해를 지니고 있는 사람은 성공을 가져다주는 방식으로 행동하는 경향이 있다.

(2) 조해리의 창으로 본 자아개념

개인은 상사나 부하, 학생, 아버지, 어머니, 친구, 이웃 등 다양한 역할을 수행하면서 그 역할 뒤에 숨어있는 진정한 성격을 알지 못한 채 조직 내에서 수년간 여러 개인들을 접하여야 한다. 다른 사람과 겉으로는 만나고 있으나, 실제적으로는 타인을 진정으로 알지 못하고 그들에게 자신을 알리지도 못한 채 지내고 있을 수 있다. 그래서 가끔은 자신을 개방하기도 하고 자아를 분명히 보여주려고 애쓴다. 이러한 자아노출(Self Disclosure)은 자신을 드러내어 남들이 나를 진실되게 알아볼 수 있도록 하는 행동이다. 이는 주관적인 측면을 다른 사람과 함께 나눈다는 의미이다. 그러나 대부분의 사람들은 자아노출이 두렵고 부담스러운 일이라고 생각하기도 한다.

- 조해리 창은 조셉 루프트(Joseph Luft)와 해리 인햄(Harry Ingham)의 조(Joe)와 해리(Harry)를 따서 조해리(Johari)라는 이름이 붙여진 것이다.
- 두 심리학자에 의해 독창적으로 개발된 개념으로서, 자아개념에 있어 자아노출과 피드백이 핵심이 된다. 자아노출은 정보와 감정을 다른 사람과 함께 나눌 수 있을 만큼 신뢰가 돈독할 때 가능해진다. 강한 신뢰와 호의를 느끼고 있다면 자아노출에 따르는 위험을 감수할 수 있게 된다. 피드백은 상대에 대한 인상이나 내가 상대에게 미친 영향을 솔직히 얘기해 주는 것이다.

[도표 6-1]은 조해리 창의 4개 영역을 나타내주고 있다. 알지 못하는 영역, 열려있는 영역, 숨겨진 영역, 알려지지 않은 영역이 그것이다.

① 알지 못하는 영역

내 자신에 대해 나는 잘 알지 못하지만 상대에게 알려져 있는 나에 관한 정보가 여기에 속한다. 이것이 자기 자신이 볼 수 없는 부분이다. 자신이 알지 못하는 각각의 습관이나 성격 등이 있다. 따라서 사소한 습관, 자주 쓰는 단어, 태도, 비언어적인 신호와 같은 것들이 포함된다. 이런 것들을 알아차리는 유일한 방식은 신뢰를 바탕으로 내게 관심을 갖고 있는 사람이 나에게 말해줄 때만 해결될 수 있게 된다.

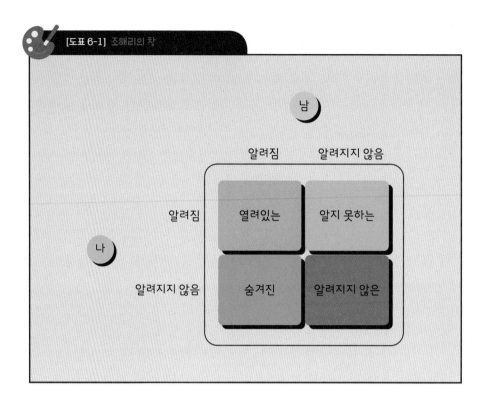

[도표 6-1] 조해리의 창

② 열려있는 영역

열려있는 영역은 내 자신에 대해 내가 아는 동시에 타인도 알고 있는 영역이다. 이곳에서는 개인에 관한 정보가 자신이나 타인에게 공개적으로 개방되어 있다. 예를 들어 나이, 키, 체중, 학력, 경력 등과 같이 알려진 정보를 서로 주고받는다.

③ 숨겨진 영역

숨겨진 영역이란 나는 나 자신에 대해 알고 있으나, 다른 사람들은 모르는 상황과 관련된다. 나는 정보를 남에게 알리지 않고 다른 사람이 알지 못하도록 숨긴다. 이러한 정보는 대수롭지 않은 정보로부터 보다 심층적인 정보에 이르기까지 광범위하다. 타인에게 나를 드러낼 경우 위험이 뒤따르고 상처받을 수 있다는 점 때문에 신뢰하는 관계에서 이러한 정보가 서서히 드러나게 될 것이다.

④ 알려지지 않은 영역

내 자신에 대해 나 자신이나 타인 모두가 모르는 상태로서 알려지지 않은 부분이다. 이 부분은 표면 아래 너무 깊숙이 숨겨져 있어서 아무도 그것을 깨달을 수 없게 된다.

(3) 피드백과 자아개방

자아노출과 피드백이 알려지지 않은 정보를 개방적인 영역으로 이동시키는 데 도움이 된다. 예전에는 경험하지 않던 것들이 갑자기 새로운 의미로 관찰되고 자신도 모르던 것들에 대해 알아가게 되는 것이다. 이런 경험이 일어날 때 이것을 통찰력(Insight)이라고 부른다([도표 6-2] 참조).

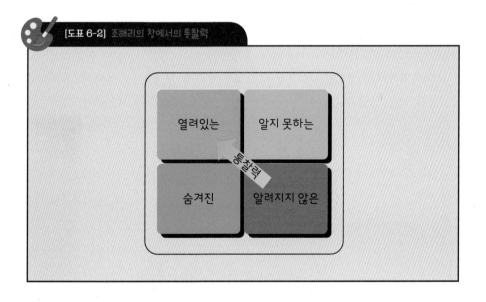

[도표 6-2] 조해리의 창에서의 통찰력

내가 남으로부터 피드백을 구하거나 자아노출을 시도할 때 열려있는 영역이 확장되는 것이다. 나에 대해 남들이 어떻게 생각하고 있는지를 물음으로써 나는 피드백을 받게 되고, 이에 따라 알려지지 않은 영역은 줄어들고 열려있는 영역은 늘어나게 된다. 만약 자아개방과 피드백의 두 가지 상황이 일어난다면 열려있는 영역은 두 방향으로 넓어질 것이다([도표 6-3] 참조).

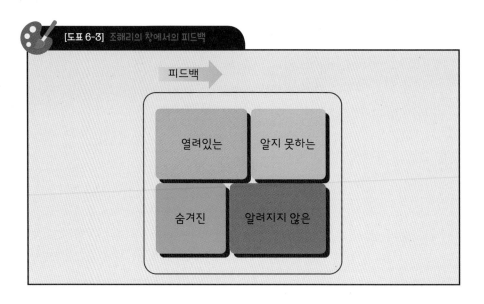

[도표 6-3] 조해리의 창에서의 피드백

인간관계를 처음 맺은 시기에는 열려있는 영역이 상당히 좁다. 서로에 대해 알고 있는 부분이 매우 적기 때문이다. 인간관계가 계속되고 신뢰수준이 증가함에 따라 나는 타인에게 개방되기 시작하고, 주위 사람들은 나에게 지속적인 피드백을 주게 된다. 두 사람 간에 존재하는 신뢰, 개방, 수용의 정도는 자아개방과 피드백의 정도를 결정하는 데 있어서 매우 중요하다([도표 6-4] 참조). 내가 다른 사람을 신뢰하면 신뢰할수록, 나만 알고 있는 개인적인 일을 개방하는 데 뒤따르는 위험을 기꺼이 받아들일 수 있게 된다. 내 자신이 보다 수용적이고 개방적일수록 다른 사람들도 나에 대한 타인의 생각을 알려줄 것이고 내가 그들에게 미쳤던 영향에 대해 서서히 이야기해 줄 것이다.

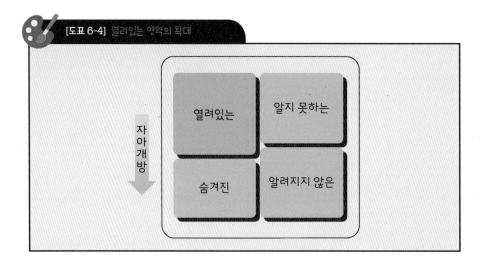

[도표 6-4] 열려있는 영역의 확대

Fish철학

1934년 라피에르(La Piere)는 중국인 부부와 함께 미국 전역을 여행했다. 이 시기는 미국인이 동양인에 대한 편견이 극심할 때였다. 그들이 찾아갔던 250개 호텔과 식당 중 단지 한 곳에서만 숙식을 거부당했는데 나중에 그곳에 설문지를 보내 중국인이 손님으로 올 경우 서비스할 것인지를 물었다. 상당수의 사람들이 중국인이 오면 받지 않겠다고 대답했다. 즉, 행동과 태도는 불일치할 수도 있다. 펄떡이는 물고기처럼 Fish철학이란 "비록 당신이 어떤 일을 하는가에 있어서는 선택의 여지가 없다 하더라도, 당신이 어떤 방법으로 그 일을 할 것인가에 대해서는 항상 선택의 여지가 있다!"는 점을 강조하는데 일에 대하여 갖는 태도를 강조하고 있다.

2. 태도란?

(1) 태도의 본질과 구성요소

조직구성원이 자기의 직무에 대하여 평소 느끼고 있던 생각과 감정은 그들의 직무수행에 강한 영향을 미친다. 따라서 직무수행에 있어 관련되는 동료작업자, 임금, 업무의 성격, 상사에 대한 반응 등을 이해하려면 구성원 개인이 가지고 있는 의식상태를 파악해야만 한다. 여기서 의식상태란 태도(Attitude)를 말한다. 직무만족(Job Satisfaction)도 직무에 대한 좋은 태도라고 할 수 있으며, 이는 직무에 대한 다양한 측면의 생각과 감정이다. 행동의 가장 중요한 결정요인 중 하나가 태도이며, 이러한 태도가 행동에 영향을 미치기 때문에 태도의 형성과 변화에 많은 관심을 가지는 것이다. 태도는 특정 사람, 상황, 실체 등에 대하여 안정적으로 느끼는 감정적 혹은 평가적 기분을 포함한다.

■ 태도는 일반적으로 3가지 구성요소로 되어 있다. 우선, 대상에 대한 신념, 이를 태도의 인지적 구성요소(Cognitive Component)라 부른다. 신념이란

바로 어떤 대상, 상황, 실체에 대하여 갖고 있는 인지들이다. 예를 들어, 한 점포의 종업원이 자신의 일은 장래에 대한 보장도 없고, 아주 지루한 일이라고 믿고 있을 때 종업원은 자기 자신의 직무에 대하여 부정적 태도를 갖는다. 그러므로 신념은 개인이 특정한 어떤 대상에 대해서 지니는 정보라 할 수 있다. 구성원들은 자신의 직무를 지루하다, 재미있다 혹은 재미없다, 상대에게 의존적이다 혹은 상대와 독립적이다 등의 신념을 갖는다.

■ 태도의 또 다른 구성요소는 평가적 혹은 정서적 구성요소(Evaluative or Emotional Component)이다. 어떤 것에 대한 태도에 있어 좋거나 싫거나 하는 정도를 가지고 있는 경우에 이를 정서적 구성요소라고 한다. 개인이 특정 대상에 대해서 지니고 있는 감정들이라 할 수 있다. 예를 들어, 어떤 사람은 사업(Business)이라는 말을 듣고 기회, 서비스, 효익 등과 관련되는 개념으로 받아들이기도 하며, 어떤 사람들은 사전에 부정적인 의미로 고착화되어 있어 이를 탐욕, 착취, 거만이라는 단어들과 관련 있는 것으로 간주하기도 한다.

■ 태도의 세 번째 구성요소는 바로 행위적 구성요소이다. 행위적 요소란 행위나 행동을 의미하는 것이 아닌 어떤 행동을 하기 전에 가지는 행동의도라고 할 수 있다. 이러한 행동의도에는 결국 높은 이직률, 결근, 그리고 일부러 늦장을 피우며, 낮은 수준의 직무수행과 같은 행동을 하게 만들 것이다. 이러한 직무태도에 대한 개념적 모형을 그려보면 [도표 6-5]와 같다.

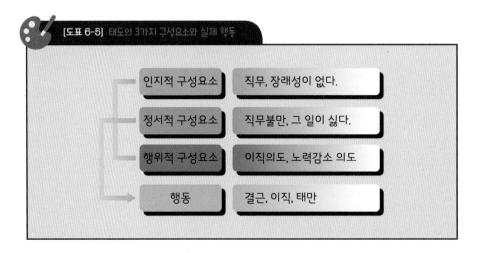

[도표 6-5] 태도의 3가지 구성요소와 실제 행동

인지적 구성요소	직무, 장래성이 없다.
정서적 구성요소	직무불만, 그 일이 싫다.
행위적 구성요소	이직의도, 노력감소 의도
행동	결근, 이직, 태만

(2) 태도와 행동

태도와 행동이 연결된다는 사실에는 의심의 여지가 없지만 그렇다고 '반드시 연결되는 것'은 아니다([아이디어 박스 6-2] 참조). 앞에서 태도는 행동을 하기 전 단계에서의 심리적 준비상태라 했다. 태도의 인지적 구성요소와 정서적 구성요소는 행동으로 옮기는 데 중요한 영향을 행사한다. 자동차 광고를 통해 좋은 정보를 얻은 구입자가 여러 가지를 따져보니, A자동차가 B자동차보다 좋다는 결론^(인지적 구성요소)을 얻었다. 그리고 A자동차를 만드는 회사의 제품에 대해서도 항시 호감^(정서적 구성요소)이 있었다. 결국 영업소에 가서 자동차 구입 계약을 하려^(행위적 구성요소) 한다면 이 3가지 태도의 구성요소 간에 '일치'가 이루어져 곧 행동^(자동차 구입)으로 옮길 가능성이 높아졌다고 할 수 있다.

(3) 태도변화

① 새로운 사회화와 새로운 태도

태도는 변화에 대해서 저항하게 되어있다. 예를 들어, 철저한 무신론자가 교회에 나가고, 오랜 유신론자가 교회를 그만 다니기도 한다. 태도가 변하는 이유는 사회화 과정이 일생에 걸쳐 계속되기 때문이며, 이러한 사회화의 영향을 받기 때문이다. 어렸을 때에는 부모가 사회화의 중심이며, 자녀들은 부모의 태도를 거의 수용한다. 소수집단에 대한 편견이나 지역감정조차도 부모로부터 전수된다. 초등학생 대다수는 부모가 지지하는 정당을 아무 의미 없이 지지한다. 그러나 나이가 들면서 다른 사회화 영향을 받으면, 부모의 영향은 약화된다.

② 태도변화의 과정

개인의 태도가 변하는 것이라고 무작정 어떤 질서 없이 이랬다 저랬다로 변하는 것은 아니다. 그러므로 태도변화는 [도표 6-6]과 같이 해빙, 변화, 재동결의 단계로 구성되는 순환과정을 통해 변화된다.

[도표 6-6] 태도변화의 순환과정

해빙
(unfreezing) → 변화
(changing, movement) → 재동결
(refreezing)

㉠ 해빙

해빙(Unfreezing)이란 한 개인이 자신의 기존 태도를 변화시켜야 할 필요가 있다는 전제하에 새로운 태도로 변하고자 하는 마음을 먹었을 때를 얘기하는 것이다. 마음먹었으니 받아들일 준비가 취해진 것이다. 해빙단계에 들어가기 위한 조건은 다음과 같다.

- 자신에게 익숙한 일상 업무·정보의 원천·제반 사회적인 관계 등이 물리적으로 제거되는 경우
- 자신에 대한 모든 사회적 지원이 줄어들거나 현격하게 사라질 경우
- 자신에 대한 이전까지의 이미지가 무가치해져 굴욕적인 피해를 당한 경험이 있을 경우
- 태도가 변하게 되면 그에 따르는 보상이 주어지고, 그렇지 않으면 손해나 위협이 있을 경우

㉡ 변화

변화(Changing)는 태도의 변화가 실제로 일어나는 단계이다. 이는 다시 순응(Compliance), 동일시(Identification), 내면화(Internalization)의 과정으로 세분된다.

- 순응 : 순응은 한 개인이 다른 개인이나 집단의 호의적인 반응을 얻기 위해서 혹은 부정적인 반응을 회피하기 위해서 그들의 영향을 받아들이는 과정이다. 상대와의 충돌을 피하기 위해서 다른 사람의 기대에 부응하는 방향으로 자신의 태도를 변화시키는 것이다. 따라서 상이나 벌을 주

는 사람이 있을 때는 태도변화를 보이지만, 그 사람의 감시가 줄어들거나 태도를 변화시키려는 압력이 줄어들게 되면 변화보다는 예전의 태도로 돌아가기 쉽다. 그래서 순응의 단계는 변화의 단계로 보기 어렵다.

■ 동일시 : 동일시는 한 개인이 다른 사람이나 어떤 집단과 관계를 맺고 있는 것이 만족스럽고, 이 관계가 자기 이미지를 좋게 한다는 믿음이 섰을 때 이들의 태도를 자기의 것으로 수용하는 과정이다. 동일시에 의해 변화된 태도는 다른 사람이나 어떤 집단과의 관계가 개인에게 이득이 될 때만이 유지될 수 있다. 타인이나 집단과의 관계로부터 개인이 얻을 수 있는 보상에는 지위 · 인정 · 지지 · 위험회피 등이 보장되는 것이다.

■ 내면화 : 내면화는 타인의 주장이 한 개인의 가치관에 부합되거나 합당한 것으로 받아들여질 때 일어나는 것이다. 유발된 태도나 행동의 변화가 개인에게 내면적 보상으로 작동하며, 상대의 가치관에 부합될 때 일어나는 과정이다. 따라서 내면화에 의한 태도변화가 순응이나 동일화에 의한 변화보다 훨씬 더 변화단계에 진입된 것이라 할 수 있다.

ⓒ 재동결

변화하여야겠다는 마음을 가지고^(해빙), 서서히 변화를 시도^(순응 · 동일시 · 내면화)하다 보면 새로 획득된 태도를 어느 정도 고착화시켜야 한다. 이것이 바로 재동결^(Refreezing)이다. 새로운 태도가 받아들여졌다면 대체적 태도가 나타나지 않을 때까지는 태도를 유지해야 한다. 따라서 어렵게 변화된 태도가 소멸되지 않도록 효과적으로 강화시켜야 하는 단계이다.

CHAPTER 6

실전실습

 Q 1. 자아개념이란 개인이 자신에 대해 가지고 있는 견해, 성격, 태도, 느낌 등을 말한다. 여러분은 자신을 어떤 사람으로 지각하고 있는가?

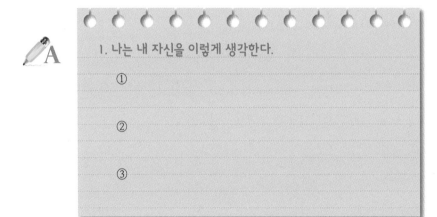

A 1. 나는 내 자신을 이렇게 생각한다.

①

②

③

 Q 2. 세상을 살면서 나에게 중요한 의미를 부여하는 영향력 있는 타인이 있다. 그 사람이 누구며, 왜 내 인생에 영향을 미치는가?

A 2. 내에게 있어 의미 있는 타인은 이런 분들이다.

①

②

③

Q 3. 조해리의 창으로 본 자아개념에서, 알지 못하는 영역, 열려 있는 영역, 숨겨진 영역, 알려지지 않은 영역을 각각 모르는 자아, 열린 자아, 숨긴 자아, 눈먼 자아로 해보자. 숨긴 자아와 눈먼 자아의 문제점은 무엇인가?

A 3. 두 종류의 자아에 대한 문제는 다음과 같다.

숨긴 자아
①
②
③

눈먼 자아
①
②
③

Q 4. 상대와 인간관계를 함에 있어 적절하게 자신을 노출하고 상대의 궁금증이나 물음에 맞는 피드백을 해주는 것이 필요하다.

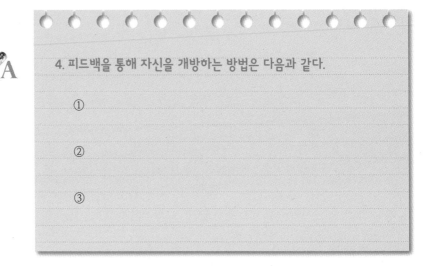

A 4. 피드백을 통해 자신을 개방하는 방법은 다음과 같다.

①

②

③

Q 5. 알파벳 A=1, B=2 … Z=26식으로 했을 때 100점짜리 영어단어에는 어떤 것들이 있을까?

A 5. 100점이 되는 것은 태도이다.

① Hard Work(98), Knowledge(96), Leadership(89)

② Attitude(100), Stress(100), Take a Rest(00)

③

Q **6.** 500명에게 "길에 떨어진 휴지는 주워야 된다."에 대하여 94%가 인정하였다. 그러나 몰래 버려 놓은 휴지를 줍는 사람은 2%에 불과했다.

A 6. 태도와 행동은 다음과 같은 관계에 있다.

①

②

③

7장을 학습한 뒤 학습자가 할 수 있어야 할 학습성과

1. 동기부여에 관해 설명할 수 있어야 한다.

2. 욕구이론과 과정이론에 대해 설명할 수 있어야 한다.

3. 내재적 동기부여와 자기효능감에 대해 이해할 수 있어야 한다.

핵심
키워드

■ **동기부여, 상대적 욕구결핍, 내용이론, 과정이론, 욕구이론, 성취동기이론, 2요인 이론, 공정성이론, 목표설정이론, 강화이론, 내재적 동기부여, 자기 효능감**

쉬어가며

■ **순자氏/박제영**

청기와 해장국집 마순자 여사에게 뜨거운 해장국 무시로 얻어먹었으니 시를 써주마 약속했던 것인데, 이 봄에는 꼭 시를 써주겠다 마음먹었던 것인데, 파꽃 같은 순자氏, 냉이꽃 같은 순자氏, 남편 없이 시집식구 먹여 살리다 자식 키우다 긴긴 세월 시들다 시들다 어느 봄이 꽃피는 계절이었던가 기억조차 시든 순자氏, 더 지기 전에 꽃 같은 시 하나 써주겠다 했던 것인데

무엇을 쓸까 어떻게 쓸까 봄, 봄, 봄, 봄, 봄이 왔어요 이렇게 쓸까 개나리꽃, 진달래꽃, 유채꽃, 매화꽃, 천지사방 꽃, 꽃, 꽃, 꽃이 폈어요 이렇게 쓸까 내내 고민만 하다 봄날 은 간다 미안하다 순자氏

동기부여의
긍정적 역할

모티베이션이란 **목표를 향한 자발적인 행동**을 끌어내고 충동하고 계속하게 하는 과정을 총칭하는 것이다. 욕구는 모두 충족되는 것이 아니라 충족되지 못하기 때문에 좌절되거나 다른 행동으로 **표출**된다. 복수동기들 간의 욕구 좌절로 갈등이 야기되기도 한다. 이러한 **모티베이션**을 이해해야만 인간관계를 제대로 파악할 수 있다.

1. 동기부여의 이해

어떤 사람은 능력 발휘를 못하고 게으름을 피우는데 왜 유독 몇 사람은 신바람 나게 일하는가? 그들이 가지고 있는 동기(Motives) 때문이다. 그러므로 인간관계론 학자들은 사람에게 신나게 일하도록 원동력을 쏟아 부어주는 동기부여(Motivation)를 어떻게 개발하며 관리할 것인가에 관심을 갖는다. 즉, 동기부여의 이론들을 학습하면, 어떻게 하면 신바람이 나도록 만들 수 있는가를 알게 된다.

- 동기부여는 직장생활을 하는 사람들이 조직목표를 향하여 특정한 행동에 열심히 임하도록 움직이게 만드는 과정이다. 따라서 동기부여는 어떻게 자발적으로 노력하고 싶은 마음을 불러일으키는가에 관심을 갖는다.

- 작업자의 생산성 향상을 위한 자발적 노력, 그리고 결근 없는 출근 등을 설명할 때 종종 동기부여 때문이라고 말한다.

- 동기부여는 많다 혹은 적다라고 표현된다. 자발적으로 새벽부터 저녁 늦게까지 일에 매달리는 사람이 있는가 하면, 무슨 일을 하든지 간에 대충대충 넘기려는 사람이 있는 법이다.

아이디어 박스 7-1

■ 상대적 욕구결핍

경영자는 어떻게 직원들을 자극해서 최선을 다해 신바람 나게 할 수 있는가? 어떻게 구성원들로부터 최상의 아이디어와 최대한의 노력, 긍정적인 태도를 이끌어낼 수 있는가? 어떻게 종업원들이 회사의 목표를 달성하도록 충성을 다하여 자기 일에 몰입하도록 만들 것인가? 이것은 경영자가 반드시 해내야 할 일 중 하나가 된다. 해도 해도 안 된다고 포기하는 순간, 더 이상 어떤 일을 할 수가 없게 된다. 그렇다고 악으로! 깡으로!라는 구호를 목청껏 돋우며 정신을 가다듬고 이 산에서 저 산으로 뛰어다녀 본 경험이 있지 않은가? 일은 그렇게 악이나 깡으로 해서 될 일이 아니다. 물론 가장 좋은 방법은 자극을 주는 것이다. 일하기 싫어하는 사람에게 일하려는 욕구를 자극시켜 주어야 한다. 만일 구성원들이 열심히 일하게 만들고 싶다면 그들에게 동기를 주어야 한다는 것이다. 그 동기란 현금 자극일 수도 있고, 연말 보너스일 수도 있다. 임금 이외 자극을 주기 위해선 명예와 상이란 긍정적 자극도 있다. 하지만 경우에 따라 처벌, 상대에 대한 무시, 공포의 사용과 같은 부정적 자극도 긴요할 때가 많다.

만일 구성원들의 욕구가 모두 만족 상태라고 하자. 그러면 그들에겐 새로운 목표에 대한 어떠한 의욕도 생기지 않게 될 것이다. 채워진 욕구보다는 부족하고 결핍된 욕구가 큰 일을 해낸다. 상대적인 욕구결핍은 일을 하는 동력이 되기 때문이다. 상대적인 욕구결핍으로 인해 균형은 깨지고 긴장이 생겨나며, 그 긴장으로 인해 사람들은 새로운 균형을 찾으려고 노력한다. 그 과정에서 욕구를 충족하려는 행동이 생기는데, 이것이 바로 동기부여(Motivation)이다. 1990년에 일어난 LA 폭동은 백인에 대한 흑인들의 상대적 욕구결핍이 만들어낸 사건이다. 이탈리아 사람인 콜럼버스가 미국 대륙을 발견한 것은 포르투갈의 한 해안 바닷가를 거닐 때 발견한 이상한 열매 때문이었다. 자기 나라 땅에서 나지 않는 그 호기심 어린 열매를 보고 바다 건너 다른 땅이 있지 않을까 생각했다는 것이다. 호기심과 열정은 바로 부족함 때문에 생기는 것이다.

[도표 7-1]의 예는 상대의 동기를 더 부여시키는 언어도 있다는 뜻이 된다.

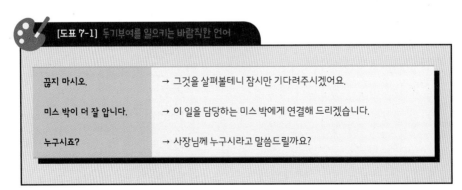

[도표 7-1] 동기부여를 일으키는 바람직한 언어

끊지 마시오.	→ 그것을 살펴볼테니 잠시만 기다려주시겠어요.
미스 박이 더 잘 압니다.	→ 이 일을 담당하는 미스 박에게 연결해 드리겠습니다.
누구시죠?	→ 사장님께 누구시라고 말씀드릴까요?

(1) 동기부여의 과정

동기부여의 시작은 '불안정 상태(State of Disequilibrium)' 혹은 '불균형 상태(Sense of Imbalance)'로부터 시작된다. 이러한 상태는 인간에 의해 경험된 욕구, 바람, 기대에 의해 생겨난다. 예를 들어, 한 사람이 다른 사람의 직장생활에 더 많은 통제를 하고 싶은 욕구를 느낀다거나, 더 좋은 분위기가 있는 직장으로 옮기고 싶어 하는 바람을 느낀다거나 할 때 편안하지 못하고 불안정한 상태에 놓이게 된다. 이를 상대적 욕구결핍이라는 말로도 설명할 수 있다.

■ 욕구란 어떤 시점에서 개인이 경험하는 상대적 욕구결핍으로서 행동을 활성화 내지 촉진하게 만든다. 따라서 결과적으로 이때부터 동기부여의 시동이 걸린다고 보면 된다. 불안정하다라는 느낌은 욕구를 충족시킬 분명한 행동을 야기하게 된다.

■ 따라서 그 욕구를 충족시킬 수 있는 방안을 모색하게 되고, 그 결과 하나의 행동이 선택된다. 이렇게 선택된 행동은 목표 지향적이어서 그 목표가 달성될 때까지 그 행동은 유지된다.

■ 이것은 다시 개인들에 의해 상대적 욕구결핍을 재평가하게 함으로써 피드백 과정을 통해 행동이 수정되고 이는 다른 불안정상태를 만들어 내는 순환과정을 이룬다([도표 7-2] 참조).

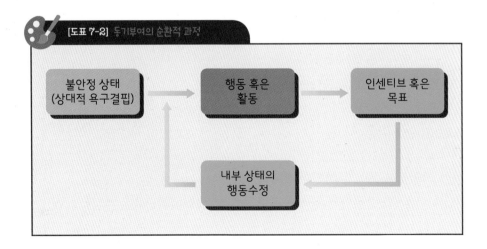

[도표 7-2] 동기부여의 순환적 과정

(2) 동기부여의 한계

동기부여가 행동을 야기한다는 설명이 있긴 하지만 그렇다고 동기부여가 모든 행동의 원인이 되는 것은 아니다. 동기부여의 개념 틀 내에서 수많은 변수들이 서로 명확한 인과관계를 가지고 있지 않기 때문이다. 예를 들어, 조직에서 동기부여의 과정을 이해하기 위해서는 다양한 조직변수들, 즉 리더십 스타일, 직무설계, 관리의 범위 등과 같은 변수들이 추가되어 설명되어야만 한다.

① 동기부여와 능력

일반적인 가정은 직무수행은 동기부여와 능력과의 함수로 표현된다는 점이다. 즉, 공식으로 나타내면, $B^{(직무수행행동)} = 동기부여^{(M)} \times 능력^{(A)}$으로 표현된다. 이 함수는 하나의 과업을 성공적으로 수행하기 위해서 동기부여와 이를 수행하는 데 필요한 지식, 기술, 경험과 같은 개인능력이 있어야 함을 의미한다. 이 함수에 의하면 동기수준이 아무리 높다고 하더라도 직무와 관련된 능력이 전혀 없을 때는 이론적으로 직무수행은 영$^{(Zero)}$이 된다. 예를 들면, 승마를 다루고 싶다는 의욕과 열의는 매우 높다고 하더라도 말을 다루는 지식이나 능력이 전혀 없는 경우에는 어떤 행동도 나타날 수 없게 되는 것이다.

② 동기에서의 개인차

사람들마다 추구하는 목표가 다르듯이 동기들도 각양각색이다. 만약, 조직 내 모든 사람들이 동일한 목표를 달성하도록 동기부여 된다면, 관리자들이 그들이 원하는 방향으로 몰고 가는 일은 매우 수월할 것이다. 그러므로 구성원 각자가 다른 목표나 다른 동기를 가지고 있다는 것 자체가, 어떤 개인은 동기부여가 더 많이 되고, 어떤 개인은 덜 동기부여 된다는 것을 의미하기도 한다.

③ 동기의 역동적 성질

사람들의 동기가 시간이 흘러도 변하지 않는다면 얼마나 좋을까? 하지만 동기는 시간이 변함에 따라 계속 변하기 때문에, 관리자들은 부하들의 욕구를 충족시킬 방안을 지속적으로 찾아야 한다.

좌절을 즐기자. ■

동기부여가 욕구에 의해서만 생기는 것은 아니다. 그 이유는 동기의 원천이 욕구라 하더라도 그 욕구 자체를 만들어내기 힘든 부분이 있기 때문이다. 따라서 동기를 과업행동으로 유도하는 방법을 찾아내거나 동기를 일으키지 못하도록 하는 좌절이나 학습된 무기력 등을 방지하는 것도 필요하다. 동기가 행동으로 이어질 때 진정한 동기부여가 실현되었다고 할 수 있다. '힐러리'라는 한 영국 청년이 세계에서 가장 높은 산인 에베레스트 산을 등정하려고 했으나 좌절되고 말았다. 그는 용기를 내어 "에베레스트여, 너는 자라지 못한다. 그러나 나는 자랄 것이다. 나의 힘도 능력도 자랄 것이다. 또 내가 구비한 장비도 더 나아질 것이다. 그래서 나는 다시 돌아올 것이다. 기다려라. 나는 다시 산에 오를 것이다." 10년 뒤 그는 세계 최초로 가장 높은 산을 오른 사람으로 기록되었다. 에디슨은 147번의 실패를, 라이트 형제는 805번의 실패를 했다고 한다. 실패한 사람의 대부분은 진짜 실패한다기보다는 도중에 포기하고 만다. 그들이 맛 본 좌절로 인해 무언가 하도록 만드는 동력이 생겨난 것이다.

2. 동기부여이론

동기부여에 관한 많은 이론을 대분하여 본다면 동기부여의 내용이론과 동기부여의 과정이론으로 분류할 수 있다.

■ 동기부여의 내용이론(Motivation Content Theory)이란 동기부여를 해석함에 있어 모든 행동의 내용물을 욕구로서 설명하려는 이론들이다. 여기에는 욕구단계이론을 비롯하여 ERG 이론, 성취동기이론 등이 포함된다.

■ 이에 비해 동기부여의 과정이론(Motivation Process Theory)이란 동기부여를 설명함에 있어 욕구에 대하여 단 한마디 설명 없이, 동기를 개인에게 부여해 주는 과정에만 초점을 둔 이론들이다. 여기에는 공정성이론, 목표설정이론, 강화이론 등이 대표적이다.

■ 그러나 중요한 것은 이론은 그렇게 2가지로 분류된다고는 하나, 관리자가 효과적인 직무수행을 이루어 내기 위해서는 종업원들이 어떤 욕구를 가지고 있으며, 어떤 과정을 거쳐 동기가 유발되어 행동하는지 2가지 이론 모두에 관심을 가져야만 한다는 사실이다.

(1) 욕구이론

동기부여이론에 대한 초기의 이론들 대부분은 욕구의 개념에 초점을 둔 것들이었다. 일반적으로 이러한 이론에서는 사람들이 분명한 사건이나 결과를 위해 욕구를 가지고 있다고 가정한다. 이러한 욕구들이 충족되지 않을 때 사람들은 특정 행동을 촉발함으로써 욕구만족을 유도해 내려 한다는 것이다. 욕구이론에 의하면 동기부여가 된 행동의 목적은 욕구를 충족하거나 욕구를 제거하려 함으로써 편안한 상태를 유지하는 것이다. 몇몇 이론가들이 주장한 생리적 욕구(Physiological Needs), 즉 물이나 음식을 소유하려는 욕구가 인간의 가장 기본적 욕구이다. 성적 욕망, 배고픔과 갈증과 같은 욕구들은 모든 사람이 가지는 공통된 욕구임에 분명하다.

① 욕구단계이론

아브라함 매슬로(A. Maslow)는 동기부여의 내용이론 중 욕구이론의 가장 선구자적인 인물이다. 그는 사람들은 특정한 욕구를 충족하려는 과정에서 동기부여가 일어난다고 주장하였다. 모든 욕구이론의 주장과 같이, 매슬로는 충족되지 않은 욕구가 행동을 유발하며, 그것을 의도적으로 충족해야만 더 큰 욕구를 충족하려는 힘이 생긴다고 주장한다. 특히, 매슬로는 다른 욕구이론가와 달리, 욕구에는 그 중요성에 따라 단계(Hierarchy), 즉 기본적인 욕구단계로부터 자아실현과 같은 최상의 욕구단계로 이루어져 있다는 주장을 하였다.

[도표 7-3]은 매슬로의 욕구단계이론의 각 단계들이다. [도표 7-3]에 의하면 1단계는 생리적 욕구(Physiological Needs)로서 생존을 위한 음식, 물, 그리고 섹스와 관련된 욕구이다. 이러한 욕구는 기본적인 욕구로서 다른 욕구와 달리 충족되지 않는다면 생존할 수 없는 것으로서 누구나 충족해야만 하는 절박한 욕구이다. 1단계 욕구가 충족되어야만 2단계로 진행하는데, 2단계는 안정욕구(Safety Needs)로서 위협으로부터 자유로워지려 하거나 안정적인 환경을 유지하려는 욕구이다. 안정이 확보되고 나면, 3단계 욕구인 소속욕구(Belongingness Needs)가 생겨나는데, 이는 타인과 친해지려고 하면서 그들의 조직 속으로 소속되려는 욕구이다. 다음은 존경욕구(Esteem Needs)로 긍정적인 자기 이미지를 유지함으로써 타인으로부터의 존경을 받으려는 욕구이다. 1단계부터 여기까지는 일반적으로 충족되기 쉽다. 하지만 마지막 단계인 자아실현욕구(Self Actualization Needs)는 개인의 삶 속에서 가장 의미 있고 중요한 욕구이다. 더 많은 자아

발전과 이상적 자아를 실현하고픈 욕구로서 도전적 직무수행을 하려 하거나 창의성을 개발하려는 자아개발, 잠재능력을 발휘하려는 태도 등이 모두 여기에 속한다고 할 수 있다.

매슬로의 이론이 많은 이론가와 실무가들로부터 호평을 받았지만, 거기에는 이론의 구성상 적잖은 문제를 안고 있다.

- 매슬로에 의해 제안된 욕구의 5단계가 타당성이 있다면 요인분석을 통해 5가지 독립변수로 구분되어야 하나, 여러 번의 조사에서 의미 있는 결과가 나오지 못했다. 결국 인간의 욕구수준을 계층화할 수 있느냐라는 비판이 나올 수 밖에 없다.
- 매슬로가 제안한 5단계의 순서도 비판을 받기는 마찬가지이다.
- 욕구결핍이 다른 욕구를 충족하게 한다는 주장도 비판을 받는다. 즉, 실현 불가능한 욕구는 축소되기도 하며, 어느 단계의 욕구가 실현 불가능하면 그 상위욕구가 커질 수 있기 때문이다.
- 자아실현욕구에 대한 개념정의에 문제가 제기된다. 욕구 간의 경계가 불분명하다는 것이다. 예를 들어, 지식에 대한 욕구는 안정욕구인가, 자아실현욕구인가, 정의(正義)를 원하다면 이는 소속욕구인가 안정욕구인가가 불분명하다.

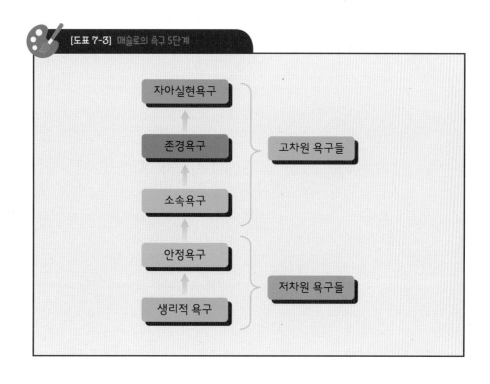

[도표 7-3] 매슬로의 욕구 5단계

자아실현욕구
↑
존경욕구   고차원 욕구들
↑
소속욕구

안정욕구
↑   저차원 욕구들
생리적 욕구

② ERG 이론

매슬로의 욕구단계이론의 비판을 해결하려는 과정에서 알더퍼(C. P. Alderfer)는 존재욕구(Existence needs : E), 관계욕구(Relatedness needs : R), 성장욕구(Growth Needs : G) 등 3가지 욕구에 대한 주장을 펴고 있다. 이러한 욕구들의 앞 글자를 따서 ERG 이론이라고 부른다.

- 3가지 욕구는 매슬로가 주장한 것처럼 욕구라는 것이 단계적 개념을 가진 것이 아니어서 어떤 순서가 있는 것도 아니며, 채워야 할 욕구의 양 역시 한정된 것이 아니라 못 채우면 못 채운 만큼 그 욕구가 증대된다고 하였다.

- 욕구를 충족하고 나면 상위욕구로 이동하여 상위욕구가 증가하고 상위욕구를 못 채우면 그보다 하위욕구가 증대된다고 하였다.

- 존재욕구란 다양한 형태의 생리적 · 물리적 욕망들을 포함한다고 하였다. 배고픔과 갈증의 결핍은 바로 이러한 존재욕구를 표현하는 말이다. 임금이나 복리후생, 물리적인 작업조건에 대한 욕구도 여기에 포함된다. 관계욕구란 의미 있는 타인과의 대인관계를 포함한 모든 욕구이다.

- 의미 있는 타인이란 가족구성원, 친구, 부하, 상사 그리고 동료는 물론 상대편 경쟁자까지 포함한다.

- 성장욕구란 창의적이거나 생산적인 성장을 만들 수 있는 개인의 노력과 관련된 모든 욕구를 말한다. 성장욕구의 충족은 한 개인이 자기능력을 극대화하는 과정에서 이룰 수 있으며, 또한 새로운 자기개발 노력을 필요로 하는 일에 종사함으로써 얻을 수 있는 것이다.

- ERG 이론은 순서에 의한 단계적 개념이 아니라 구체적인 존재욕구에서 추상적인 성장욕구까지의 구체성 정도(Concreteness)에 의한 분류이다. 매슬로 이론에서와 같이 한 욕구의 만족 활동이 다음 욕구로의 이동을 촉발한다는 동일한 개념, 즉 만족과 진행(Gratification/Activation)을 사용한다.

- ERG 이론은 매슬로와 달리 단계는 절대적이지 않으며 사람들마다 각기 다른 수준의 욕구를 동시에 달성하려고 한다는 주장을 통해 좌절과 퇴행(Frustration/Regerssion)이라는 개념을 주장한다. 이에 대하여 [도표 7-4]를 살펴보자.

[도표 7-4]에 의하면 존재욕구가 충족되지 않을 때, 이에 대한 바람은 터커지며, 존재욕구가 충족될수록 관계욕구도 커진다. 관계욕구가 충족되지 않는다면 관계욕구에 대한 바람은 더 커지며 존재욕구 역시 커지게 된다. 성장욕구가 충족되지 않을수록 관계욕구는 커지며 관계욕구가 충족될수록 성장욕구는 더 커진다. 물론 성장욕구가 충족될수록 이에 대한 욕구는 더 커진다^(만족과 강화)는 것이다.

그러나 불행하게도 ERG 이론도 검증된 실증자료가 많지 않으며 오히려 이론의 보편성에 의문이 제기되고 있다. 예를 들어, 관계욕구가 충족되면 성장욕구가 증대되며, 성장욕구가 좌절되면 관계욕구 증대를 가져온다는 주장에 대한 검증에서 일치된 결과가 나오지 않는다. 또한 아직까지 알더퍼의 주장과 일치된 결과들이 다른 연구자들에 의해 보고된 바도 없다.

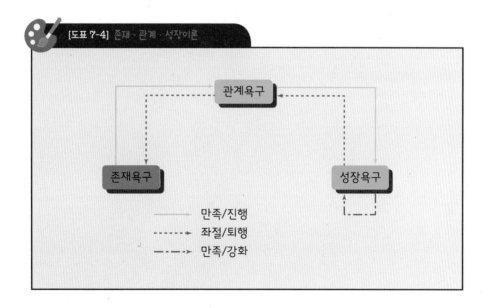

[도표 7-4] 존재 · 관계 · 성장이론

③ 성취동기이론

맥클리랜드^(D. C. McClelland)의 성취동기이론에서, 성취동기란 우수한 직무수행을 기준으로 설정하고 이를 달성하고자 하는 동기를 말한다. 매슬로의 욕구 5단계 중에서 상위욕구만을 대상으로 3가지 욕구, 즉 성취욕구^(need for Achievement : n Ach), 친교욕구^(need for Affiliate : n Aff), 권력욕구^(need for Power : n Pow)로 나눈다.

■ 성취욕구란 무엇을 이루어 내고 싶은 욕구이며, 친교욕구란 타인들과 사이좋게 잘 지내고 싶은 욕구이며, 권력욕구란 다른 사람에게 영향을 미치고 영향력을 행사하여 상대를 통제하고 싶은 욕구를 말한다.

■ 성취욕구가 강한 사람은 개인적 책임과 피드백이 있는 직무수행을 더 좋아하고 어느 정도의 위험성이나 난이도가 있는 직무를 선호한다. 따라서 개인의 성취욕구 수준을 잘 측정한 후 이에 적합한 목표를 설정하여 주는 동시에 알맞은 작업환경을 배려해 주기만 한다면 적정한 피드백을 연결시켜 효과적인 직무수행을 이룰 수 있다는 결론에 이른다.

■ 성취동기이론이라고 이름 붙였듯이 사실 권력욕구나 친교욕구에 대한 연구는 그리 많지 않다. 그러나 성취욕구는 모티베이션과 관계가 깊다는 점에 초점을 두고 후속 연구들이 행해졌다.

아이디어 박스 7-3

■ 스탠포드 부부

어느 날 하버드 대학 총장에게 초라한 부부가 찾아 왔다. 그 부부는 "이런 대학을 경영하려면 돈이 얼마나 드는지요?"라고 물었다. 하버드 대학 총장은 "당신들처럼 가난한 사람은 상상도 못할 금액이죠!"라고 답했다. 이 부부는 자존심이 너무 상해 3,400만 달러를 갖고 서부에 가서 스탠포드 대학을 설립했다. 이 부부의 이름이 스탠포드였다. 타인을 대할 때 얼굴, 옷차림, 지위 따위를 봐서는 안 되고, 그 사람 목에 걸린 목걸이를 쳐다보며 말을 하라는 말이 있다. 그 목걸이에는 "나는 존경받고 싶다."라고 쓰여 있다는 것이다. 역시 진정한 동기의 원인 중 하나는 인간존중임에 틀림없다.

④ 2요인 이론

허츠버그(F. Herzberg)는 상사가 원하는 대로 '어떻게 부하들을 열심히 일하게 할 수 있을 것인가?'(One More Time: How do you Motivate Employees?)라는 논문에서 종업원을 신바람 나게 일하도록 만드는 방법에 대해 연구하였다. 그는 모티베이션 이론을 두 가지 요인(Tow Factors), 즉 위생요인(Hygiene Factor)과 동기요인(Motivate Factor)으로 구분하여 설명한다.

■ 직무만족 혹은 동기부여를 만들어 내는 요인들은 직무불만족을 이끄는 요인들과는 전혀 다른 것들이라고 주장한다.

■ 허츠버그가 2요인 이론을 제기하기 전까지 사람들은 만족과 불만족을 상호배타적인 문제([도표 7-5]의 A)로 생각했었다. 만족하면 불만족하지 않고, 불만족하면 만족하지 않는다고 생각했었다. 하지만 여러 연구에 의해 만족과 불만족은 서로 독립적인 요인([도표 7-5]의 B)이라는 것이 밝혀졌다.

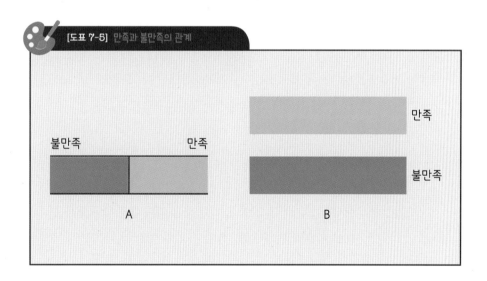

[도표 7-5] 만족과 불만족의 관계

■ 만족에 영향을 미치는 요인과 불만족에 영향을 미치는 요인이 따로 있다는 것이다. 만족과 불만족이 높거나 낮거나 하는 상황이 있을 수 있는 것이다.

- 직무만족의 반대는 직무불만족이 아니며, 오히려 직무만족이 없는 것이며, 직무만족 요인은 동기요인이며 직무에 대한 내재적인 요인들, 즉 성취감, 성취에 대한 인정, 직무 자체, 책임 그리고 성장이나 안전 등이다.

- 이에 비해 직무불만족 요인은 깨끗하게 청소해야 할 요인들로서, 위생요인이라고 하며, 여기에는 직무에 대한 외재적인 요인들이 포함된다. 즉, 회사방침 및 행정, 관리, 감독, 대인관계, 작업조건, 급여수준, 신분 등이다. 그러므로 근무조건이나 급여수준을 아무리 높여주어도 종업원의 만족수준은 증가하지 않을 수 있으며, 동기부여를 위해서는 직무 자체의 변화나 인정, 성취감이 필요하다는 것이다.

(2) 공정성이론

동기부여의 또 다른 인지적 접근이 바로 균형이론(Balance Theory)이다. 본래 균형이론이란 한 개인의 행동은 다른 사람의 현재 상태와 특정 표준치와 비교함으로써 영향을 받게 되어 있다는 가정에서 출발한다. 한 개인이 표준치에 접근해 있다면 균형상태에 있는 것이고, 이러한 균형에 놓이게 되면 그들의 행동을 변화시키려는 동기부여는 발생하지 않는다는 것이다. 하지만 한 사람이 표준으로부터 많이 미달되면 균형이 깨지게 되고 이로 인해 불편함을 느끼며, 따라서 균형을 다시 유지하려는 동기가 발생한다는 것이다. 이러한 균형이론에 근거하여 아담스(J. S. Adams)가 동기부여의 공정성이론(Equity Theory)을 제기하였다.

① 공정성이론

공정성이론이란 주고받는 인간관계에서 공평과 정당함을 추구하는 인간본능에 근거한다. 결국 자기가 알고 있는 바와 자신의 행동이 다를 때 부조화를 느끼고 조화로 옮기려는 행동을 시작하는 것과 같이 자신의 공헌에 정당한 대가를 받아야 한다. 이때 정당성 여부를 자기 혼자의 공헌과 보상만 보고 판단하는 것이 아니라, 남들의 것과 비교한 후에 판단하며 불공정하다고 판단되면 이러한 불공정을 줄이려고 노력하게 되는 것이다. 따라서 공정성이론은 상대의 공헌과 보상을 나의 공헌과 보상으로 비교하는 개념이 되면 이를 교환이론(Exchange Theory)이라고도 부른다.

이러한 공정성이론에 의하면 개인이 인지하는 불공정에 대한 지각은 개인마다 각양각색이어서 불공정에 대한 반응도 다음과 같이 매우 다양하다.

- 자신의 입력물을 변화시킨다.

- 자신의 출력물을 변화시킨다.

- 판단을 다시 하면서 타인과 동등하다고 인지적으로 왜곡한다.

- 그 상황에서 벗어나려고 탈퇴해 버린다.

- 변화시키는 행동에 가입한다.

- 새로운 비교대상을 선택한다.

[도표 7-6] 공정과 불공정의 사례

개인 A	공정지각		불공정지각		불공정지각	
	사례 1	사례 2	사례 3	사례 4	사례 5	사례 6
출력물	10	5	20	10	20	5	10
입력물	20	10	40	10	20	20	40

동기부여의 강도와 발생된 긴장의 양은 지각된 불공정성에 대한 비율로 나타난다. 공정과 불공정의 비교에 대하여 [도표 7-6]에 예가 나와 있다. [도표 7-6]에 의하면 자신의 공헌과 얻은 보상을 비교한 비율을 타인 것과 비교한 후 적거나 크거나 하면 불공정지각을 하게 되고, 이는 긴장을 발생시키고 이러한 긴장의 감소를 원하기 때문에 긴장감소를 위한 행동을 일으킨다. 이런 과정에서 동기부여가 일어난다. 개인 A는 출력물을 10에 비해 입력물 20을 투입하고 있다. 그 바로 옆 6개의 막대기는 다른 사람의 입력물과 출력물을

비교한 것이다. 개인 A는 다른 사람과의 비교를 통해 공정한가, 불공정한가를 느낀다. 먼저 사례 1과 사례 2 경우는 내가 2배의 입력물을 더 투입하고 있는데 다른 사람들도 10 혹은 40의 입력물을 넣고는 각각 5와 20을 얻고 있으니 공정하게 느낀다. 사례 3과 사례 4에 있어 개인 A는 자신이 상대보다 낮은 보상을 받는다고 불공정을 느낄 것이다. 사례 5와 6의 경우에도 불공정을 느낄 것이다.

② 공정성이론의 평가

공정성이론에 관한 대부분의 연구들은 임금문제에 초점을 둔 연구들이 많다. 특히 성과급제(Piece-rate System)나 시간급제(Hourly-wage System)에 있어 임금의 과다지급 혹은 과소지급에 대한 불공정 효과에 관한 연구들이 그것이다. 이러한 조건에서는 **[도표 7-7]**과 같이 예측될 수 있다.

[도표 7-7] 공정성이론에 기초한 임금불공정에 대한 예측된 반응

구분	과소지급	과다지급
시간급제	생산이 감소될 경우 혹은 저품질의 생산	생산이 증가될 경우 혹은 고품질의 생산
성과급제	생산이 증가될 경우 그러나 품질은 낮아질 경우	생산이 감소될 경우 그러나 품질은 높아질 경우

결국 작업자들은 불공정을 느끼면 그들 작업의 질을 변화시키거나 작업의 양을 변화시킴으로써 작업자들의 투입을 변화시키려 할 것이며, 임금체계에 따라 예측될 반응도 각기 달라질 것이다. 따라서 공정성이론에 의하면, 조직 관리자는 상대적 배분과 함께 구성원들이 임금에 대하여 공정함을 지각할 수 있도록 해야 할 것이다. 이러한 공정성이론도 많은 비판을 받는다. 우선 공헌과 보상을 어떻게 객관적으로 측정할 것인가의 문제이다. 비교대상을 누구로 택하느냐에 따라 결과 해석이 전혀 다를 수 있다. 공정성이론과 임금의 문제

는 그래도 어느 정도 설명이 명쾌하지만, 비금전적인 것들의 경우 예를 들어 사기, 노력, 칭찬, 개인의 특성들과 같은 변수들도 지각된 공정성과 행동 간에 관계에 영향을 줄 수 있다. 이때 이러한 비금전적 변수들의 측정문제가 제기될 수 있다.

(3) 목표설정이론

동기부여의 이해에 있어 인지적 접근을 사용하는 것이 목표설정이론(Goal Setting Theory)이다. 기대이론과 비교하여 더 단순한 이론적 근거를 지니지만 기대이론의 가정이 쾌락주의적이라고 비판하면서 인간의 행동이란 가치와 의도(Intentions)에 의해 결정된다는 주장을 하고 있다. 이러한 목표설정이론은 로크(J. Locke)에 의해 개발되었다.

- 조직의 의도는 직무수행 목표(Performance Goal)를 반영하며, 이러한 목표는 의지, 계획, 의도로서 동기부여에 중요한 역할을 하게 된다. 또한 이 이론은 목표 자체에 관심을 두었다. 즉, 목표가 구체적이어야 하며, 특히 약간 어려운 목표(Difficult Goals)일 경우 이것이 직무수행의 결과로 이어진다는 점을 부각시켰다.

- 물론 그 목표는 구성원들에게 목표로서 수용되어야 하며(Goal Acceptance), 목표에 의해 제공된 지시가 있을 때 더 많은 동기부여가 되었다. 높고 구체적인 목표를 설정할수록 목표가 없거나, 낮거나, 최선을 다하라는 식의 애매한 목표일 때보다 동기부여는 높아진다. 이렇듯 목표가 설정될 때 동기부여나 직무수행이 높아지는 이유는 목표를 설정하게 되면 주의해야 할 대상과 활동의 방향을 결정짓기 때문이며, 목표설정 후 시간적으로 오랫동안 노력을 계속 투입하기 때문에 효과적인 직무수행이 일어나게 되어 있다.

- 조직 전체 수준에서 적용되는 목표관리(Management by Objectives : MBO)도 높은 목표의 설정과정이 핵심을 이루는 관리방법이다.

- 목표설정이론이 점차 타당성을 인정받게 되었지만 이 이론도 몇 가지 한계점을 지닌다. 목표설정이론은 특히 목표와 직무수행 간의 관계를 해명하는 데 관심을 두었지, 목표가 선택되는 과정, 목표수용 및 목표개입을 결정하는 요인들을 잘 설명하지 못한다.

다음 [도표 7-8]은 욕구이론, 기대이론, 목표설정이론 입장에서의 과업난이도와 직무수행 결과를 비교해 볼 것이다.

[도표 7-8] 과업난이도에 따라 예측된 효과의 비교

욕구이론	과업난이도	직무수행 결과
성취욕구가 높은 작업자는 쉬운 과업에서는 동기부여가 이루어지지 않는다.	낮다	중
	보통	고
	높다	저
기대이론	**과업난이도**	**직무수행 결과**
어려운 과업은 성공을 위한 기대감을 낮추므로 동기부여도 낮아진다. 쉬운 과업은 기대감과 동기부여 모두를 증가시킨다.	낮다	고
	보통	중
	높다	저
목표설정이론	**과업난이도**	**직무수행 결과**
어려운 목표가 쉬운 목표보다 오히려 더 높은 직무수행 결과를 야기한다.	낮다	저
	보통	중
	높다	고

(4) 강화이론

① 강화이론

강화이론(Reinforcement Theory)이란 행동의 학습에 관한 스키너(B. F. Skinner)의 강화원리를 중심으로 행동수정이 이루어진다는 것이다. 스키너는 학습과 행동에 관한 지식의 폭을 크게 넓힌 사람이다. 그는 쥐의 행동과 보상 간의 관계를 자동적으로 측정할 수 있는 스키너 상자(Skinner Box)라고 하는 장치를 제작하였다. 그는 쥐들의 레버 누르기와 같은 반응을 조건반응(Operant)이라 불렀는데, 그 이유는 쥐들이 환경을 변화시키기 위해 환경에 조작을 가했기 때문이다. 그는 적절한 조작행동을 습득하는 절차를 조작적 조건형성(Operant Conditioning)이라고 불렀다. 스키너는 반응률을 증가시키는 먹이를 보상(Reward)이나 만족스러운 결과로 부르지 않고 반응을 강화시킨다는 의미로 강화요인(Reinforcer)이라고 하였으며, 행동을 강화시키는 절차를 강화(Reinforcement)라고 명하였다. 반면,

아이디어 박스 7-4

만족의 반대는? ■

세상에는 모순은 좋지 않고, 조화는 좋고, 질서는 좋고, 무질서는 나쁜 것이라는 상식이 존재한다. 이러한 상식이 과연 옳은 것인가? 상식이 아닌 이론에서는 패러독스라는 개념을 통해 '상식에 어긋나지만 사실상 옳은 명제'들이 많이 있다고 설명한다. 모순적인 성질을 지닌 상호배타적인 요소가 동시에 존재하는 것을 말한다. 가령, 만족과 불만족의 문제를 생각해 보자. 상식적으로 만족과 불만족을 상호배타적인 것으로 생각하는 사람이 많다. 즉, 만족하면, 불만족하지 않고, 불만족하면 만족하지 않는다고 생각한다. 따라서 만족의 반대를 불만족으로, 불만족의 반대를 만족이라고 생각한다.

그러나 허츠버그(F. Herzberg)의 생각은 달랐다. 그는 자신의 연구에서 만족과 불만족이 서로 독립적인 요인이라는 점을 줄곧 강조했다. 만족과 불만족은 두 개의 별도 차원이며, 만족에 영향을 미치는 요인과 불만족에 영향을 미치는 요인은 따로 있음을 역설했다. 가령, 불만족을 야기시키는 요인인, 관리스타일, 근무조건이나 급여수준이 충족되지 않는다면 불만이 증가하겠지만 그런 요인이 충족되었다고 만족수준이 증가하는 것은 아니며, 상사로부터의 인정, 칭찬 등의 만족요인이 충족될 경우, 만족은 증가하지만 불만은 증가하지 않는다는 사실을 발견하였다.

오늘날 경영자들은 줄곧 직원들을 동기부여시키려 애쓴다. 동기부여가 된 직원들이 신바람 나게 일하게 되는 것은 당연하다. 경영의 세계에서 가장 큰 모순 중 하나는 조직구성원이 그 조직의 가장 위대한 자산인 동시에 잠재적으로는 가장 큰 부담이라는 사실이다. 어떤 기업에서든 가장 소중한 자산은 언제나 인적 자원이다. 이러한 인적 자원에 대한 투자 중 가장 큰 투자는 어떻게 그들을 동기부여시킬 것인가를 고민할 때, 만족을 불러오는 동기요인과 불만족을 가져오는 위생요인을 각각 관리해야 한다. 또한 급여수준이나 작업환경의 개선과 함께, 구성원들이 맡고 있는 일이 얼마나 세련되고 의미 있는 일인가와 그 일을 하면서 얼마만큼 자율성을 보장받느냐가 동기부여의 핵심이 된다.

행동을 약화시키는 것을 처벌(Punishment)이라고 하였다. 강화절차에는 정적 강화(Positive Reinforcement)와 부적 강화(Negative Reinforcement), 소거(Extinction), 처벌(Punishment) 등을 들 수 있다.

㉠ 정적 강화

정적 강화란 어떤 특정한 행동이 나오고 이 행동 뒤에 즉각적으로 주어지는 자극의 제시에 의해 행동의 빈도가 증가되는 과정을 말한다. 예를 들면, 어떤 어린이가 어머니의 심부름을 하고 나자 어머니가 과자를 주었고, 그로 인해서 다음에도 그 어린이가 심부름을 더 자주 하게 되었다면, 이때 어린의 심부름 행동이 증가한 것은 정적 강화에 의한 행동의 예라고 할 수 있다.

ⓒ 부적 강화

부적 강화는 행동의 빈도를 증가시킨다는 측면에서는 정적 강화와 동일하다. 그러나 과정면에서는 정적 강화와 약간의 차이가 있다. 정적 강화는 행동의 결과로서 어떤 자극이 주어짐으로써 행동의 빈도가 증가하게 되는 반면에, 부적 강화에서는 행동의 결과로서 어떤 자극이 없어짐으로써 행동의 빈도가 증가되는 과정을 말한다. 예를 들면, 도피행동^(Escape Behavior)이나 회피행동^(Avoidance Behavior)이 여기에 속한다.

- 도피행동이란 이미 어떤 혐오의 자극이 존재하고 있을 때 특정 행동을 함으로써 혐오자극을 없애는 행동을 말한다. 예를 들어, 방의 공기가 너무 더울 때 방의 창문을 여는 행동은 더운 공기라는 혐오적인 상황이 없어졌다는 의미에서 도피행동이라고 할 수 있다.
- 회피행동이란 도피행동에서처럼 혐오자극이 현재 존재하고 있지는 않지만 미리 어떤 행동을 함으로써 혐오적인 상황이 닥치지 않게 하는 행동을 말한다. 어떤 학생이 TV를 보고 있으면 어머니가 항상 잔소리를 한다고 가정해 보자. 이런 경우 만약 그 학생이 TV를 보고 있을 때 어머니가 잔소리를 시작하기 전에 미리 TV를 끄고 공부하러 간다면 이것은 회피행동이라고 할 수 있다.

ⓒ 소거

조작적 조건화에서의 소거란 강화요인이 더 이상 나오지 않게 될 때 행동의 빈도가 감소되는 현상을 말한다. 스키너는 이러한 소거현상을 우연히 발견하였다고 한다. 실험실에서 쥐에게 지렛대를 누르는 행동을 학습시키는 도중 기계의 오작동으로 지렛대를 눌러도 음식이 나오지 않았다. 그래서 쥐의 지렛대를 누르는 행동이 점차 감소하여 결국에는 완전히 나타나지 않는 현상을 발견하였다. 한 학생이 선생님의 질문에 답하기 위해 손을 아무리 들어도 선생님이 답을 말할 기회를 주지 않으면, 어느 정도까지는 행동이 유지되다가 결국에는 더 이상 손을 들지 않게 될 것이다. 이 역시 소거의 예라고 할 수 있다.

ⓔ **처벌**

처벌은 행동의 빈도를 감소시키는 또 하나의 방법이다. 처벌이란 특정 행동에 즉각적으로 뒤따라 나오는 자극의 변화에 의해 행동의 빈도가 감소하게 되는 과정을 말한다.

② **강화일정**

강화일정(Reinforcement Schedule)이 어떤가에 따라 행동이 학습되는 속도와 패턴, 지속성 등이 달라진다. 강화일정이란 어떤 방식으로 강화가 제공되느냐를 말한다. 행동이 나올 때마다 매번 균등한 강화가 있을 수도 있고 간헐적 강화(Intermittent Reinforcement)가 있을 수도 있다. 간헐적 강화는 다시 비율일정(Ratio Schedule)과 간격일정(Interval Schedule)으로 구분된다. 여기에서는 가장 기초적인 강화일정 4가지만 살펴보기로 하자.

㉠ **고정비율**

고정비율(Fixed Ratio : FR)이란 매번 n번의 반응마다 강화요인이 주어지는 것이다. 예를 들면, FR 3이라는 강화계획은 특정 행동을 세 번 했을 때마다 강화요인이 한 번씩 주어지는 것이다.

㉡ **변동비율**

변동비율(Variable Ratio : VR)이란 평균적으로 n번의 반응마다 강화요인이 주어지는 것으로 정확하게 몇 번째 반응에 강화요인이 주어지는지는 알 수가 없다. 예를 들어, VR 5의 경우, 어떤 경우에는 3번째 반응에 강화요인이 주어질 수 있고, 또 어떤 경우에는 10번째 반응에 강화요인이 주어질 수 있다. 그러나 반응 수를 합하고 이를 강화요인의 수로 나누게 되면 5번의 반응에 대해 한 번의 비율로 강화요인이 주어진 경우이다.

㉢ **고정간격**

고정간격(Fixed Interval : FI)이란 정해진 시간이 지난 후의 첫 번째 반응에 강화요인이 주어지고, 강화요인이 주어진 시점에서 다시 정해진 시간이 지난 후의 첫 번째 반응에 강화요인이 주어지게 되는 것을 말한다. 예를 들어, FI 30초의 강화계획에서는 30초가 경과하기 전에 나온 반응은 아무런 강화를 받지 못하고 30초가 지난 후 반응에 강화가 주어지며, 이 시점에서 다시 30초가 지난 후의 반응에 강화가 주어지며, 이 시점에서 다시 30초가 지난 후의 반응에 강화가 주어지는 식으로 진행된다.

㉣ 변동간격

변동간격(Variable Interval : VI)이란 평균적으로 어떤 정해진 시간이 지나간 다음의 첫 번째 반응에 강화요인이 주어지고, 강화요인이 주어진 시점에서 다시 평균적으로 정해진 시간이 지난 다음에 첫 번째 반응에 강화요인이 주어지는 형식으로 진행되는 것이다. 예를 들어, 변동간격 10초라는 강화계획이 있다면, 어떤 경우에는 10초가 지난 후 첫 번째 반응에 강화요인이 주어질 수 있고, 어떤 경우에는 15초가 지난 후의 반응에 강화요인이 주어질 수 있다. 그러나 총 반응시간을 구하고 이를 주어진 강화요인의 수로 나누면 평균적으로 10초가 지난 후 첫 번째 반응에 대해 한 번의 비율로 강화요인이 주어진 경우이다.

(5) 기타의 동기부여 문제

① 내재적 동기부여

동기부여의 초기이론들이 발표된 이래 데치(E. L. Deci)에 의해 내재적 동기부여(Intrinsic Motivation)이론이 제기되었다. 임금, 작업조건 개선과 같은 외재적 동기부여(Extrinsic Motivation)에 비해 내재적 동기부여란 성취감, 칭찬, 책임, 긍지와 같은 내부적 요인들로부터 동기부여가 이루어진다는 것이다.

- 작업자의 행동은 외재적 혹은 내재적 요인들 모두에 의해 동기부여가 된다고 주장하였다.
- 내재적 동기는 행동 그 자체를 효과적으로 하려는 욕구이다. 내재적으로 동기부여된 사람들은 즐거움, 흥미, 자기표현 혹은 도전을 추구하면서 일이나 놀이에 접근한다.

■ 외재적 동기는 약속된 외적 보상을 얻기 위해서 혹은 처벌의 위협을 피하기 위해서 행동을 수행하려는 욕구이다.

② 참여적 의사결정

참여적 의사결정(Participative Decision Making : PDM) 역시 동기부여 기법 중 아주 유명하다. 의사결정에 참여함으로써 작업자의 동기부여는 물론 만족, 사기앙양, 창의성 그리고 참여자의 지지를 얻어 내어 강력한 실천을 이끌 수 있다는 것이다.

③ 자기효능감

자기효능감(Self Efficacy)이란 자기유능감, 자기권능감이라고도 하는데, 개인이 어떤 과업이나 직무의 성공적 수행에 필요한 능력을 보유하고 있다고 생각하는 일종의 자신감이다. 이러한 자기효능감은 개인의 직접적인 성공경험, 타인으로부터의 설득이나 감정적인 환기, 개인의 정서적 상태, 타인의 관찰을 통한 대리학습 등이 자기효능감에 영향을 미친다. 최근 들어 이러한 자기효능감이 동기부여와 강한 상관관계가 있음이 많은 연구에 의해서 밝혀지고 있다.

■ 자기효능감이 높을수록, 성과의 수준, 목표의 수준, 노력의 수준, 몰입 정도 등이 높아짐으로써 조직의 직무수행 결과에도 긍정적인 역할을 주는 것으로 알려져 있다.

■ 자기효능감이 개인의 동기향상뿐만 아니라 달리기 같은 스포츠 훈련이나 학생들의 수업성적에도 좋은 영향을 미친다는 사실이 계속 입증되고 있다.

CHAPTER 7

실전실습

Q 1.

평안도 용강군에 있는 유진사댁에 올꾼이라는 머슴이 있었다. 유진사가 아침 일찍 올꾼이를 불러, 오늘 강서에 갔다올 일이 있다고 했다. 집에서 강서까지는 100리가 넘는 거리였다. 유진사는 강서에 잇는 친구에게 편지를 썼다. 그런데 올꾼이는 보이지 않았다. 저녁 때가 되는 땀을 뻘뻘 흘리며 올꾼이가 나타났다. "주인님 말씀대로 강서 갔다가 이제 오는 길입니다." 그 후 생각이 부족한 사람을 올꾼이라 불렀고, 목적 없이 왔다갔다 하는 사람을 가리켜, "용강 올꾼이 강서 갔다 오듯 한다."라는 속담이 생겼다.

A

1. 모티베이션과 관련하여 위의 이야기 교훈은 다음과 같다.

①

②

③

Q 2.

　　독일의 재상 비스마르크는 사냥을 좋아했다. 하루는 친구와 사냥을 갔는데 그날 따라 한 마리의 동물도 잡지 못했다. 해가 질 무렵 기분도 허탈하고 해서 한 마리만 이라도 잡으려다 보니 날이 어두워지고 말았다. 그곳에는 늪이 많아 위험한 지역이 었는데, 돌아오는 길에 비스마르크가 그 늪에 빠지고 말았다. 다행히 친구가 달려와 총대를 내밀어 그를 구조했다. 그러나 얼마 가지 않아 이번엔 그 친구가 늪에 빠졌 다. 비스마르크가 달려갔을 때는 이미 허리까지 빠져들고 있었다. "친구여 빨리 나 좀 빼주게."요청하는 친구 앞에 비스마르크는 "자네를 구하려다 나까지 죽을 수는 없는 일이고.. 그렇다고 자네의 그 고통스러운 모습을 더 이상 볼 수 도 없군. 매정하 지만 이 총으로 이해하게나."비스마르크는 실탄을 넣더니 방아쇠를 당기려 했다. 놀 란 늪 속의 친구가 총을 피하려고 허우적거렸고, 그 바람에 늪 가로 조금씩 옮겨갔 다. 비스마르크는 얼른 반대편으로 돌아가 총대를 내밀어 친구를 건져주며 이렇게 말했다. "오해하지 말게 아까 내 총은 자네의 머리가 아니라 자네의 분발력을 겨누 었었다네."

2. 모티베이션과 관련하여 위의 이야기 교훈은 다음과 같다.

①

②

③

Q 3. 모티메이션을 통해 조직의 성과를 달성해야 한다. 가장 기본적인 행동모델은 다음과 같다. 이에 대해 설명하시오.

A 3. 위의 그림에 대한 결론은 다음과 같다

①

②

③

4.
크레타 섬에 거짓말 장이가 있었다. 하루는 이 거짓말 장이가 "크레타 섬 사람들은 모두가 거짓말 장이다."라고 말했다. 그렇다면 이 말은 거짓말인가 아닌가? 만일 그가 거짓말 장이라면, 모든 크레타 섬 사람들은 거짓말 장이가 아니므로 그 역시 거짓말을 하지 않았다. 그리고 만일 그가 거짓말을 하지 않았다면, 모든 크레타 섬 사람들은 거짓말 장이 이므로 그 역시 거짓말 장이다. 따라서 그의 말은 거짓말인 동시에 거짓말이 아니다. 이를 패러독스라 한다. 다음 박스는 우수기업의 패러독스이다.

- 이윤을 초월하는 목적 AND 이윤의 실질적 추구
- 정된 핵심이념 AND 활발한 변화와 운동
- 명확한 비전과 방향제시 AND 우연적인 탐사와 실험
- 크고 달성하기 어려운 목표 AND 점진적인 진보
- 이념적 통제 AND 운영상의 자율성
- 극도로 강한 문화 AND 변화와 적응능력
- 장기투자 AND 단기업적
- 핵심이념에 따르는 조직 AND 환경에 적응하는 조직

A
4. 선택의 독재(Tyranny of the) OR vs 공존의 천재(Genius of the) AND라는 말이 있다. 양극단의 가치를 하나만 선택하는 것보다는 양쪽 모두를 동시에 관리하는 것이 패러독스 경영이다.

- 경쟁-(   )/분화-(   )/느슨한 관리-(   )/통제-(   )
- 계획적-(   )/공식적-(   )/비전중시-(   )
- 분권화-(   )/ 영업우선-(   )/ 분석-(   )
- 권한위양-(   )/ 개성-(   )/ 행위-(   )
- 하향식-(   )/ 전문화-(   )/ 기계적-(   )
- 개척자 전략-(   )/ 혁신-(   )/ 세계화-(   )
- 저원가전략-(   )

"한 때 리더십은 완력을 의미했지만 오늘날에는 사람들과 얼마나 잘 지내는 가를 의미한다."

-간디-

I suppose leadership at one time meant muscles; but today it means getting along with people.

-Mohandas Gandhi-

인 간 관 계 론

PART 3

대인 차원의 인간관계

■ **8장을 학습한 뒤 학습자가 할 수 있어야 할 학습성과**

1. 집단, 집단의 종류, 집단의 영향에 관하여 설명할 수 있어야 한다.

2. 협상과 심리적 계약, 조직시민행동에 관하여 설명할 수 있어야 한다.

3. 갈등과 갈등의 기능, 원인, 해결방안에 관하여 설명할 수 있어야 한다.

4. 대인매력의 원인에 관하여 설명할 수 있어야 한다.

핵심
키워드

■ **집단, 사회적 촉진효과, 협상, 심리적 계약, 조직시민행동, 갈등,**
욕구좌절, 갈등의 조장, 갈등의 관리기법

쉬어가며

■ **거룩한 계보/박제영**

식구들 먹다 남은 밥이며 반찬이 아내의 끼니다
제발 그러지 말라고 타박도 해보지만 별무소용이다

버리고 하나 사라 얼마 된다고 빤스까지 꿰매 입나
핀잔을 줘도 배시시 웃는데야 더 뭐라 할 수도 없다

지지리 궁상이다 어쩌랴
엄마의 지지리 궁상이 아버지 박봉을 불리고 자식 셋을 키워낸 것이니
어쩌랴 아내의 지지리 궁상이 내 박봉을 불리고 자식들을 키울 것이니

그래서다 고백컨데
우리 집 가계家系는 대를 이은 저 지지리 궁상이 지켜낸 것이다

Chapter 8

집단 속 협상과 갈등, 대인매력의 이해

개인은 **집단**에 소속됨으로써 다양한 혜택을 얻고자 한다. 그 과정에서 구성원들 간 집단외부의 이해당사자들과 **협상**이 자연스럽게 이루어진다. 협상의 과정과 인간관계가 이루어지면서 **갈등**은 필연적으로 발생된다. 갈등은 그 자체로 순기능을 갖는다.

사람들은 일상생활 속에서 많은 사람들과 만난다. 그래서 어떤 사람에게는 좋은 감정을 느끼고, 또 어떤 사람에게는 싫은 감정을 품는다. 이와 같은 타인에 대한 호의적·비호의적 감정에 관련된 여러 문제를 취급하는 영역을 **대인매력**이라고 한다.

들어가며

1. 집단의 이해

사람들이 왜 집단에 소속되려고 하는지, 집단 속에서 어떤 영향을 받고 있는 것인지, 그리고 집단이 어떻게 변화하는 것인지에 대하여 살펴보려 한다.

(1) 집단에 속하려는 이유

① 집단 가입의 동기

집단에 가입하려는 목적은 인간으로서의 정체성 확립과 집단에 속해 있으므로 해서 어떤 이득을 얻으려 하기 때문이다. 카트라이트^(D. Kartwright)는 집단 가입에의 직접적인 동기를 집단 그 자체가 욕구의 대상인 경우와 집단에의 가입을 개인의 목표추구의 수단으로 하는 경우 중 하나라고 밝히고 있다. 집단에 귀속함으로써 여러 매력이 있는 사람들과 사귄다든가 그 집단이 대처하고 있는 과제나 목표에 매력을 느끼는 경우이고, 집단에의 귀속을 통해서 그 집단의 활동 외에 부와 명성을 얻으려 하는 경우이다.

② 집단 가입의 조건

집단에 속하려는 이유는 집단 가입에의 욕구^(집단의 매력)의 강함, 집단에 가입해서 아주 잘 할 수 있을 것인가에 대한 판단, 2인 이상 모여서 새로운 집단을 만드는 것에 대한 실현가능성, 그리고 사회적 교환논리에 의해 집단에 가입한다거나 집단을 만드는 것에 필요한 비용과 집단에서 얻을 수 있는 것과 기대되는 만족도, 이득과 손실의 대소에 관한 인식 등을 들 수 있다.

(2) 집단의 종류

집단의 기본적 성질을 이해하기 위해서 다음의 4가지 기본적 성질을 기준으로서 집단을 분류할 수 있다.

① 경계의 성질

경계의 명확함의 정도에 의해 조직집단과 군중과 같은 비조직 집단과의 구별이 있을 수 있다. 또한 내집단(우리)과 외집단(그들) 식의 구별도 가능하게 된다.

② 상호작용의 질과 양

구성원 반응의 방향에 착안해 보면 구성원이 상호 서로 반응하는 대면집단과 작업집단과 같이 공통의 자격에 대해서 유사한 방법으로 반응하고 있는 공동행동집단으로 구별할 수 있다. 또 상호작용의 직접성과 간접성 측면에서 보면, 가족이나 친구와 같은 1차 집단과 국가나 기업과 같은 2차 집단으로 분리할 수도 있다.

③ 심리적 관계의 중요함

놀이동무와 같이 심리학적 관계에 직접기반을 두는 비공식적 집단과 사회나 정부기관 등과 같은 제도적 관계에 의존해서 성립하고 있는 공식적인 집단으로 구별할 수 있다.

④ 집단규범의 구속력

집단규범에 철저하게 동조하는 집단을 준거집단이라 한다. 준거집단은 내집단이 일반적이다. 하지만 자신의 판단과 행동의 기준으로 삼지 않으려는 부정적 준거집단도 있다.

(3) 집단의 영향

인간이 일상생활 속에서 몇 개의 집단에 소속되어 있는 이상, 집단으로부터 영향을 다소간 받고 있다는 사실을 부정할 수 없다. 그러나 그러면서도 지금 현재 자기가 어떠한 영향을, 어떤 형태로 받고 있는가 하는 것에 관해서 무지한 경우가 많다.

① 사회적 촉진효과

개인이 혼자서 책이나 스포츠에 빠져 있을 때에는 자기 나름의 페이스를 유지하지만 타인이 함께하게 되면 자기의 페이스에 변화가 생긴다. 또한 여럿이 함께 식사를 해도 혼자보다는 가족끼리 함께하는 식사가 더 입맛이 있다. 이와 같이 타인이 존재하는 것에 의해 개인 행동이 촉진된다거나 억제되는 현상을 사회적 촉진효과(Social Facilitation Effect)라 한다.

아이디어 박스 8-1

인생은 설득 ■

설득은 고객에 대한 일종의 협상이다. 기업이 고객을 향해 지속적으로 설득해야 하는 것처럼, 모든 사람은 역시 매일매일 설득하고 설득당한다. 경영자가 기업을 경영하면 외부 고객에 대한 설득 작업뿐 아니라 구성원들인 내부 고객에 대한 설득 작업도 필요하다. 그래서 경영은 일종의 설득이라고 할 수 있다. 경영자는 경영을 통해 사회 속에서 고객을 얻고, 사회 속에서 종업원들을 구하는 것이다.

조직구성원들의 일상은 자원의 부족 등과 같은 이유로 해서 잠재적 갈등이란 문제를 만들어내며, 이는 상호 간의 협상을 통해 해결을 원하게 된다. 사람들은 재화와 서비스의 교환과정에서 더 많은 만족을 이끌어내기 위해 기꺼이 협상한다. 노동자와 사용자도 그렇고 부모와 자식 간에도 그렇다.

흔히 협상 당사자가 취하는 행동들이란 좀 더 유리한 협상안을 이끌기 위해 자신의 거래목표를 사전에 준비하고, 정보를 끌어 모으고 상대와 효과적으로 의사소통하는 것이다. 그런 과정이 다 지나면 서로 승리할 수 있다는 (Win-Win) 신뢰를 위해서 합의를 도출해야 한다.

아이디어 박스 8-2

■ 고객과 지혜롭게 협상하기

고객에게 이러지도 저러지도 못하는 딜레마에 빠져 헤맬 때 고객과의 협상을 생각하게 되는데, 그런 협상안이란 것이 대개는 다음 중 하나이다. 첫째, 기존 거래를 유지한 채 가격할인, 마진축소 등 약간의 손쉬운 변화를 통해 조정과 타협을 하려고 한다. 둘째, 양방의 요구조건의 중간지점에서 새로운 타협안을 만드는 것이다. 마지막, 양방의 요구조건을 모두 만족하는 방법을 찾는다. 앞의 세 가지 방법 중 첫째의 안은 고객에게 그리 신통하지 않을 것이고 둘째의 안은 서로 모두가 원원(win-win) 하는 방식이 아닐 수 있으며, 과연 마지막 안은 제안될 수 있는 것인가? 아마도 마지막 안은 다른 경쟁자가 그런 안을 제시함으로써 그 고객과의 관계를 놓치게 될 가능성이 크다. 그렇다면 어떻게 해야 하는가?

자이언스(R. B. Zajonc)는 타인의 존재가 개인의 각성 수준이나 동기부여 수준을 높이게 된다고 주장한다. 그는 어떤 상황에서는 남들의 존재가 수행을 증진시키고, 다른 상황에서는 수행을 저감시킬 수 있다고 주장한다. 그러나 쉬운 과제의 수행은 촉진되지만 복잡하고 충분히 학습되지 않은 과제의 수행은 억제되게 된다는 이론을 제시하고 있다. 사회적 촉진의 역할은 사람들이 이루어내는 성과가 자신의 능력에만 있는 것이 아니라 자신이 남들로부터 받는 평가를 크게 의식한다는 점이다.

② 동조행동

집단 속에서 볼 수 있는 동조행동, 즉 집단규범은 집단의 많은 구성원에게 인정받고 각각의 구성원이 따르기로 기대하는 표준적인 생각방식이나 행동양식을 지칭한다. 이러한 집단규범은 구성원들 사이의 상호작용을 통해서 형성되어 간다. 예로 들면, 신입사원의 경우 "몇 시에 출근하면 좋은가?", "출근 때의 복장은 무엇이 어울리는가?", "회의에서 신입사원에게 어느 정도 발언이 허락되는가?", "일의 처리속도는 어느 정도가 적당한가?"라고 하는 것을 쉽게 혼자서 결정하기 어렵다. 그래서 많은 경우 집단규범에 동조함으로써 이러한 문제를 처리할 수 있다.

- 우리는 누구라도 바른 판단을 하고 싶어하고, 그것 이상으로 잘못된 판단을 해서 타인으로부터 비난이나 조소의 대상이 되는 것을 피하고 싶어한다. 때문에 자기 판단의 정확함을 기하기 위해 저절로 타인의 판단을 참조하려고 한다. 이러한 형태로 타인의 의견이나 판단을 수용하는 과정을 동조행동이라고 한다.

- 동조행동은 판단에 대한 정보가 궁핍한 경우나, 자기의 판단에 대한 자신감이 낮을 때 발생하기 쉽다. 인간은 대부분 자신도 모르는 사이에 동조하고 있는 경우도 흔하다.

- 스스로 적극적으로 집단규범을 수용하는 경우도 있고, 주위의 비난을 두려워해 억지로 수용하는 경우도 적지 않다.

켈만^(H. C. Kelman)은 동조를 메커니즘의 관점으로부터 다음과 같이 구별하고 있다.

- 추종에 의한 동조 : 내심은 동조하고 있지 않지만, 동조하지 않으면 자기가 불리한 입장에 처해 진다는 것을 알아차리고 표면적으로는 동조를 표시하는 경우^(표면적 동조)이다.

- 동일시에 의한 동조 : 집단이나 그 구성원에게 매력을 느껴 그 집단의 구성원들과 일체감을 갖는 것을 바라고 동조를 표출하는 경우이다.

- 내면화에 의한 동조 : 집단의 규범에 매력을 느껴 동조하는 경우가 있다.

본질적으로 행동의 변화를 일으키는 동조가 동일시에 의한 동조와 유사한 내면화에 의한 동조이다. 겉으로 동조하는 경우에는 가령, 일시적인 행동의 변화가 일어났을지는 몰라도 원래의 상태로 돌아가는^(부메랑 효과) 가능성이 높다고 할 수 있다.

③ 인지과정 속에서 볼 수 있는 동조현상

동조가 인간의 인지과정 속에서 무의식 중에 늘어나고 있다는 것을 증명한 사람이 바로 애쉬^(S. E. Asch)이다. 애쉬의 동조행동에 관한 연구는 **[도표 8-1]**과 같은 3개의 비교자극 속에서 기준자극과 동일한 길이의 줄을 뽑는 실험을 8명으로 된 집단을 구성해서 판단하도록 시켰다.

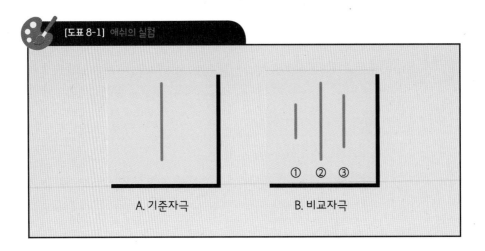

[도표 8-1] 애쉬의 실험

A. 기준자극   B. 비교자극

8명 중에 7명은 A의 기준자극과 같은 것을 B의 비교자극에서 골라야 하는 것이다. A의 선 길이와 같은 것은 ②인데, 7명 모두 ③이라고 사전에 틀린 결정을 하도록 지시되었다. 바로 한 명만이 7명의 실험 참가자들이 다 대답한 후에 대답하도록 했다. 그 결과 피험자 한 명의 순서가 되었을 때 그 사람도 ②를 선택하지 못하고 잘못된 결정 ③에 동조하였다. 우리는 일상생활 속에서 녹색의 신호를 파란색으로 본다든가, 사람을 평가할 때에도 주위의 사람들이 그 사람에 대해서 어떤 평가를 하고 있는가에 대하여 적지 않게 영향을 받고 있는 것이다.

2. 협상의 이해

(1) 까다로운 고객과의 재치 있는 협상

좋은 인간관계를 고려하는 사람이 고객으로부터 신뢰와 호의를 얻으려면 많은 시간과 노력을 쏟아야 한다. 지금까지 좋은 관계를 유지하고 있다 하더라도 고객은 매우 변덕스럽기까지 하기 때문에 갑자기 관계가 나빠지거나 잘못하면 영영 그 고객을 잃을 수도 있게 된다. 상대 고객으로부터 우리 회사의 마진이나 이익을 좀 손해보고 관계를 계속 진행할 것인가, 아니면 거래 자체를 포기하는 것이 나은가? 잘못된 관계를 끊는다면 향후 많은 거래를 놓칠 수도 있게 된다. 그렇다고 이 문제를 가지고 고객을 만족시키지도 못하면서 고객과 싸울 것인가?

■ 고객과의 기존 거래가 위협을 받을 때 고객과 협상을 하기 위해서는 공격적이면서 설득적인 방법이 효과를 볼 수 있다. 그렇다면 어떻게 공격적이면서 설득적으로 의사소통해야 하는가? 고객과의 이해관계 중, 서로의 입장이 일치하는 변수에 초점을 맞추어 '줄 것은 주고, 받을 것은 받는' 선택을 잘해야 한다. 제품에는 선택권이 적어도 서비스에는 많은 선택이 있을 수 있다. 수용 가능한 가격, 최저 조건, 새로운 가치의 제안, 향후 만족스러운 응대 등이 그것이다.

■ 설득으로 설득되지 않는다면 다음 단계를 생각해보자. 고객의 요구가 거세어지고, 더욱 볼멘 소리가 이어진다면, 무조건 반응하지 말고 그 고객의 말을 적극적으로 경청해주어야 한다. 침착함을 유지하면서 고객의 말에 귀를 기울이는 끈기가 필요하다. 상대의 주장이 길어지면서, 이번 관계가 위기에 몰리는 것이 다만 가격 때문만은 아니라는 사실을 알게 될 수도 있다. 가격 이외 회사가 몰랐던 중요한 서비스에 대해 문제점이 제기될 가능성이 높다. 변명이나 변호, 반격보다 더 힘 있는 것은 고객의 말을 들어주는 경청이다. 경청을 통해 얻는 고객에 대한 정보는 고객의 불신을 신뢰로 바꾸어주고 미래 새로운 협상의 길을 열어주는 신비한 도구가 된다.

■ 경청으로도 해결할 수 없다면 다음의 방법도 가능하다. 우선 회사의 입장을 대변하듯, 고객을 다그치듯 하면 안 될 것이다. 지나치게 감정적인 방법은 오히려 역효과를 줄 수도 있으며, 협상의 장이 소란스러워질 수도 있다. 해결하려는 문제에 집중하면서 상대 고객을 자극하지 않은 채, 물러설 수 없는 회사의 입장이 있다면 그 입장은 끝까지 버텨야 한다. 불필요한 요구까지 혹은 도저히 불가능한 수준에서 협상을 마칠 수는 없다. 신뢰를 구축하면서 논의되고 있는 문제점에 대해 초점을 잃지 않는 것이 중요하다. 그러기 위해 개인적 생각이나 주장으로 비춰지지 않게 단호한 회사의 입장을 대변해야 한다.

■ 고객이 역으로 단호하게 물러서지 않는다면 어떻게 해야 할까? 그런 상황이 되면 또 다른 전략이 필요하다. 무턱대고 양보한다면 양보된 안을 다시 철회하기 힘들게 되고 그건 회사의 손해로 이어지게 된다. 따라서 이런 복잡한 상황에 놓이게 되면, 아직 확정적이지는 않지만 잠정적인 해결책을 고객과 논의하는 과정으로 돌입해야 한다. 고객 역시 잠정적인

결론에 다다르면 확정적 해결책을 찾기에 참여할 가능성이 높아지기 때문이다.

■ 잠정적인 해결책이 마련되었다면 이제는 가장 해결하기 힘든 사안은 마지막까지 남겨 두어야 한다. 비교적 손쉬운 쟁점들을 우선 논의하고 가장 곤란한 사안을 뒤로 미루게 되면, 고객이 이미 몇 가지를 얻었고, 가장 어려운 숙제는 아무도 해결하지 못할 것임을 알아차리며 그 위험의 수위가 조절될 가능성이 그만큼 높아지게 된다. 그러면서 시간이 많이 흘렀고, 최종 협상의 핵심에 착수할 마음이 초반에 가졌던 마음에서 조금 벗어나 있게 될 가능성도 높다.

(2) 심리적 계약

인간관계를 할 때 상대방이 어떻게 행동할 것인가에 대한 예측과 기대가 있듯, 심리적 계약이란 두 사람 간의 근본적 인간관계를 결정하고 지배한다. 우

아이디어 박스 8-3

■ 양보하면서 얻어내기

협상의 길은 항상 험난하다. 협상은 하나의 게임이며, 게임에는 반드시 승자와 패자가 따르기 마련이다. 고객도 게임의 대가를 지불해야 하며, 회사도 마찬가지이다. 그러므로 협상의 마지막 순간은 누가 승자가 될 지 예측할 수 없는 흡사 도박장과 같은 상황이 된다. 그것을 인정해야 한다. 설령 게임에서 지더라도 고객과 좋은 관계를 절대 허물지 않는다고 생각해야 한다. 이때 양방이 가지고 있는 높은 기대치에서 한 눈금씩 양보해 내려가는 방법이 효과적일 수 있다. 협상이 깨끗하게 끝나지 않더라도 거래가 끝나도록 해서는 안 된다. 적잖은 양보를 해주고 그 대신에 어느 것이든 받아내야 한다.

리가 직장에 들어갈 때 형식적 계약도 있지만 심리적 계약도 함께 이루어진다. 이러한 계약에는 거래적 계약과 관계적 계약이 존재한다. 이러한 심리적 계약을 유지하는 데 가장 중요한 것이 바로 신뢰(Trust)이다.

(3) 조직시민행동

남에게 관심을 갖고 공손히 하는 것도 중요하지만 적극적으로 그를 돕는다면 인간관계는 매우 좋아질 것이다. 인간의 본능 중에 상대방의 이익을 위해 나를 희생하는 친사회적 행동이 있는데, 물론 조직에서도 이러한 행동은 주로 순기능을 한다. 길을 묻는 사람에게 친절히 가르쳐 준다든지, 행려자를 파출소에 데려다 준다든지, 시민으로서 해야 할 바람직한 행동기준이 있다. 친사회적 행동은 여러 가지 있지만 조직에는 조직시민행동이란 것이 있다. 강제는 아니지만 조직구성원들이 지키면 좋은 행동기준이 바로 조직시민행동이다. 조직시민행동은 조직유효성에 기여하는 행동이다.

- 이타적 행동 : 타인을 도와주려는 친밀한 행동

- 양심적 행동 : 조직이 요구하는 이상의 봉사나 노력을 하는 행동

- 예의적 행동 : 자기 때문에 남이 피해보지 않도록 미리 배려하는 행동

- 스포츠맨십(신사적) 행동 : 남에 대한 악담을 하거나 단점을 떠벌리지 않는 행동

- 공익적(시민정신) 행동 : 조직활동에 책임의식을 갖고 솔선수범하는 행동

3. 갈등의 이해

인간의 욕구와 동기는 항상 만족되는가? 그렇지 않다. 어느 것은 만족되고 어느 것은 좌절된다. 욕구좌절(Motives Frustration)은 '어떤 종류의 장애물에 의해 동기의 만족이 방해받는 것'이다. 수업시간에 늦지 않으려는 동기는 교통 혼잡으로 인해 방해받을 수 있다. 누구는 어려서 대통령이 되려고 하였다. 그러나 아주 소수 사람을 제외하고는 대다수가 좌절을 맛보았던 것이다. 이렇듯 일반적으로 좌절이란 용어는 동기의 만족을 방해받음으로써 생기는 불쾌한 감정의 뜻으로 쓰인다. 다음은 욕구좌절을 일으키는 것들이다.

- 물리적 장애 : 좋은 수확을 올리려는 농부의 기도를 좌절시키는 가뭄, 수업시간에 맞춰 도착하려는 일정을 방해하는 고장 난 지하철, 혼잡한 교통, 차량사고 등이 물리적 장애이다.

- 사회적 환경 : 우리의 애정이 어떤 사람으로부터 거절당하는 것, 소수집단에 대한 사회적인 방해, 경제적 혼란이나 전쟁의 위협을 야기시킴으로써 확실성에 대한 동기를 좌절시키는 사회문제 등이 속한다.

- 개인적 결함 : 음악가가 되고자 하는 데 자신이 음치라는 사실을 알게 되는 것, 공군 조종사가 되고자 하는 데 신체적 이상을 알게 되는 것, 이러한 개인의 부족 때문에 누구는 원하는 바를 이루지 못하는 경우가 흔하다.

- 복수동기 간 갈등 : 갈등에는 여러 가지 종류가 있다. 갈등이란 여러 가지 충돌되는 동기를 가지고 있을 때 더욱 증폭된다. 예를 들어, 그림을 그리기 위해서 일 년 동안 학교를 더 다니기를 원하면서, 한편으로 부모를 즐겁게 해드리기 위해서는 직장생활^(학교생활)을 유지해야 되는 경우가 그것이다.

(1) 욕구좌절에 의한 갈등

앞서의 욕구좌절 중 가장 흔한 것은 바로 복수동기 간 갈등이다. 이러한 갈등은 둘 또는 그 이상의 양립할 수 없는 동기들이 동시에 일어나기 때문에 생기는 것이다. 따라서 갈등은 불쾌한 정서를 초래하게 한다. 동기가 갈등상태에 있는 사람은 불안과 불확실성을 경험하고 괴로워하며 고민을 하게 되므로, 갈등은 정상적인 행동에 잠재적인 위협이 된다.

① 접근 - 접근 갈등

접근 – 접근 갈등은 바람직한 목표로 접근하려는 2가지 동기들 사이에서 일어난다. 그러나 2가지 목표를 다 이룰 수 없으며, 그 중 하나를 택하면 나머지 하나는 포기된다. 여러 대안 중 고민을 하게 되는 것이다.

② 회피 - 회피 갈등

회피 – 회피 갈등은 불쾌한 2가지 이상의 대안들을 모두 피하려는 동기들이 존재할 때 일어난다. 예를 들어, 당신이 내일 시험에 너무 긴장한 나머지 잠을 못 이룬다고 하자. 당신은 침대에서 불면증에 시달리다 수면제를 복용할 수도 있다. 그러나 수면제 복용은 내일 시험의 컨디션을 망칠 위험이 있다. 따라서 그 둘 모두를 피하고 싶을 것이다.

③ 접근 - 회피 갈등

접근 – 회피 갈등은 1가지 동기를 성취하는 것이 바람직한 결과와 불쾌한 결과를 함께 초래하는 경우에 일어난다. 예를 들어, 젊은 사람들이 결혼을 하려는 동기는 접근 – 회피 갈등이다. 결혼은 여러 가지 좋은 점을 주지만, 책임 감의 추가와 자유구속이라는 것도 부과되는 것이다.

아이디어 박스　8-4

갈등은 이렇게 해결한다. ■

월튼과 메커시(R. E. Walton & R. B. McKersie)는 갈등의 해결을 의사결정과 관련시켜 다양한 협상과 교환의 과정들로 나누어서 논하였다. 이것은 조직 갈등 상황 속에서 어떻게 의사결정이 이루어져야 하는가에 대한 일종의 전략적인 문제를 제기하고 있다. 사이먼과 마치(H. A. Simon & J. G. March)는 갈등해결방법을 문제해결, 설득, 협상, 정치협상이라는 네 가지 방법으로 제시하고 있다. 또 그들은 당사자 간에 공동결정의 필요성이 적을수록 분석적 해결방법(문제해결, 설득, 계산, 판단)을 적용하기 마련이고, 이 필요성이 많을수록 비분석적 해결방법(협상, 정치, 타협, 영감)을 사용하는 것이 많은 것으로 보고 있다.

밀턴(C. R. Milton)은 제3자의 중재, 무마, 억압, 회피, 상위목표의 도입, 자원 확장 등의 방법을, 마일즈(R. H. Miles)는 물리적 분리, 상위목표의 도입, 공동의 적설정, 카운슬링 등의 방법을 제시하였다. 디프(S. D. Deep)는 역기능적 갈등의 해결 방안으로 회피, 완화, 강압, 협상과 대결을, 블레이크(S. Blake) 등은 후퇴, 완화, 타협, 강압, 문제해결 등을 갈등해소방법으로 들고 있다. 이하에서는 이들의 주장을 종합하여 개인 간에 발생하는 갈등의 문제를 해결해 나가는 방법에 대해 갈등의 관리기법을 설명하고자 한다.

④ 이중 접근 - 회피 갈등

이중 접근 - 회피 갈등은 갈등형태 중 가장 복잡한 형태로 바람직하고 불쾌한 결과를 동시에 가진 2가지 목표들 사이에서 고민하게 될 때 일어난다. 예를 들어, 소도시에 사는 여대생은 공인회계사가 되기를 원하고 있다. 그러나 공인회계사는 대도시에 가야 돈을 벌 수가 있는데 대도시는 너무 삭막하고 비인간적인 삶이 될 우려가 있다. 그리고 그녀는 자기 아버지의 사업을 물려받아 소도시에서 살고 있는 남자와 사랑에 빠져있다. 이럴 때 그녀는 어느 쪽을 택하여야 하는가? 이때가 가장 갈등이 심한 상태이다. 어느 것을 택해도 결과는 불쾌해지기 때문이다.

아이디어 박스 8-5

■ 공정한지 비교하기

대개 사람들은 좋은 직장이란, 두둑한 월급을 얼마나 주느냐로 쉽게 판가름한다. "월급 얼마 받는데?"라고 물으면 슬쩍 자기가 받는 것 이상으로 월급을 올려서 말하곤 한다. 그렇듯 월급은 일종의 자존심과 직결된다. 그래서 성과 향상, 업적 달성과 무관하게 매년 월급이 기꺼이 오르기를 내심 기대한다.

그러나 문제는 월급의 양에 있는 것이 아니다. 다른 사람과 비교되어 공정하게 받는가가 더 중요한 기준이다. 만일, 구성원들이 높은 성과를 달성하여 그 성과를 배분한다고 할 때는 배분도 공정해야 하며, 절차도 공정해야 한다. 그러므로 업계에서 이 정도 일하면 이 정도의 대우는 받아야 한다고 대부분 믿고 있기 때문에 불공평하게 받고 있다는 생각이 들지 않게 해주어야 한다.

자기 자신의 기술, 노력, 경험, 일한 시간, 성과 결과만 중요한 것이 아니다. 나의 공헌에 비교하여 다른 사람은 조직에 어떻게 공헌했는지에 대해 꼼꼼하게 따져 보아야 한다. 남들의 것과 비교한 후 불공정하다고 느끼면 그 불공정을 줄이려고 노력하게 된다. 구성원들은 상대방으로부터 자신의 공헌에 대한 정당하고 공평한 대가를 받기를 원하고 있다. 따라서 경영자가 무조건 많은 보상만 한다고 능사는 아니라는 것이다. 형편의 원칙에 어긋남이 없이 성과평가나 임금배분이 공정하게 이루어지도록 노력해야 한다. 특히, 금전적이지 않은 노력, 칭찬, 인정 등을 어떻게 공정하게 느끼도록 할 것인지에 대하여도 많은 고려를 해야 한다.

(2) 갈등의 기능과 종류

인간관계에 있어 갈등은 역기능적 차원만 있는가? 그렇지 않다. 로빈슨^{(S. P.} ^{Robinson)}은 극단적인 갈등수준은 순기능적이 될 수 없으나, 적절한 갈등수준은 조직효과에 좋은 영향을 줄 수도 있음을 시사한 바 있다. 결국 조직에 갈등이 전혀 없거나 아주 적다면 변화의 개혁을 추진한다거나 조직 환경변화에 적응하기가 오히려 어려워질 가능성이 높아 조직성과가 저하될 수도 있다는 것이다. 그러므로 너무 높은 갈등수준이나 너무 낮은 갈등수준은 바람직하지 못하다([도표 8-2] 참조). 스트레스도 마찬가지여서 어떤 일을 하면서 느끼는 어느 정도의 스트레스^(Job Stress)는 오히려 성과를 더 좋게 하기도 한다.

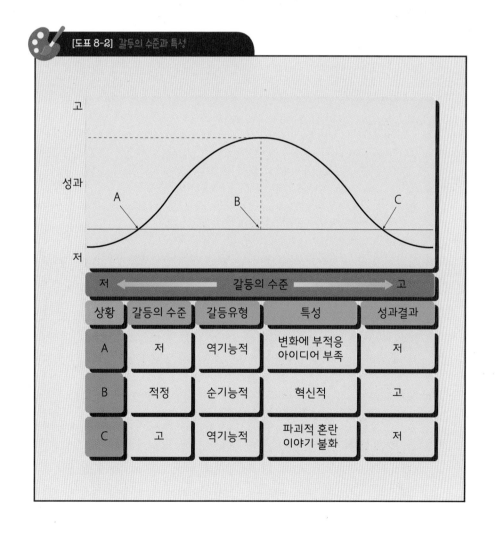

[도표 8-2] 갈등의 수준과 특성

상황	갈등의 수준	갈등유형	특성	성과결과
A	저	역기능적	변화에 부적응 아이디어 부족	저
B	적정	순기능적	혁신적	고
C	고	역기능적	파괴적 혼란 이야기 불화	저

① 역할과다

역할과다(Fole Overload)는 역할수행자에 대한 요구가 역할수행자의 대처능력을 초과한 상태이다. 즉, 주어진 시간에 처리해 낼 수 있는 것보다 더 많은 일을 수행하도록 기대되는 것을 의미한다. 역할과다는 양적인 과다와 질적인 과다로 나눌 수 있는데, 역할담당자에게 너무 많은 일이 주어져 그것을 수행하는 데 시간이 부족한 경우가 양적인 과다이고 과업이 너무 어려워 능력부족을 느끼거나 수준 이하의 성과를 산출하는 경우가 질적인 과다인 것이다.

② 역할모호성

역할모호성(Fole Ambiguity)은 역할수행자가 수행해야 할 바에 대한 불확실성이라고 단순히 정의할 수 있다. 칸(R. L. Kahn)은 주어진 직무에서 필요로 하는 유용한 지식의 결여 상태라고 정의한다. 결국 역할모호성은 조직구성원이 자신의 역할을 수행하는 데 필요하다고 느끼고 있는 정보를 보유하지 못하거나 전달받지 못한 경우에 발생한다.

(3) 갈등의 원인과 해결방안

① 원인

갈등을 일으키는 요인은 너무나도 많다.

- 상반된 목표 : 개인의 목표와 집단 및 조직의 목표가 상이하다든가, 내려진 지시 혹은 명령이 상반될 때 갈등은 일어날 수 있다.

- 조직에서의 전문화 : 기존 조직이 새로운 변화의 움직임을 보일 때 이에 대한 불안이 조직 내에 확산된다. 특히, 전문화의 강도가 높아가고, 조직의 구조가 점차로 세분화될 때 갈등이 유발되기도 한다.

- 상호의존성 : 조직 내에서 혼자서 일을 한다는 것은 의미도 없을뿐더러 그런 일 자체가 거의 없다. 그러다보니 사람들은 상호의존성을 가진 채 협업·분업을 하게 된다. 그러므로 작업자 간의 상호의존성이 높으면 내 자신의 통제 가능성이 작아진다. 내가 잘해서라기보다는 남이 잘 도와줘야 일을 마칠 수 있게 된다. 이때 협조·협력이 안되면 갈등이 생길 수 있다.

■ 불확실성 : 개인은 오늘의 결정이 내일의 행복을 가져다주는 사안에 대하여 정확하고 객관적으로 평가하여 결정내리고자 한다. 미래를 명확하게 예측할 수 있다면 어려움이 없을 것이다. 그러나 미래에 대한 불확실성, 환경변화에 따른 불확실성 등 여러 가지 혼란한 가운데 의사결정에 대한 어려움을 느끼게 된다. 이러한 불확실한 상황이 계속되면 개인은 만족보다는 불만족할 가능성이 높아지는 것이다.

② 해결방안

㉠ 갈등의 조장

갈등의 조장이란 순기능적 차원의 갈등을 적절히 관리하여 조직에 도움을 주려는 것을 말한다. 이런 것에는 공식적 커뮤니케이션을 비공식 커뮤니케이션으로 변경한다든지, 다단계 커뮤니케이션 경로를 단축한다든지 하여 주춤하던 내부조직의 분위기를 쇄신하는 것이 있을 수 있다. 적절한 정도의 갈등을 조장하여 경쟁을 유도하고, 획일화된 동질화보다 개성화된 이질화를 촉진시키는 것이다.

㉡ 사전 제거

역기능적 갈등은 발생하기 전에 제거해 버리는 것이 조직에 도움이 된다. 그러기 위해서는 불필요한 경쟁을 피하고 상호의존성에 입각하여 조직의 구조나 구성원들을 변화시키는 방법이 좋다. 그러면서 공동의 목표를 설정하여, 자기 자신의 맡은바 사명을 다하도록 집단내부의 응집성을 강화시켜 나간다. 예를 들어, 혼란기에 독재자들은 공동의 적을 상정해 놓고 국민화합을 강조하는 것과 같은 이치다.

㉢ 사후 관리

이미 갈등이 발생했다면 이를 해소해야 한다. 그러기 위해서는 문제가 발생된 원인을 찾는 것부터 시작해야 할 것이다. 그런 다음 그 문제를 해결해야 한다. 또 조직의 목표가 너무 달성하기 쉬운 목표라면 목표달성을 위해 매진되는 것이 없다. 따라서 약간은 난이도가 있는 상위목표를 설정하여 조직구성원이 그 목표달성에 매진할 때 자연히 갈등이 완화되기도 한다. 그러면서 갈등을 일으킬만한 의사결정에 대하여 잠시 결정을 유보한다거나, 갈등 당사자들의 접촉기회를 줄여줌으로써 갈등상황을 제거하는 것도 중요하다. 물론 회피가 안 될 경우에는 경우에 따라 강력한 압력을 행사하는 것도 중요한 해소법이다.

(4) 갈등의 관리기법

갈등을 효과적으로 관리하는 기법들이 다양하게 개발되었는데 그 중 고든(J. R. Gordon)은 개인 간 갈등관리의 구체적인 해결방안을 회피, 순응, 타협, 강압, 협동, 문제해결 등 6가지로 주장한다. 로빈스(S. P. Robbins)는 갈등해소방안으로서 문제해결, 상위목표의 도입, 무마, 인사이동, 감수성 훈련, 타협, 회피, 구성원교류, 자원의 확충 등을 들었고, 루싼스(F. Luthans)는 문제해결, 상위목표의 제시, 자원의 증대, 회피, 타협, 상사의 명령, 공동의 적 설정, 인적 변수의 변경, 조직구조의 변경 등을 갈등 관리기법으로 설명하였다.

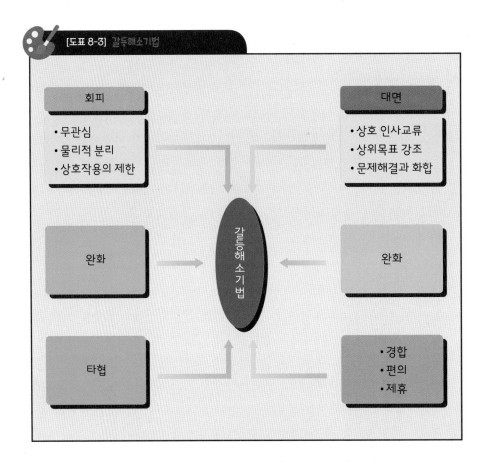

[도표 8-3] 갈등해소기법

- 개인 간 갈등이란 개인과 개인 간의 인간관계에서 발생하는 갈등으로서 조직구성원들이 추구하는 목표, 가치관, 신념, 사고방식, 태도 등의 차이로 인하여 구성원들 간에 발생하는 갈등을 말하는 것으로서, 이를 실질적 갈등과 감정적 갈등으로 분류할 수 있다.

- 실질적 갈등이란 정책, 실무, 계획, 활동에서의 견해차이 등으로부터 발생되는 갈등이고, 감정적 갈등이란 불안, 불신, 거부 등의 부정적 감정으로부터 발생하는 갈등이다.

- 감정적 갈등은 협상이나 문제 해결방식 등으로는 해결되지 않지만 실질적 갈등은 제삼자의 조정 등으로 해결이 가능하다.

따라서 구성원 개인 간에 겪는 갈등은 구성원들의 상호작용에서 매우 중요하며 개인 간 갈등에 대한 일반적 갈등해소기법에는 [도표 8-3]과 같은 것들을 고려해 볼 수 있다.

① 회피

갈등문제로부터 물러나거나 회피함으로써 자신뿐만 아니라 상대방의 관심사마저 무시하는 방법으로 안전욕구, 사회적 존경의 욕구, 자존심 욕구 간의 심리적 갈등으로 인해 야기되는 것이 보통이다. 이는 회피의 개념에서 무관심, 물리적 분리, 상호작용의 제한과 같은 방법이 강구될 수 있다고 하였다.

㉠ 무관심

이는 관리자가 갈등으로 발생할 수 있는 상황을 회피하거나 무시하는 것을 의미한다. 개개인들은 다른 방안을 모색하거나 그 같은 갈등상황이 시간이 지남에 따라서 스스로 해결되도록 우선 적극적 활동을 취하지 않고 무시해 버리는 것이다.

㉡ 물리적 분리

이는 갈등상태의 당사자들을 물리적으로 분리시켜 갈등 당사자들이 상호작용하지 않을 때 갈등을 절감시키는 것이다.

ⓒ 상호작용의 제한

이것은 갈등상태에 있는 당사자들이 한정된 범위 내에서 최소한 상호작용만을 허용하는 것을 의미한다. 또한 불가피한 상호작용은 명확한 조건이 있는 회합 등과 같이 공식적인 상황에서만 허용한다.

따라서 회피라는 것은 어떤 이슈가 사소하거나 중요한 이슈가 긴급한 경우, 갈등 당사자들을 진정시키고 사고력을 부여하려 할 경우 등에서 적절하게 이용될 수 있는데, 갈등의 핵심적 원천을 밝혀주지 못한다는 점 때문에 일반적으로 비효율적인 갈등관리 전략이라고 할 수 있다.

② 완화

이는 갈등을 통제하고 공개적인 충돌을 피하도록 갈등을 야기시키는 당사자의 이견이나 상반되는 주장을 무시하고 유사성이나 공동이익을 강조함으로써 갈등을 해소시켜 보려는 방법이다. 갈등 당사자들의 유사함과 공통적인 관심을 강조하면서 차이점을 줄이다 보면 처음 생각한 것처럼 그들이 상반된 존재가 아님을 인식하게 된다. 이때 갈등 관리자가 갈등 당사자의 감정이 식을 때까지 시간을 끌 필요가 있을 때 사용하는 것이다. 사소한 것에는 동의하면서 중요한 문제에 대해서는 충분한 정보가 수집될 때까지 기다린다. 그러므로 이 방법은 실질적 갈등보다도 감정적 갈등의 경우에 더욱 유리하며 잠정적으로 폭발 가능성이 있는 갈등상황을 제거할 출발점으로서 유용하다.

③ 타협

타협은 갈등 당사자가 대립되는 주장을 부분적으로 양보하여 공동의 결정에 도달하도록 하는 기법이다. 타협에는 당사자 간의 협상과 제삼자에 의한 중재가 있다. 따라서 타협은 회피나 완화보다는 적극적인 수단이 되지만 갈등 당사자 모두에게 절대적 만족을 주는 것이 아니고, 다소의 양보가 이루어지는 것이 보통이므로 갈등 관리자는 갈등의 근본적인 것보다도 노출된 문제에 대해서만 타협점을 찾기 쉽다. 또한 모든 사람이 인정할 수 있는 부가적인 대안을 개발하고 조사하기보다는 표출된 현상만을 인정하려 한다는 단점을 가지고 있다.

④ 대면

이 방법은 갈등 당사자들의 만남을 통하여 갈등요인이 되고 있는 문제들을 분석하고, 상호 간의 의사소통을 통하여 갈등 당사자들의 협상이나 정치적 타결을 가져와 상호 양보하여 갈등을 감소시키는 것이다. 대면회합에서 달성되는 결과는 쌍방의 상호 이해와 더불어 타협이다. 이러한 대면방법을 상호 인사교류, 상위목표 강조, 문제해결과 대면회합으로 구분할 수 있다.

- 상호 인사교류 : 이는 일정 기간 동안 인사교류를 함으로써 갈등을 해소하는 방법으로, 상호 상대방의 입장에서 이해할 수 있고 대화를 나누며 문제해결을 할 수 있다.

- 상위목표 강조 : 이는 갈등 당사자들의 주의를 한 곳으로 모을 수 있는 공통적이고 중요한 목표를 설정함으로써 갈등을 해소하는 전략이다.

- 문제해결과 회합 : 문제해결이란 공식적인 대면의 회합을 열기 위하여 갈등 원인을 함께 대면하도록 하는 것이다. 이의 목표는 갈등 당사자로 하여금 그들의 견해를 밝히고 태도와 지각에 있어서 차이점은 있지만 이를 시인하고 같이 일할 수 있도록 하는 방법이다.

⑤ 강압

강압적 방법으로 문제를 해결하려는 것으로 권한과 지위가 있는 상사에게 의뢰하여 결정권을 일임한다. 그러나 강압은 조직변화를 가져오기는 하지만 장기적 결과를 고려하지 못한 편의주의에 빠질 우려가 있다. 이러한 독재적 억압은 직접적인 것은 아니나 갈등의 파괴적인 결과에 이르게 하며, 독재적인 억압방법을 사용하게 되면 복종하게 할 수는 있으나, 복종은 악의에 찬 복종일 뿐이므로 그 효과가 장기적으로 지속되지는 않는다.

4. 대인매력이란?

본 절에서는 대인매력의 원인을 규명하고 자아상태 및 타인평가 그리고 귀인이론에 대하여 차례로 소개한다.

대인매력의 여러 가지 원인 중 본 절에서는 [도표 8-4]와 같이 5가지로 정리하였다.

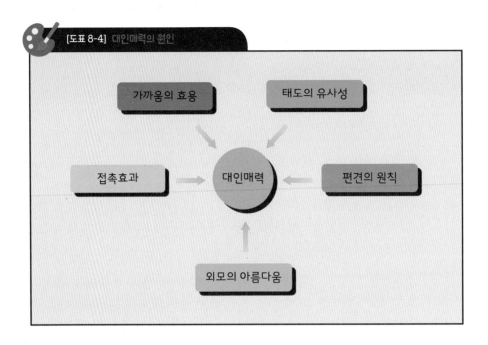

[도표 8-4] 대인매력의 원인

(1) 가까움의 효용

소꿉 친구나 초등학교, 중학교 시절의 친구를 생각해 보면, 그 친구를 잘 알아서라기보다는 '집이 가깝다.'라든가 '교실 내에서 자리가 가깝다.'라고 하는 특징 때문에 그 친구와 절친하게 지냈던 것을 알 수 있다.

- 대인매력을 규정하는 요인으로서 우선 이러한 물리적 근접성이 아주 중요하다. 먼 친척보다 가까운 이웃이 더 왕래가 많으며 좋은 인간관계를 맺으며 살아간다.

- 타인에 대하여 매력을 느끼는 전제로서 서로에 대해 아는 것이 필요하다는 것은 말할 필요도 없다. 서로 알게 된 사람 중에서 물리적으로 가깝게 있다는 것이 매력의 촉진요인이 되는 것이다.

- 친구관계의 형성은 이미 존재하는 물리적 근접성에 의한 인간관계에 크게 의존받게 되기 때문이다. 즉, 주택 간의 거리와 친구관계의 형성에는 관계가 있는 것이다. "현재 누구와 친하게 사귀고 있습니까?"라는 물음에 의해 구성된 소시오메트리(Sociometry) 검사가 이용됐다. 소시오메트리라는 하나의 집단 속에서 어떤 인간관계를 맺고 있는지 그림으로 관계를

밝히는 것이다. 아파트 입주자의 경우 6개월 후의 소시오메트리 검사 결과를 보면, 가장 가까운 거리에서의 친구관계 선택률은 41%, 중간거리에서는 23%, 약간 먼 거리에서는 16%, 아주 먼 거리에서는 10%였다. 이러한 경향은 가까운 위치의 사람일수록 친해지는 확률이 매우 높다는 것을 의미한다.

(2) 접촉효과

물리적으로 근접해 있다는 것은 자연스러운 접촉의 횟수가 늘어난다는 것을 의미한다. 간단한 접촉의 횟수, 그것 자체가 타인에 대한 매력을 불러일으킨다고 할 수 있다. 자이언스(R. B. Zajonc)는 이와 같은 효과를 '접촉효과'라고 부르고 있다. 매일 통학로에서 만나지만 한번도 말해 본 적도 없는 사람에 대해서 이상하게도 친밀감을 느끼는 경험과 같은 것이다.

(3) 외모의 아름다움

가까운 타인과의 접촉기회가 많을수록 타인에 대한 평가가 호감으로 연결될 가능성은 크지만 그렇다고 만난 모든 사람에 대해 호감을 갖고 있는 것은 아니다. 타인으로부터 얻어지는 여러 가지 정보가 그 후의 호감을 좌우하게 만들기 때문이다. 그 중에서도 시각적인 정보는 큰 효과를 가진다. 외모가 아름다운 남녀는 그것만으로 타자로부터의 호감을 얻을 수 있는가? 월스타와 그의 동료들(E. Walster, et. al.)은 처음 대면하는 남녀에 있어서 신체적 매력이 호감으로 연결되는 경향이 많았고 신체적으로 매력적이면 매력적일수록 상대에 대한 호감도가 높게 나타났다. 이러한 경향은 자신의 신체적 매력의 정도와는 관계없이, 또 남성이 여성을 보는 경우도 여성이 남성을 보는 경우도 동일했다.

(4) 편견의 원칙

일반적으로 신체적 매력이 있는 사람은 좋은 성격을 가지고 있고, 사회적으로도 성공하고 행복한 생활을 할 수 있다고 여겨진다. 그러나 이는 확실한 편견, 즉 고정관념이다. 이러한 편견은 어떻게 형성되는 것인가? 이에 대하여 하나의 실험이 다이온(K. K. Dion)에 의해 행해졌다. 어른은 외모가 예쁜 어린이와 예쁘지 않은 어린이에 대하여 상당히 다른 반응을 보였다. 즉, 예쁜 아이는 좋은 성격을 가지고 있을 것이라는 편견이 존재하기 때문에 같은 행동을 한 어린이라도 아이가 예쁘면 귀엽고, 예쁘지 않은 아이라면 좋지 않게 평가되었다. 어른이 아이에 대하여 고정관념을 갖는 것과 마찬가지로 어린이도 어른에 대하여 편견을 가지고 있다. 어린이가 보는 만화나 텔레비전에 있어서도 악역이나 범인은 그에 맞는 용모로 등장하는 경우가 많다. 우리가 가지고 있는 고정관념은 우리들 자신의 손으로 계승되고 있는지도 모른다.

(5) 태도의 유사성

인간은 상대에 대하여 일반적인 의견이나 태도를 표출함으로써 점진적으로 상대를 이해해 가는 것이다. 그러면 서로의 매력을 끌어내는 의견이나 태도 표출이라는 것은 어떤 것일까? 베른과 넬슨(D. Byrne & D. Nelson)은 이점에 주목하여 의견이나 태도가 닮은 사람에 대하여 호감을 가진다고 가정하여 다음과 같은 실험을 하였다.

심리학 수업을 듣는 학생들을 대상으로, 수업료나 인공공학, 사회복지법 등에 관한 각 개인의 태도를 설문지로 측정하였다. 설문대상자의 지능, 교양, 도덕성, 적응성, 호감도 등을 물어보았다. 그 결과 유사한 항목의 비율이 클수록 상대에 대한 매력이 높은 것으로 나타났다. 태도가 유사한 타인에 대하여 매력을 더 많이 느끼는 것으로 나타났다.

실전실습

* 각 실전의 답은 별도의 교안에 들어 있음.

1. 집단(팀)의 유형에 관한 것이다. 박스 안에는 각각의 팀이 나와 있다.

① 프로젝트 팀(Project Team)

② 자기 지시적 업무 팀(Self-Directed Work Teams)

③ 기능적 업무 팀(Functional Work Teams)

④ 다 기능적 업무 팀(Cross-Functional Work Teams)

⑤ 가상 팀(Virtual Team)

1. 각 팀의 특징은 다음과 같다.

①

②

③

④

⑤

Q 2. 갈등을 해결하는 방안은 다음과 같다.

① 회피

② 완화

③ 타협

④ 대면

⑤ 강압

A 2. 각 방안의 특징은 다음과 같다.

①

②

③

④

⑤

Q **3.** 사람이 다른 사람에게서 어떻게 매력을 느끼는 것인가?

① 물리적 근접성(먼 친척보다 가까운 이웃), 고등학교 시절 친구 집과 방향이 같으면 친해진다?

② 접촉효과(민감도를 줄여주어 친근하게, 호감있게 느낀다.), 교수님을 선생님으로 부르던 신입생

③ 신체적 매력(외모의 아름다움)

④ 미인, 미남은 성격도 좋을 것이라는 편견이 존재

⑤ 같은 생각, 유사한 태도, 의견을 가지고 있으면 매력도는 높아진다.

 A   **3.** 다음과 같은 특징이 있다.

①

②

③

④

⑤

학습성과

9장을 학습한 뒤 학습자가 할 수 있어야 할 학습성과

1. 리더십, 리더십의 발현, 리더십 이론에 관해 설명할 수 있어야 한다.

2. 리더십의 상황적합이론, 최근의 리더십 이론에 관해 설명할 수 있어야 한다.

3. 서번트 리더십에 관해 설명할 수 있어야 한다.

핵심 키워드

리더십, 리더, 관리자, 특성이론, 리더행동이론, 상황적합이론, LPC, 변혁적 리더십, 거래적 리더십, 카리스마 리더십, 코칭 리더십, 서번트 리더십

쉬어가며

진부/박제영

미시령 터널이 생기고부터 진부령은 진부해졌다
셈이 빠른 도시인들은 구태여
굽이굽이 진부를 돌아 넘지 않는다

초고속 인터넷이 생기고부터 느린 단어들은 진부해졌다
약삭빠른 젊은 시인들은
꽃과 구름, 어미와 누이를 돌아 넘지 않는다
귀농 삼 년, 귀향 삼 년의 농부 둘과 시인 하나,
동갑내기 초짜 셋이서 의기투합 진부를 넘는다
고갯마루 길섶 넝쿨 위로 구불구불 칡꽃 향기 가득하다
누가 먼저랄 것 없이 그만, 다
취했다

들어가며

인간관계 및 조직성공의 중요한 요소 중 하나가 바로 **리더십**이다. 실제로 리더십은 조직구성원의 인간관계 만족, 동기부여 및 성과에 영향을 미치고 있으며 조직목표를 효과적으로 달성하는데 중요한 역할을 한다. 최근 수퍼 리더십, **변혁적 리더십**, 카리스마 리더십 등 다양한 리더십 이론들이 쏟아져 나오고 있는데, 이는 리더의 역할 뿐 아니라 **추종자(Follower)**의 입장까지 고려해서 리더와 팔로워의 인간관계를 강조하고 있다고 보면 된다.

1. 리더십의 본질

(1) 리더십의 정의

리더십(Leadership)이란 인간관계론의 연구주제에서 가장 많이 연구된 것 중 하나이다. 그럼에도 불구하고 아직 리더십이란 정의에 대해 일치된 견해는 찾기 어렵다. 바스(B. M. Bass)는 리더십이란 용어 자체를 처음부터 명확하게 정의 내리지 않고 사용하는 것이 문제라고 제기하였다. 따라서 리더십 연구자마다 리더십의 정의를 하나씩 내놓은 꼴이 되었다고 그의 논문에서 주장한다.

이러한 수많은 정의로 인해 리더십과 권력(Power), 영향력(Influence), 권한(Authority), 관리(Management), 통제(Control), 감독(Supervision) 등의 용어와의 명확한 구별을 짓기가 쉽지 않다. 또한 리더십을 연구하는 학자들의 접근법에 따라 리더십의 정의가 달라지는 점 때문에 리더십을 한마디로 정의 내리기 어려운 측면도 있다.

① 퍼스낼리티로서의 리더십

이러한 접근법은 리더십을 어떤 개인특성에 의해 결정된다고 보는 것이다. 이러한 특성을 가진 사람들은 다른 사람들에게 영향을 행사하게 되고 결국 리더가 되며, 그렇지 못한 특성을 가진 자는 추종자(Follower)가 된다는 것이다.

② 영향력으로서의 리더십

리더십을 일종의 영향력(Influence)으로 파악하면 "리더 행동은 추종자 행동에 바람직한 결과를 야기한다."라고 말할 수 있다. 이러한 접근법에 의해 리더십은 곧 타인에게 영향력을 행사하는 것이라고 정의한다.

③ 행동으로서의 리더십

리더십은 한 개인이 집단의 공동목표를 달성하기 위해서 집단 구성원들을 이끌고 나갈 때의 행동(Behavior)이라고 정의한다. 실무에서 이러한 접근법에 의해 가시적인 리더십을 말할 때 관리행동 혹은 감독행동 등이라 칭하는 것이다.

④ 권력으로서의 리더십

권력(Power)이란 어떤 사람이 다른 사람을 움직이게 할 수 있는 능력을 의미하는데, 이러한 리더의 권력으로 인해 리더가 타인의 행동을 유도하고 인도하며 통제할 수 있는 것을 리더십으로 보는 것이다.

⑤ 목표달성으로서의 리더십

리더십은 목표달성(Goal Achievement)을 위해 집단의 활동에 영향을 미치는 과정이다. 따라서 목표와 리더십은 직결된다. 조직이 달성하고 싶어 하는 비전으로서의 목표가 있어야 그 목표를 전제로 행동이 일어나기 때문에 조직은 목표를 반드시 가지고 있어야 하며 이로 인해 리더십이 생겨난다.

⑥ 역동적 교환관계로서의 리더십

리더십이란 리더와 추종자 간의 역동적 교환관계로 이해해야 한다. 추종자 없는 리더는 있을 수 없으며, 따라서 리더가 통솔하는 추종자가 있어야 리더십이 생겨나는 것이다. 이러한 리더와 추종자 간의 일대일 관계를 통해 리더와 추종자 간 상호작용이 일어날 때 리더십이 존재하게 된다는 것이다.

(2) 리더십의 발현

① 관리자와 리더

리더십은 조직 내에서 발생되는 것이며 조직 속의 개인들이 타인보다 더 많이 가지고 있는 권한(Authority)이라 할 수 있다. 조직 속에서 가장 많은 권한을 가진 사람을 관리자, 경영자, 감독자라 부른다. 따라서 사람들 역시 이러한 사람들이 가진 관리적 영향력을 리더십으로 본다. 결국 리더십과 관리, 경영은 단단하게 연결된 하나의 끈과 같은 것이다. 다음 **[도표 9-1]**은 조직에서 임무를 맡고 있는 관리자와 리더 간 차이를 나타낸 것이다.

[도표 9-1] 관리자와 리더의 차이

관리자(헤드십)	리더(리더십)
업무에 대한 계획과 통제 지시와 모방 경쟁을 강조 지식 위주	비전의 창조와 방향의 제시 인내와 계발 협력을 강조 지혜 위주

② 자연발생적 리더십

공식적인 권한이 없이도 리더십은 생길 수 있다. 리더가 아닌 사람들이 어떤 특정상황에서 리더십을 소유하게 되는 경우도 많다. 이를 출현적 리더십, 발현적 리더십, 혹은 자연발생적 리더십(Emergent Leadership)이라 부른다.

- 집단 내에서 서로 상호작용하는 동안, 어떤 구성원은 다른 구성원에 비해서 유능하게 보일 수 있다.

■ 이러한 자연발생적 리더는 집단에 대해 능력과 충성심을 보인다. 그에 따라서 그 집단에서의 상대적인 지위가 올라가며 집단의 결정에 더 많은 영향을 행사한다. 이러한 리더의 지위와 영향력 정도는 그가 다른 구성원에 비해서 어느 정도나 더 많이 집단에 기여하느냐에 따라 달라진다. 예를 들어, 어떤 사람이 혁신적인 제안을 했을 때 그것이 성공하게 되면 그 사람은 다른 사람들로부터 지지를 받게 될 것이고, 그 안이 실패하게 되면 집단에 대한 영향력도 그만큼 줄어들게 된다.

2. 리더십 이론

(1) 리더십의 특성이론

리더십의 특성이론(Trait Theory)에서 훌륭한 리더는 타고나는 것이라고 가정한다. 따라서 리더는 리더가 되지 못한 사람과 본질적으로 다르며, 리더는 리더십 능력을 가지고 있는 것으로 간주한다. 리더십이 개인특성으로부터 기인한다는 믿음은 위인이론(Great Man Theory)에 그 뿌리를 두고 있다.

■ 스토그딜(R. M. Stogdill)의 논문은 리더십을 야기하는 상황적 변수나 행동적 변수를 규명하는 데 커다란 공헌을 하였다. 1904년에서 1948년까지 발표된 리더의 특성에 관한 연구들을 종합하여 리더와 리더가 아닌 사람들 사이의 특성에 어떠한 차이가 있는가를 분석한 결과, 리더와 리더가 아닌 사람들 사이에 뚜렷한 차이가 없음이 통계적으로 밝혀졌다.

■ 스토그딜은 분석결과를 토대로 어떤 개인이 특정성격을 보유하고 있다고 해서 모두 리더가 되는 것은 아니며, 다른 여러 요인들에 의해 영향을 받는다고 결론 내렸다.

■ 이 논문이 리더가 어떤 특징을 가져야 한다는 리더 특성이론을 지지하지 못하는 결론을 내렸지만 이를 계기로 활발한 연구들이 이어졌다.

■ 1974년 스토그딜은 1949년부터 1970년까지 발표된 163개 논문을 다시 분석하였고, 훌륭한 리더에게서 자주 발견되는 리더특성들을 정리할 수 있었다.

[도표 9-2] 훌륭한 리더에게서 자주 발견되는 특성들

1. 배려행동(Consideration)	7. 자유로움에 대한 허용(Tolerance of Freedom)
2. 과업주도행동(Initiation of Structure)	8. 역할 수행력(Role Retention)
3. 대표성(Representation)	9. 예측정확성(Predictive Accuracy)
4. 요구조정력(Demand Reconciliation)	10. 성과강조(Production Emphasis)
5. 불확실성 포용력(Tolerance of Uncertainty)	11. 통합력(Integration)
6. 설득력(Persuasiveness)	12. 탁월한 영향력(Influence with Superiors)

[도표 9-2]의 특성들이 좋은 리더가 되기 위한 필수조건은 아니다. 따라서 성공한 리더에게서 그저 많이 발견되는 것들이라 참조할 수 있다는 의미로 이해해야 한다. 성공하는 리더의 특성에는 지능, 욕구, 성격, 능력 등 여러 가지가 필요하겠지만 여기서는 관리를 위한 동기부여와 성 차이에 대해서만 서술하고자 한다.

① 관리를 위한 동기부여

최근에 리더십의 특성이론 중 많은 관심을 갖는 것이 관리를 위한 동기부여이다. 대규모적인 관료제 조직에서 어떻게 하면 구성원을 동기부여시킬 것인가에 대한 연구가 이루어졌다. 마이너(J. B. Miner)는 로샤의 잉크반점 검사나 투사법과 유사한 방법의 문장완성척도(Miner Sentence Completion Scale : MSCS)를 통해 긍정적 태도를 가지게 하기 위한 효과적인 동기부여의 여섯 가지 유형을 측정하였다. 6가지 유형을 합산하여 전체적 동기부여 점수와 승진, 직무수행과의 관계를 조사하여 각각 정의 상관관계가 있음을 주장하였다. 6가지 유형은 다음과 같다.

아이디어 박스 9-1

■ 리더십은 동사이다.

Leader is L^(Love : 사랑, 사랑은 동사이다), E^(Enthusiasm : 열정), A^(Affiliation : 협력관계), D^(Donation : 나눔의 실천), E^(Embracement : 포용력), R^(Respect & Responsibility : 존경과 책임).

■ 상사에 대한 긍정적 태도 : 리더는 자신보다 더 높은 수준에 있는 상사와 좋은 관계를 가지고 있어야 그 상사로부터 각종 지원을 받을 수 있으며, 이를 통해 자신이 하고자 하는 일을 보다 수월하게 할 수 있다. 또한 종업원들을 보살펴 줄 능력을 소유하여야 종업원들이 그 리더에게 긍정적 태도를 가지게 될 것이다.

■ 동료들과 경쟁하려는 태도 : 조직의 내부 혹은 외부 모두에서 자원이 제한적이기 때문에 당연하게 자원 경쟁이 유발되게 되어 있다. 따라서 리더는 이러한 자원을 공정하게 배분하고, 활용해야만 하며 좀 더 높은 자리로 승진하기 위해서라도 동료들과의 건전한 라이벌 의식이 필요하다.

■ 자신감 있는 태도 : 리더는 필요한 훈련을 받아야 하며, 상황에 민첩하게 대처해야만 한다. 훌륭한 리더는 어떤 일이든지 적극성을 띠며 결정을 내리고, 규율을 정하며, 구성원들을 보호하는 행동을 활발하게 진행해 나가야 한다. 만약 수동적인 역할만을 할 경우 실패할 가능성은 그만큼 커질 것이다.

■ 권력 행사의 태도 : 리더는 권력을 행사하여 부하의 행동을 통제하고 부하에게 지시를 내려야 하며 보상과 처벌을 시기적절하게 사용해야만 한다.

■ 집단에서 홀로 서려는 태도 : 부하들은 조직 내의 여러 구성원들과 종종 자신의 처지를 비교하기 때문에 리더는 매우 가시적인 입장을 보여주어

야 하며, 부하들의 속사정에 주목하고, 가끔 혹독하게 야단도 치고 해야 한다. 리더는 소속집단을 대표한다는 점에서 남의 눈에 띄기 쉽고, 주목받게 되어 있다.

■ 단순 업무의 처리에 대한 태도 : 경영이란 타인의 작업행동을 감독하는 것 이상이 되어야 한다. 반복적이고 상세한 업무를 포함하여 다양하고 폭넓은 관리적 임무가 필요한 것이다. 따라서 리더는 어떤 단순 업무라도 적절하게 다룰 줄 알아야 하며 어떤 의도와 목적을 가지고 일부로 특정 경영활동을 수행해야만 한다. 단순 업무를 귀찮게 생각하는 개인은 리더로서 성공하기 힘들다.

② 성 차이

성$^{(Sex)}$은 리더십의 특성이론 중 적어도 다음과 같은 2가지 이유 때문에 중요한 변수이다. 리더십에 있어 분명 성 차이$^{(Sex Differences)}$가 존재한다는 점이고, 사회변화로 인한 여성의 경제활동 참여가 증가하면서 조직에서의 성 문제가 중요한 화두가 되고 있다는 점이다.

■ 경영에 있어서 전통적인 남성 직업군과 여성 직업군이 존재하였고, 이 둘 간의 지위 차별이 있었으며 남성과 여성의 역할에도 차별이 있었다.

■ 여성이 공식적인 리더로서 대우받거나 승진되는 경우도 매우 적었다.

■ 귀인이론 입장에서 보면 남성이 성공했을 때는 남성 리더의 능력에 원인을 두는 반면 여성의 성공 원인은 주로 행운으로 돌리는 경향이 심했다. 결국 여성이 성공적인 리더로서 성장하는 데 남성들에 비해 경영수업을 제대로 받을 기회가 부족했고 여성에 대한 무관심과 편견, 차별이 커다란 방해로 작용했다.

■ 여성은 인간 중심적 리더로서의 경향이 강하고, 남성은 과업 중심적 리더로서의 경향이 강할 것이라는 가설에서 남녀 간의 차이가 발견되지 않았다. 오히려 여성은 남성에 비해서 민주적이거나 부하의 참여를 유도하는 경향이 많은 반면 독재적인 경향은 적었다.

(2) 리더행동이론 : 오하이오 주립대학 연구

스토그딜의 리더십 특성이론에 대한 비판 이후 리더십의 특성에 관한 연구에서 벗어나려는 움직임이 가속화되었다. 이러한 연구들 중 오하이오 주립대학의 교수진들이 주도한 리더행동이론이 가장 유명하다. 성공한 리더는 구체적인 리더행동을 가지고 있을 것이라는 생각 아래 효율적인 리더행동을 파악하였다.

- 1,800여 개의 관리자 행동 중에서 구체적 행동을 측정하는 150개 설문 문항을 구성하여 리더행동기술 설문지(Leader Behavior Description Questionnaire : LBDQ)를 만들었다.

- LBDQ를 통해 9개의 서로 다른 리더 행동을 측정할 수 있었다.

- 그 후 LBDQ에서 40개 문항을 구성하여 탄생한 것이 바로 감독행동기술 설문지(Supervisory Behavior Description Questionnaire : SBDQ)이며, 스토그딜에 의해 만들어진 리더행동기술 설문지 XII(LBDQ - XII)이다. LBDQ - XII에 의해 측정된 것이 바로 2가지 유형, 즉 배려행동(Consideration)과 과업주도행동(Initiating structure)이다.

① 배려행동

리더의 **배려행동**이란 부하들을 친근하고 따뜻하게 대해주고 부하들의 대소사에 관심을 보여주며 복리후생에 관심을 갖는 행동을 말한다.

② 과업주도행동

리더의 **과업주도행동**이란 리더가 집단의 목표를 달성하기 위해서 자신의 역할과 부하들의 역할을 명확히 구분 짓고 개인보다는 조직이나 부서, 집단의 성과를 중시하는 행동을 말한다. [도표 9-3]의 경우 두 행동이 상호작용을 하여 부하들의 불만 비율에 미치는 영향을 보여 준다.

감독자가 과업주도행동을 많이 보인다고 해서 반드시 부하들의 불만이 높아지는 것은 아니다. 동시에 감독자가 배려행동을 별로 보이지 않으면, 즉 낮거나 중간 정도의 조건일 때 불만이 높지만, 배려행동을 많이 보이면, 즉 높은 조건일 때 부하들의 불만은 낮아진다. 따라서 감독자의 과업주도행동보다는 배려행동이 부하들의 불만을 낮추는 데 더 큰 영향을 미친다고 할 수 있다.

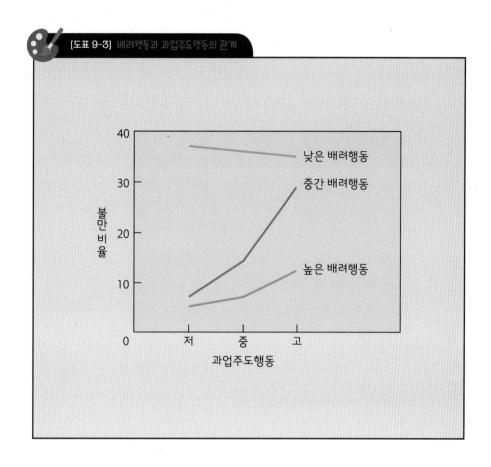

[도표 9-3] 배려행동과 과업주도행동의 관계

(3) 리더십의 상황적합이론

앞서서 설명하였던 리더십 특성이론과 리더행동이론만으로는 리더십과 관리적 영향력을 충분하게 설명할 수 없다. 스토그딜은 리더의 특성 중 하나인 지능의 경우 추종자들보다 리더들이 항상 지능이 높은 것은 아니라고 하였다. 이러한 특성이론이 일관성 있는 결과들을 가져오지 못하기 때문에 상황에 따라 효율적 리더의 특성이나 행동이 달라진다는 상황적합이론(Contingency Theory)이 제기되었다.

① 특성 - 상황적합이론

특성 – 상황적합이론의 여러 이론 가운데 선구자적 연구자가 바로 피들러(F. E. Fiedler)이다.

■ 그는 함께 일한 경험이 있는 사람들 중 가장 싫어하는 동료 작업자(Least Preferred Coworker : LPC)의 특성을 평가하는 척도를 개발하였다. 각 문항의 점수를 더한 총점이 그 리더의 LPC 점수가 되며, 이 점수가 높다는 것은 동료를 좋게 평가한다는 의미이고, 이 점수가 낮으면 상대를 부정적으로 평가하는 것을 의미한다.

■ LPC를 측정하여 이 척도의 점수를 가지고 리더의 성격을 통해 어떠한 특성을 가진 리더가 효율적인지 조사하였다. 그러나 조사대상자들인 리더에 따라 각기 다른 결과가 나타났기 때문에 각 리더가 처한 상황이 중요한 변수라는 것을 알게 되었다.

■ 피들러는 이러한 상황을 측정하기 위하여 상황변수를 상황 선호도(Situation Favorability)라는 개념을 통해 3가지 측면에서 정의한다. 즉, 리더와 부하와의 관계(Leader-Member Relations), 과업구조(Task Structure), 지위권력(Position Power)이다.

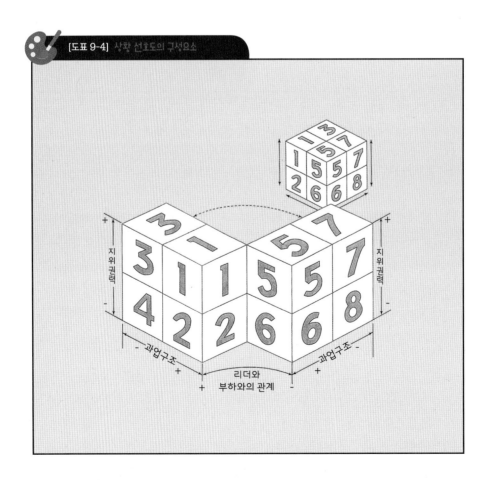

[도표 9-4] 상황 선호도의 구성요소

■ 리더와 부하와의 관계 : 이들 서로 간의 관계가 친근하고 협력적인지, 아니면 적대적인지의 정도를 의미한다.

■ 과업구조 : 과업수행을 평가하기 위한 객관적 평가기준 등이 명확하게 설정되어 있는 정도를 의미한다. 이 정도가 높으면 그만큼 감독이 수월하다.

■ 지위권력 : 리더가 부하들의 직무수행을 평가해서 수행 정도에 따라서 보상이나 벌을 줄 수 있는 권력을 말하며 이 권력이 높은 리더는 그만큼 부하에 대한 영향력도 크게 된다.

이러한 3가지 측면에 대한 것이 [도표 9-4]이다.

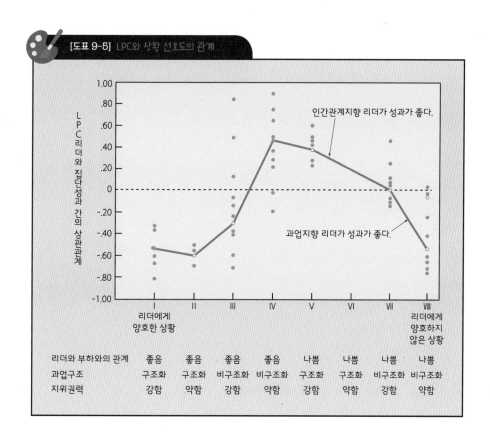

[도표 9-5] LPC와 상황 선호도의 관계

그러므로 리더와 부하와의 관계가 좋고 - 나쁨과 과업구조의 구조화 - 비구조화, 그리고 지위권력이 높음 - 낮음의 모두 8가지 상황별로 LPC관계가 어떻게 형성되는가를 알아보면 [도표 9-5]와 같다.

아이디어 박스 9-2

■ **리더를 신뢰하지 못하면 리더는 절대로 부하를 리드할 수 없다**

경영자로서 부하들을 신뢰할 수 있는 방법에는 어떤 것이 있는가?
■ **개방하라** : 부하들이 리더를 잘못 알고 있거나 부하들이 리더를 모르는 것으로부터 불신은 생긴다. 의사결정을 공공연하게 명확하게 만드는 것과 관련 정보를 사람들에게 제공하는 것은 리더의 의사결정의 합리적 근거를 설명해준다. 관련 정보에 대하여 더 솔직하게 개방하여 이야기해야 한다.
■ **공정하게 하라** : 의사결정을 내리거나 혹은 행동을 하기 전에 부하들이 객관적이고 공정하다고 느낄 수 있게 해야 한다. 성과평가에 있어 객관적이고 공정하게 그리고 보상분배에 있어서는 공정성 지각에 유의하면서 구성원들에게 신뢰를 주어야 한다.
■ **감정을 숨기지 말고 말하라** : 경영자는 어려운 사실이 있다면 그런 것을 냉정하고 침착하게 전달해야 한다. 상사의 감정을 부하와 공유한다면 타인들도 여러분을 진실하고 인간답게 간주할 것이다.
■ **진실을 이야기 하라** : 신뢰는 청렴의 기본이 된다. 거짓말을 하고 있다고 느끼면 리더의 신뢰는 엄청나게 큰 타격을 받을 것이다.
■ **일관성을 유지하라** : 사람들은 예측 가능함을 원한다. 무엇을 기대해야 할지 알지 못하는 것으로부터 불신이 싹튼다. 일관성을 증가시키고 신뢰를 구축해야 한다.
■ **약속은 반드시 이행하라** : 신뢰는 부하들에게 리더를 따를 수 있는 존재로 믿게 하는 것을 필요로 한다. 그래서 리더는 말과 설명을 지키는 데 힘을 써야 한다.
■ **확신을 유지하라** : 신뢰하는 사람들은 깊이 분별할 줄 아는 사람들이며, 그런 사람에게 항상 의존한다.

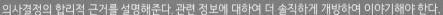

[도표 9-5]에서 리더와 부하와의 관계가 좋고, 과업이 구조화되어 있으며, 리더의 지위권력이 높은 상황이 리더가 영향력을 발휘하기 가장 좋은 상황이다. 반대로 리더와 부하와의 관계가 나쁘고 과업이 구조화되지 못하며, 리더의 지위권력이 낮은 상황이 리더에게 가장 불리한 상황이 된다. 이렇듯 상황이 좋거나 나쁘거나 할 경우 LPC 점수가 낮은 리더^(과업지향리더)가 집단을 효율적으로 리드할 수 있으며, 중간 정도의 상황일 경우 LPC가 깊은 리더^{(인간관계지}

항 리더)가 더 효율적일 수 있다는 것이다. 피들러의 연구는 리더를 변화시켜서 상황에 맞추는 것이 아닌 상황을 변화시켜 리더에 맞추는 방법이 더 효율적이라는 점이다.

② 행동 - 상황적합이론

LPC이론에서 성공적인 리더십은 리더의 성격과 상황적 변수 사이의 상황적합성의 결과로 이루어진다고 하였다. 또 다른 상황적합이론의 설명이 바로 리더의 행동과 상황 사이의 적합을 강조한다. 이러한 행동 – 상황적합이론 중 하나가 경로목표이론(Path Goal Theory)이며, 다른 하나가 바로 브룸과 예튼(V. H. Vroom & P. W. Yetton)이 주장한 이론, 즉 규범적(Normative) 의사결정모형이다.

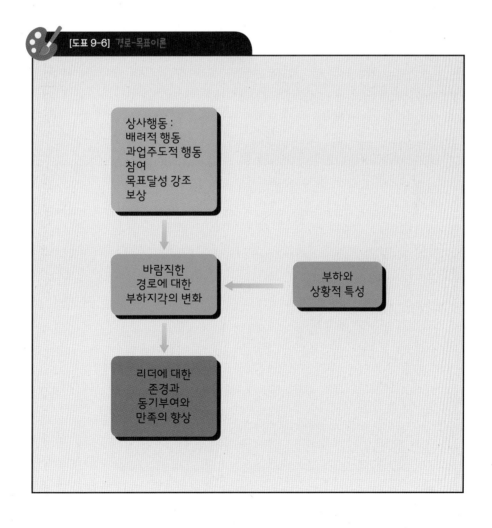

[도표 9-6] 경로-목표이론

ⓕ 경로-목표이론

이 이론은 동기부여의 기대이론에 근거하고 있는데 부하들을 잘 이끌어 나갈 수 있는 리더가 되기 위해서는 무엇보다도 부하들이 원하는 것이 무엇인지 알아내어 그것을 보상으로 제시하고 어떻게 하면 그 보상을 얻을 수 있는지 명확하게 해야 할 것이다. 개인은 자신이 노력해서 원하는 것을 얻을 가능성이 높다고 생각하며 더 많은 노력을 기울인다는 것이다. 따라서 부하들이 원하는 보상이 목표가 되며, 그 목표를 달성하는 데 어떤 방법을 통해서 얻을 수 있는지 목표를 향한 길의 제시가 바로 경로의 제시이다. **[도표 9-6]**은 경로-목표이론에 대한 설명이다.

ⓛ 규범적 의사결정모형

리더는 부하들을 참여시켜서 의사결정을 할 것인지 아니면 단독으로 결정할지를 고민하는 경우가 많다. 이러한 상황에서 리더에게 바람직한 결정을 이끄는 과정을 독재적 과정으로부터 참여적, 완전 참여적 과정으로까지의 다섯 가지 의사결정과정으로 풀이한다.

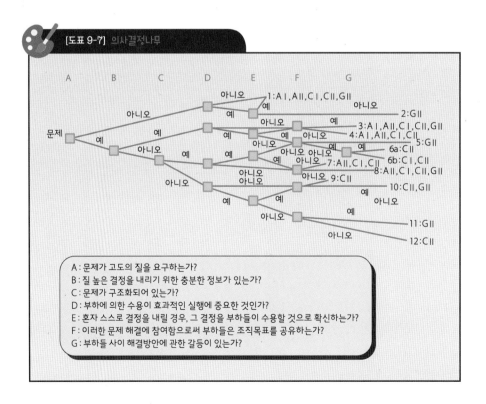

[도표 9-7] 의사결정나무

A : 문제가 고도의 질을 요구하는가?
B : 질 높은 결정을 내리기 위한 충분한 정보가 있는가?
C : 문제가 구조화되어 있는가?
D : 부하에 의한 수용이 효과적인 실행에 중요한 것인가?
E : 혼자 스스로 결정을 내릴 경우, 그 결정을 부하들이 수용할 것으로 확신하는가?
F : 이러한 문제 해결에 참여함으로써 부하들은 조직목표를 공유하는가?
G : 부하들 사이 해결방안에 관한 갈등이 있는가?

- A I : 리더가 주어진 시점에서 가능한 정보를 이용해 혼자 의사결정을 내린다.

- A II : 리더가 부하로부터 필요한 정보를 얻어서 혼자 의사결정을 내린다. 리더는 부하에게 정보를 얻으려 한 목적이나 어떤 문제를 해결하려는 지를 얘기해 줄 수도 있고 그렇지 않을 수도 있다.

- C I : 리더는 해결하려는 문제가 무엇인지 부하들과 개인적으로 상의하고 그들의 생각이나 견해를 얻은 후 리더 자신이 결정을 내린다. 이 최종 결정은 부하의 영향을 받을 수도 있고 그렇지 않을 수도 있다.

- C II : 리더는 해결하려는 문제가 무엇인지 부하들과 집단으로 모여서 상

아이디어 박스 9-3

리더십 연구 ■

미시간 대학의 리더십 연구 : 1940년대 후반부터 1950년대 초까지 미시간 대학의 연구자들은 리더십 연구를 실시하였다. 이 연구는 어떤 리더십 유형이 집단의 성과를 증진시키는지 알아내기 위해 연구되었다. 연구결과 두 가지의 리더십 스타일, 즉 직무 중심적 리더십(밀접한 감독, 합법적이고 강압적인 권력, 작업성취도의 평가)과 종업원 중심적 리더십(책임의 위양, 종업원 복지에 대한 관심, 욕구, 발전, 개인적 성장을 강조하는 인간지향적 스타일)의 차원을 발견하였다.

오하이오 주립대학 연구 : 1940년대 후반 오하이오 주립대학에서는 과업주도와 배려로 대표되는 리더십 이론이 개발되었다. 과업주도는 리더가 부하들의 역할을 명확히 정해주고 그들에게 기대하는 것이 무엇인지 알려주는 행동이며, 배려는 리더가 부하들의 복지와 안영, 지위, 공헌 등에 관심을 가지는 행동을 말한다. 그러므로 과업주도가 높은 리더는 일 중심의 경향을 보이며, 과업에 의해 부하를 평가하고 성과수준을 정한다. 반면 배려가 높은 리더는 부하의 의견을 존중하고 자유로운 대화와 참여를 지원한다.

매니지얼 그리드 이론 : 오하이오 주립대학의 과업주도 리더십과 배려적 리더십의 개념을 더 구체화한 이론으로 횡축에는 생산에 관심을 9등급으로 종축에는 인간에 대한 관심을 9등급으로 하여, 1.1형(무기력, 무관심형), 1.9형(인기형, 컨트리클럽형), 9.1형(과업형, 일벌레형), 9.9형(슈퍼맨형, 팀형), 5.5형(중도형, 이상형)으로 파악한다.

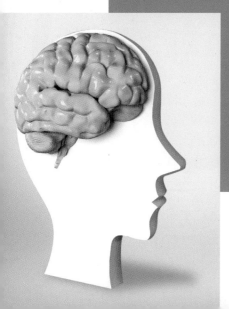

의하고 그들의 생각이나 견해를 얻는다. 그 후 리더 자신이 결정을 내리는데, 최종 결정은 부하의 영향을 받을 수도 있고 그렇지 않을 수도 있다.

- G II : 리더는 해결하려는 문제가 무엇인지 부하들과 집단으로 모여서 상의하고 함께 여러 대안을 평가하고 합의점에 이르려는 노력을 한다. 리더의 역할은 단지 토의를 조정하고 문제점이 무엇인지를 명료화하는 데 있다. 물론 리더 자신이 가지고 있는 생각을 제시할 수도 있으나, 이 생각을 최적 해결방안으로 결정하도록 압력을 가해서는 안 된다. 또한 리더는 집단 전체가 지지하는 해결방안을 기꺼이 받아들여야 한다.

아이디어 박스 9-4

■ 카리스마는 배울 수 있다

과거나 현재에 걸쳐, 가장 눈에 띄는 리더들은 카리스마적인 기질을 가진 리더들이었다. 존 F. 케네디, 마하트마 간디, 마틴 루터 킹 주니어, 스티브 잡스, 메리 케이 애쉬, 리처드 브랜슨, 마가렛 대처, 빌 클린턴, 그리고 버락 오바마 등과 같은 사람들이다. 카리스마가 전혀 느껴지지 않는 사람과 카리스마가 있는 충만한 리더 간에는 어떤 차이가 있는 것일까? 일종의 자신감을 포함하여 카리스마를 가진 리더의 공통적 특성은 비전을 명확하게 만드는 능력, 비전에 있어서의 강한 확신 그리고 급격한 변화에 임하는 의지, 현재보다는 미래를 향한 강한 비전을 제안하는 것 등이다.

- 강력하고 자신감 있고 역동적인 존재를 드러내라. 사람의 마음을 사로잡고 호소력 있게 주의를 끄는 목소리 톤을 사용해라. 자신감을 상대에게 전하라. 사람들에게 직설화법으로 말하고 직접적으로 눈을 응시하는 것을 유지하고 여러분의 제스처를 유지하면 자신을 확실하게 보여줄 수 있을 것이다.
- 애매모호한 목표를 효과적으로 명확하게 표현하라. 미래를 위한 비전을 만들고 그 비전을 달성하는 전혀 새로운 방식을 정하라. 그리고 그 비전을 다른 사람과 의사소통하라. 비전을 달성하는 과정은 상황맥락에 적절하지 않더라도 매우 신선해야만 한다. 또한 비전에 대한 달성에 대하여 기억하고, 그러한 성공이 단지 비전을 가지고 있다는 것뿐 아니라 또한 다른 사람에게 그 비전을 달성할 수 있다는 자신감을 준 것이라는 것을 느끼자.
- 성과가 높을 것이라는 기대와 확신을 의사소통하라. 개인에게나 집단에 있어 애매모호한 목표를 언급하고 그들이 목표를 달성할 수 있다는 믿음을 보여주라.

이러한 5가지 과정은 독재적 과정으로부터 시작하여 점차적으로 완전 참여적 방식으로 연결된다. 이러한 5가지 과정과 7가지 질문에 대한 예, 아니오를 왼쪽에서 오른쪽으로 순차적으로 답하다 보면 맨 오른쪽에 5가지 과정 중 바람직한 과정이 기술된다. 이러한 것을 브룸과 예튼은 의사결정나무(Decision tree)라고 하였다.

[도표 9-7]은 리더가 직면한 문제를 어떠한 의사결정과정을 통해 최종 해결책으로 얻어 내는지를 설명하고 있다. 1의 경우 5가지 모두가 가능하며, 12의 경우는 C Ⅱ가 가장 최적안이 된다.

3. 최근 리더십 이론

(1) 변혁적 리더십 이론

변혁적 리더십(Transformational Leadership)이란 부하로부터 자신의 관심사나 욕구 수준을 높여주고 개인이나 집단, 그리고 조직의 목표를 변화시키고자 하는 리더십으로 카리스마, 개별고려, 지적 자극 등으로 구성된다. 이와 대비되는 리더십으로는 거래적 리더십(Transactionanl Leadership)이 있는데, 이는 부하의 노력에 대한 대가로 리더가 보상을 제공하는 교환적 과정을 전제로 이루어지는 리더십이다. 다음 [도표 9-8]은 이들 거래십의 차이에 대하여 비교한 것이다.

[도표 9-8] 거래적 리더십과 변혁적 리더십의 비교

거래적 리더십	변혁적 리더십
◆ 부하의 노력과 업적에 따라 보상함 ◆ 높은 성과에 대한 보상약속 ◆ 부하행동에 대한 감독 및 관찰 ◆ 책임회피와 의사결정을 미룸	◆ 부하들에게 비전과 미션을 제시하여 신뢰와 자긍심을 유발 ◆ 부하들의 지혜와 논리력, 문제해결 능력을 일깨워 줌 ◆ 부하들을 개별적으로 존중하여 관심을 보임 ◆ 목표를 쉽게 설명해주며, 높은 기대를 갖도록 동기부여와 영감을 불어 넣어 줌

과거의 리더십은 거래적 리더십에 근거하여 조직의 목표 달성과 부하들이 바라는 보상 간의 교환이 강조되었기 때문에 부하에게 주어진 의무 이상의 행동유발이 불가능했다. 그러나 변혁적 리더십을 통해 장기적 비전의 제시와 목표추구를 위한 부하들의 고차원 욕구의 유발, 상하 간 신뢰분위기의 조성, 조직을 위한 개인적 이해의 초월 등의 동기부여가 가능해져 기대 이상의 성과를 이끌어내는 리더십으로 각광받고 있다. 리더는 부하들과의 관계에서 다음과 같은 4가지 자질을 갖추고 있어야 한다.

① 비전에 대한 공감

조직에 비전이 명확하게 설정되어 있느냐 그렇지 못하느냐에 따라 조직의 성공과 실패는 판가름나게 되어 있다. 부하들에게 미래의 비전을 제시하여 그들을 자극하는 능력을 가지고 있어야 부하들의 나아갈 방향도 정해지며 부하의 사기와 태도를 자극시켜 조직에 몰입할 수 있다.

② 비전에 대한 확산

비전을 제시하였다고 조직구성원이 모두 그 비전에 따라 행동하는 것은 아니다. 부하들이 비전을 완벽하게 이해하고 자기 것으로 만들어야 그들이 나갈 방향이 분명해진다. 그래서 리더에게는 구성원들에게 정해진 비전을 완전하게 전달하여 공유할 수 있게 만드는 자질이 요구된다.

③ 신뢰의 확보

부하들과의 신뢰를 확보하는 것은 리더가 가져야 할 중요한 것 중 하나이다. 부하들로부터의 신뢰가 있어야 계획된 것을 강력하게 추진할 수 있으며 믿고 따르는 부하들의 충성이 생겨나게 된다. 상대방에 대한 호혜적 믿음이 강한 긍정적 감정을 유발해 내는 것이다.

④ 이미지 관리

리더 자신은 솔선수범해야 하며 자기 이미지 관리에 철저해야 한다. 부하가 리더에 대하여 긍정적으로 느끼도록 자기계발을 계속해야 한다.

(2) 코칭 리더십

조직에서는 개인보다 팀을 강조하고 팀원 간 상호교류와 네트워크, 팀원의 능력개발을 이끌어내는 리더십이 강조된다. 이러한 것 중 하나가 스포츠 팀의 감독자로서의 행동이 아닌, 코치처럼 행동하는 코칭 리더십(Coaching Leadership)이 강조되고 있다.

팀은 일종의 자기 주도적인 작업집단으로 특징 지어진다. 팀의 코치는 관리, 통제보다는 팀 내외의 정보흐름과 의사소통을 촉진하고 자율을 최대한 보장하며 팀원 각각의 능력을 높이고, 팀원의 사기를 진작시켜주는 역할이 더욱 중요하게 되었다. 이러한 팀 코치로서의 리더십의 역할은 다음과 같이 3가지 정도로 요약할 수 있다.

- 팀과 관련되는 내외부의 다른 팀과의 원활한 연결자 역할이 필요하다. 상급자, 다른 팀, 고객, 협력업체 등 기업의 이해당사자에게 팀을 대표하여 팀의 장점을 알리며, 외부에서 얻어진 지식과 정보를 팀원들과 소통하여야 한다.

- 팀이 문제에 직면하거나 팀원 간 갈등상황에 빠지면, 이를 적극적으로 조기에 해결하는 문제 해결자 역할이 필요하다. 자신도 팀의 코치이기 전에는 팀원 혹은 선수이었기에 내용도 잘 알고, 실력도 아직 녹슬지 않았다. 따라서 코치가 적극 개입하여 문제에 대한 해결책을 제시해주어야, 팀원들이 방향성을 잃지 않고 한 목표를 향해 매진할 수 있다. 갈등과 분쟁의 해결을 위해 새로운 자원을 획득하고, 보상과 업무할당에 있어 공정성을 지켜나가면서 팀원과의 합의를 이루어 나가야 한다.

- 팀원들과 직접 활동하면서 팀원의 장단점을 쉽게 파악하고, 팀원에게 할 일을 제시하고 가르쳐주면서, 적극 지원하는 지원자 역할이 필요하다.

(3) 서번트 리더십

서번트 리더십(Servant Leadership)에서 서번트란 뜻은 노예란 뜻이다. 주인처럼 종을 부리는 것이 아니라, 주인이 일종의 노예처럼, 종처럼 팔로워를 모신다는 깊은 뜻이 숨겨져 있다. 이를 해석한다면, 봉사적 리더십이라 해도 좋다. 이는 리더의 자기희생을 전제로 한 순결한 리더십이다.

■ 거의 종교조직에서 많이 강조하고 있는 것인데, 구성원의 자발적 희생은 리더의 희생으로부터 생겨난다고 본다.

■ 봉사적 리더십은 자신보다는 부하, 고객, 지역사회에 대한 책임을 우선으로 삼는 사람이며, 부하들의 생활과 업무수행 방식의 변화에 초점을 두는 리더십이다. 구체적인 자기희생의 행동은 다음 **[도표 9-9]**이다.

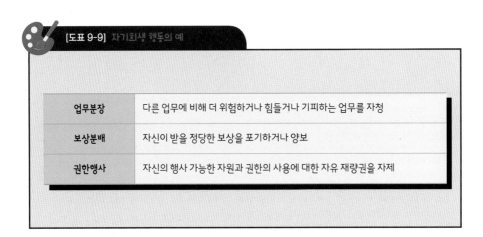

[도표 9-9] 자기희생 행동의 예

업무분장	다른 업무에 비해 더 위험하거나 힘들거나 기피하는 업무를 자청
보상분배	자신이 받을 정당한 보상을 포기하거나 양보
권한행사	자신의 행사 가능한 자원과 권한의 사용에 대한 자유 재량권을 자제

실전실습

1. 리더가 가져야 할 속성 중 여러분들이 생각하는 가장 중요한 3가지만 선택하면?

> (비전), (신뢰), (충성과 지지), (신체적 특징), (사회성), (지능과 능력), (성격적 특성-적응성, 강한 신념, 공격성, 독립성, 객관성, 판단력, 자신감, 지배성, 창조성, 기민성, 조정력, 추진력, 열성, 외향성), (과업에 대한 성취욕구와 책임감)

1. 가장 중요한 3가지 덕목은 다음과 같다.

①

②

③

Q **2.** 리더십의 원천은?

① 리더의 특성 → 리더십

② 리더의 특성에 대한 부하의 인식: 리더의 특성→ 리더의 이미지→리더십

③ 리더의 행동→리더십

④ 상황: 리더의 특성+상황+상황적합성→리더십

⑤ 리더와 부하의 상호작용: (리더↔부하)→리더십

A **2.** 각각은 다음과 같은 특징을 가진다.

①

②

③

④

⑤

Q **3.** 미시간 대학의 리더십과 오하이오 주립대학의 리더십 연구의 결론?

① 미시간 대학의 리더십 연구

1940년대 후반부터 1950년대 초까지 미시간 대학의 연구자들은 리더십 연구를 실시하였다. 이 연구는 어떤 리더십 유형이 집단의 성과를 증진시키는지 알아내기 위해 연구되었다. 연구결과 두 가지의 리더십 스타일, 즉 직무중심적 리더십(밀접한 감독, 합법적이고 강압적인 권력, 작업성취도의 평가)과 종업원 중심적 리더십(책임의 위양, 종업원 복지에 대한 관심, 욕구, 발전, 개인적 성장을 강조하는 인간지향적 스타일)의 차원을 발견하였다.

② 오하이오 주립대학 연구

1940년대 후반 오하이오 주립대학에서는 과업주도와 배려로 대표되는 리더십이론이 개발되었다. 과업주도는 리더가 부하들의 역할을 명확히 정해주고 그들에게 기대하는 것이 무엇인지 알려주는 행동이며, 배려는 리더가 부하들의 복지와 안영, 지위, 공헌 등에 관심을 가지는 행동을 말한다. 그러므로 과업주도가 높은 리더는 일중심의 경향을 보이며, 과업에 의해 부하를 평가하고 성과수준을 정한다. 반면 배려가 높은 리더는 부하의 의견을 존중하고 자유로운 대화와 참여를 지원한다.

A 3. 각각의 리더십은 다음과 같은 특징을 가진다.

①

②

Q 4. 다음 박스 안과 같이 말하는 리더라면?

> "내 생각에는 말이야 ……,
> 주의해야 할 것이 하나 있는데 ……
> 너무 기발한 것 같아 ……
> 마음에는 들지만 ……
> 우리도 그와 똑같은 것을 해본적이 있었지 ……
> 내가 악역을 한 번 맡아보지 ……
> 우리는 아니야 ……
> 그것이 그렇게 쉽게 될 수 있다면 ……
> 아, 그것은 단지 아이디어일 뿐이지 ……

위의 문구는 어떤 회사의 광고에서 인용된 문구이다. 이는 어떻게 부하들의 훌륭한 아이디어를 리더가 죽일 수 있는 가를 보여준다. 이렇게 잘못된 리더십을 아래의 더 좋지 않은 이론들로 표현하면 다음과 같다.

① 침몰원가 이론: "우리는 이미 이 프로젝트에 많은 돈을 투자했다. 이것이 비록 실패를 거듭하고 있지만 좀더 투자하고 무엇인가 기적적인 일이 벌어져 조금이라도 나아지기를 기다려 보자."

② 절름발이 경주마 이론: "이제까지 우리는 이 사람들을 프로젝트에 투입하여 우여곡절 끝에 여기까지 끌고 왔다. 영리하고 민첩한 새 말들을 경기장에 들여보내기보다는 이들에게 좀 더 매달려 보자."

③ 구멍 난 보트 이론: "우리는 이미 이 보트의 구멍을 때우고 많은 물을 퍼냈다. 진부한 기술과 잘못된 설계, 닳아빠진 장비에라도 매달려 몇 번만 더 건너보자."

④ 그때까지만 기다리자 이론: "우리가 모험을 감수하기 전에 시장이 성숙될 때까지, 우리의 조사자료가 나올 때까지, 침체기가 지나갈 때까지, 실업률이 올라갈 때 혹은 내려갈 때까지, 표준금리가 바뀔 때까지, 주식시장이 안정될 때까지, 경쟁업체가 가격을 올릴 때까지, 아니면 토끼머리에 뿔이 날 때까지만 기다리자. 움직이려면 조건이 맞아야 한다."

 4. 다음과 같은 특징을 가진다.

①

②

③

④

Q **5.** 최근 리더십 이론들이다.

① 변혁적 리더십

② 코칭 리더십

③ 서번트 리더십

A 5. 다음과 같은 특징을 가진다.

①

②

③

■ **10장을 학습한 뒤 학습자가 할 수 있어야 할 학습성과**

1. 커뮤니케이션의 기능에 관하여 설명할 수 있어야 한다.

2. 커뮤니케이션의 과정에 관하여 설명할 수 있어야 한다.

3. 커뮤니케이션의 유형과 커뮤니케이션 네트워크에 관하여 설명할 수 있어야 한다.

핵심 키워드

■ **커뮤니케이션, 부호화, 해독, 메시지, 채널, 피드백, 잡음, 공식적 커뮤니케이션, 그레이프바인 커뮤니케이션, 커뮤니케이션 네트워크**

쉬어가며

■ **선인장/박제영**

아내도 한 때 넓은 잎 무성한 활엽식물이었다 물오른 줄기로 잎새마다 형형색색 꽃 피었던 활엽식물이었다 고비가 몽골고원에만 있는 사막은 아니어서 아내에게 는 남편이 고비고 자식들이 고비여서 더 많은 눈물이 필요했던 아내는 잎을 하나 씩 지우며 고비를 넘겼다 여자를 내준 마디마디 가시로 아물며 고비를 넘었다 아 니다 여전히 고비를 건너는 중이겠다

Chapter 10

원활한 커뮤니케이션의 활용

조직의 정의를 두 사람 이상이 모여 공동의 목적을 달성하기 위해 상호작용하는 유기체라고 할 때 조직의 상호작용은 **커뮤니케이션이라는 수단**을 통해서만 가능하며 이러한 커뮤니케이션 없이는 경영기능과 대인관계가 유지되기 힘들다. 인간을 인간답게 하고 다른 사람과 더불어 살아가는 데 있어 **필수적**인 것이 바로 커뮤니케이션이다. 평범한 사람의 삶 중 커뮤니케이션 활동이 차지하는 비율이 70% 정도라고 이야기된다. 더욱이 그 사람이 관리자라면 80% 정도는 커뮤니케이션에 시간을 보내게 된다. 루싼스(F. Luthans)에 의하면 **효과적 관리자**들은 조직유효성과 부하만족을 달성하기 위해 관리자 자신의 하루 시간 중 44%를 일상적 커뮤니케이션으로 사용하고 있다고 결론짓고 있다.

들어가며

1. 커뮤니케이션이란?

(1) 커뮤니케이션의 정의

커뮤니케이션^(의사소통)이 중요한 이유는 인간과 인간 간의 소통을 통해 개개인을 묶어 사회를 만들게 하는 접착제^(Cement) 역할뿐 아니라 한 사람을 다른 사람에게 연결시켜 주는 다리역할을 하기 때문이다. 인간관계에 있어 효율적 의사소통은 문제해결을 해주지만 잘못된 의사소통은 더 많은 문제를 야기하게 만드는 것이다.

커뮤니케이션은 공동의 것으로 만든다는 라틴어^(Communis)에서 유래되었다. 따라서 커뮤니케이션은 둘 이상의 사람들 사이에 서로 공통성을 만들어 내는 과정으로 정의할 수 있다. 커뮤니케이션에 대한 정의는 학자마다 다르며, 한 연구에서는 커뮤니케이션 정의가 무려 126개에 이른다고 보고되고 있다.

(2) 커뮤니케이션의 의의

① 필수불가결

물고기가 물을 떠나면 죽듯이, 사람이 커뮤니케이션을 하지 않는다면 소외되거나 낙오자가 되어 사회와 단절되어 버릴 것이다. 그래서 다른 사람에게 무언가를 전하기 위해 구두 커뮤니케이션 속에서 말하고, 문자 커뮤니케이션 속에서 쓰고, 비언어적 커뮤니케이션 속에서 신호, 제스처, 움직임, 행동 등을 사용하는 것이다. 이렇듯 모든 인간은 커뮤니케이션 없이 살 수 없다. 전달자의 의도가 전달되면 행동으로 나타나고, 그런 행동이 진행되는 동안 계속적으로 생각하고 자기를 나타낸다. 결국, 인간은 하루 종일 말하고, 쓰고, 듣고, 읽고 하는 커뮤니케이션 과정을 반복한다.

② 시작과 끝

커뮤니케이션에는 시작과 끝이 없다는 것은 커뮤니케이션이 삶의 한 부분이며, 사람이 변함에 따라 계속 변하기 때문이다. 커뮤니케이션은 결코 고정

아이디어 박스　10-1

■ 미소는 미소를 부른다

미소는 미소를 부른다. 무서운 짐승 중 하나인 악어는 미소가 없다. 악어가 만들어 낼 수 있는 표정은 4가지 밖에 없다. 즉, "입 벌리고 눈 뜨기, 입 다물고 눈 뜨기." 어젯밤 부부싸움을 했는지 험상 궂고 시무룩한 표정으로 회의에 들어온 사장 앞에서 톡톡 튀는 아이디어를 제안할 사람은 별로 없다. 말로 천 냥 빚을 갚는다면 미소로 천금을 얻을 수 있다. 조직 내 커뮤니케이션 중 가장 필요한 것이 바로 여유요, 그것이 미소다.

말을 잘 하는 것이 언어적 커뮤니케이션이라면 말 이외 상대방과 교류하는 것들이 많은데, 그것이 바로 미소와 같은 비언어적 커뮤니케이션 수단들이다. 이런 것에는 문서와 같은 글, 시간과 공간의 사용, 제스처, 얼굴 표정, 눈 접촉(Eye Contact), 이미지, 스타일, 옷과 장신구 등과 같이 신경을 써야 할 것들이 헤아릴 수 없을 정도로 많다.

부하가 상사에게 보고를 하는 순간, 상사가 고개를 끄덕이는 것 하나만으로도 부하는 신이 날 수 있다. 회사에 정시 출근보다 일찍 출근한 사원의 태도에도 메시지가 들어 있으며, 외부로부터 걸려온 전화에 대응하는 억양과 말솜씨에도 회사 사랑의 마음을 읽을 수 있는 단서가 있다. 그래서 요즘 듣는 경영이 구성원을 움직이는 방법으로 거론되고 있다.

적이지 않아서 과거의 경험과 미래에 대한 기대를 그 토대로 하게 된다. 결국, 커뮤니케이션은 과정이다. 커뮤니케이션 행동은 과거에 그 뿌리를 두고 있기 때문에 인간의 가치세계는 현재뿐만 아니라 오랫동안에 걸쳐 그 개인의 커뮤니케이션이 그러한 태도, 가치, 경험, 전제들 속에서 펼쳐지게 되어있다.

③ 정보의 교환

바른런드(D.C. Barnlund)는 "커뮤니케이션은 의미부여 노력이다."라고 말한다. 커뮤니케이션은 자신의 세계에서 일어나는 사건들과 다른 의미를 연관시켜 공유하려는 것이다. 잠을 잘 자라는 엄마의 포옹이 부모자식 관계에 얼마나 중요한지, 상쾌한 아침인사를 나누는 것이 이웃 간에 친근함을 돈독히 하고 직장 분위기를 얼마나 밝게 하는지를 생각해 보면 커뮤니케이션은 정보의 전달이라는 차원만이 아닌 의미의 공유, 즉 정보의 교환이라는 것을 알 수 있다.

2. 커뮤니케이션의 기능 및 목적

커뮤니케이션에 관한 내용을 일반화하기 전에 커뮤니케이션 기능에 대해 살펴볼 필요가 있다. 커뮤니케이션은 개인 차원 및 대인 차원에서 다음과 같은 중요한 기능을 한다.

(1) 개인 차원

① 구성원 행동 통제 기능

조직은 위계가 있고 종업원들에게 요구하는 공식적인 지침이 마련되어 있다. 조직은 구성원에 대한 행동을 미리 공식화(문서화)해놓고 통제하려 한다. 이러한 공식화는 조직설계와 관계가 깊은데 기계적 구조에서는 공식화의 정도가 높고, 유기적 구조에서는 공식화 정도가 낮다. 그렇다면 조직설계와 커뮤니케이션 관계는 어떤가?

■ 기계적 구조에서는 명령, 지시, 보고 등의 커뮤니케이션이 빈번한 반면, 유기적 구조에서는 토의, 회의 등의 커뮤니케이션 활동이 더 높을 수 있다.

■ 동태적 환경에 직면한 조직은 토론이나 상호작용으로 종업원 간의 갈등을 해결하며, 따라서 종업원 간의 커뮤니케이션이 빈번해진다. 반면, 안정적 환경 속의 조직은 의사결정이 소수의 경영자에 의해 이루어져 정보 흐름에 제약이 따르고 커뮤니케이션 활동도 적게 된다.

이렇듯 커뮤니케이션과 조직설계는 밀접한 관계가 있으며 실제로 조직은 공식적 커뮤니케이션 채널을 이용하여 개인들의 활동을 통제하려 한다.

② 모티베이션 기능

모티베이션을 욕구^(내용)로 설명하든 그외 어떤 것^(과정)으로 설명하든지 간에 모티베이션은 상대와의 비교를 통한 욕구의 결핍이 항상 문제가 된다. 이렇듯 조직 내의 개인들은 자기의 공헌에 대한 적절한 보상이나 취미활동, 여가생활, 복리후생 등이 남과 비교하여 결핍되면 조직을 위해 더 이상의 노력하지 않으려 한다. 커뮤니케이션의 주요 기능 중 하나가 바로 개인을 모티베이트시키고 지휘하며, 통제하고 조정하는 기능이다.

■ 무엇을 해야 할 것인지, 얼마나 잘 할 수 있을 것인지, 성과를 높이기 위해 무엇을 할 수 있는지를 분명하게 해준다.

■ 일정한 목표의 설정과 목표를 위한 피드백 그리고 바람직한 행동의 강화는 모티베이션을 높여준다.

■ 커뮤니케이션이 장벽 없이 조직에서 왕성하게 일어날 때 조직의 개인들은 스스로 할 일을 찾아 다닌다.

■ 모티베이션이 주어지면 인간관계가 적대에서 호감으로 바뀌고 집단의 결속이 강화되며 조직의 건강을 위해 개인들이 용기를 갖고 일하게 된다.

(2) 대인 차원

① 감정적 표현 기능

많은 종업원들의 경우 그들의 작업집단은 사회적 상호작용의 기본적인 원천이 된다. 인생의 절반 이상이 일터에서 사용된다고 할 수 있다. 거의 모든 시간이 커뮤니케이션으로 소모된다고 할 때 집단 내의 커뮤니케이션은 그 만큼 중요해진다.

잘못된 의사소통과 사건 ■

두뇌 속에 체화되어 있어 보이지 않는 암묵지식과 세상에 드러나 있는 형식지식은 끊임없이 서로 교환된다. 사람들 간의 지식은 교환을 통해 더 많은 이해를 가져오게 하는데, 이때 의사소통이 잘 이루어져야 업무 조정도 의사결정도 지식경영도 해낼 수 있다. 역사상 최악의 재난으로 기록되고 있는 1977년 카나리 섬에서의 항공기 사고는 583명의 목숨을 앗아간 비극적 결말을 가지고 있다. 보잉 747 여객기의 독일인 기장과 스페인어를 쓰는 관제사 간의 영어로 한 대화의 잘못으로 일어난 사고이다. 그 이후에도 유사한 사건 기록은 너무도 많다. 조직은 살아 있는 생명체로서 살아 있기에 의사소통해야 하며, 그러한 의사소통에는 언어적인 의사소통뿐 아니라 비언어적 의사소통도 있게 된다.

사람은 사회적 동물이어서 사람과 사람과의 상호작용이 사람으로서 존재하기 위한 필요조건이 되는 것이다. 인간의 삶 자체가 문제해결의 연속이어서 문제해결을 하지 않고는 살아갈 수 없다. 살면서 좌절하고 승리를 맛보고, 어려움에 직면하여 고민하고 상대방에게 묻고 도움을 청하는 것이다. 이처럼 조직은 구성원의 좌절과 만족감을 표현할 수 있는 근본적인 장소가 된다. 그러므로 조직 내의 커뮤니케이션은 사회적 욕구충족이나 감정의 정서적 표현을 완화시켜 준다. 감정차원의 조절은 사람과 사람을 이어줌으로써 인간의 사회적 욕구를 충족시켜 준다.

② 의사결정 촉진 기능

감정전달이나 모티베이션 기능 이외에 커뮤니케이션은 의사결정을 위한 기능을 갖는다. 이 경우 커뮤니케이션 채널이 개인, 집단, 조직의 의사결정을 제대로 할 수 있도록 촉진시켜 주는 기능을 한다.

■ 조직이 수행하는 과업이 다양해져 이에 대한 의사결정 사항이 많아지게 되면 커뮤니케이션 활동이 빈번해진다.

■ 문제가 자주 발생하면 이를 해결하기 위해 필요한 정보를 공유하기 위한 여러 가지 활동이 더욱 많아지게 된다.

■ 비일상적인 기술을 사용하는 업무라면 수평적 커뮤니케이션이 많이 이루어질 것이고, 일상적인 기술을 사용하는 업무라면 상사와 부하 간의 수직적 커뮤니케이션이 더 많아질 것이다.

③ 생존과 적응 기능

커뮤니케이션은 한 세대에서 다음 세대로 인간과 조직의 존속을 위한 중요한 역할을 수행할 뿐 아니라 인간체계가 조직생활에 적응하는 데 없어서는 안 되는 기능을 한다. 이런 차원에서 볼 때 커뮤니케이션의 기능은 사회화, 교육 및 훈련이라 할 수 있다.

(3) 커뮤니케이션의 목적

① 영향력 행사

영향력 행사라는 것은 전달자가 수신자에게 행하는 것이다. 조직목표를 종업원들이 달성할 수 있도록 영향력을 행사하는 것이다. 미래에 무엇을, 어떻게, 왜 해야 하는가를 전달함으로써 종업원 행동에 영향을 미치는 것이다.

② 정보교환

정보교환은 조직 내 의사결정에 있어서 필수적인 활동이다. 관리자들은 종종 종업원들이 필요로 하는 정보를 제공하고, 종업원들도 관리자가 필요로 하는 정보를 제공한다. 종업원들은 조직정보를 더 믿으며, 더 많은 정보를 얻기 위해 노력한다. 관리자들도 교환된 정보를 얻어야 정보의 시너지 효과를 한층 더 맛볼 수 있다.

③ 감정표현

인간관계에 있어 감정 표현이라는 것은 상대에게 나의 감정 및 정서를 표현하여 더욱 돈독한 인간관계를 얻기 위해 이루어지는 것이다. 사람들은 종종 자신의 감정을 언어나 비언어적 수단을 통해 표현하며, 자신의 심정을 노출하여 자기를 표현하려고 한다.

3. 커뮤니케이션 과정

커뮤니케이션은 과정 혹은 흐름으로 인식된다. 따라서 커뮤니케이션과 관련된 기술^(Skill)은 커뮤니케이션 과정의 이해로부터 시작된다. 그 과정은 세 가지 기본적 요소로 이루어진다. 즉, 전달자, 메시지 그리고 수신자이다. 이하에서는 커뮤니케이션 과정을 설명하고, 이러한 과정에서의 커뮤니케이션 문제를 일으키는 요인들에 대하여 살펴보기로 한다.

커뮤니케이션은 전달자가 전달하려는 것이 의도대로 전달되어 수신자가 이를 정확하게 이해하였을 때 효과적으로 수행되었다고 한다. **[도표 10-1]**은 커뮤니케이션 과정을 그리고 있다.

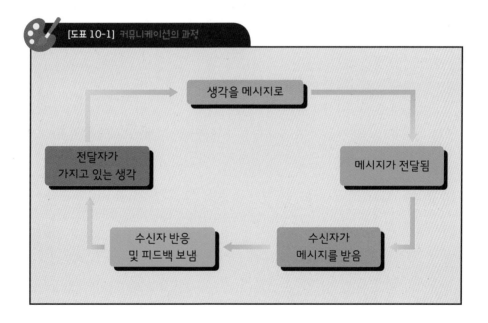

[도표 10-1] 커뮤니케이션의 과정

(1) 커뮤니케이션의 기본요소

① 부호화

메시지 원천인 전달자, 예를 들어 정당후보자, 대학교수, 목사 등과 같은 사람이 수신자^(투표권자, 대학생, 신도)에게 어떤 주장이나 생각을 전한다고 하자. 그러

아이디어 박스 10-3

■ 커뮤니케이션에 관한 걱정

커뮤니케이션하는 데 방해가 되는 또 다른 중요한 요소는 보통 5~20% 가량의 사람들이 겪고 있는 대인 공포증이다. 많은 사람들이 대중 앞에서 이야기하는 데 두려움을 가지고 있다는 보고가 있다. 커뮤니케이션에 대한 우려 혹은 걱정은 커뮤니케이션 전체에 영향을 미친다는 점에서 더욱 심각하다. 커뮤니케이션에 관한 걱정에 사로잡힌 사람들은 언어적 커뮤니케이션이나 비언어적 커뮤니케이션 시 과도한 긴장과 걱정을 갖는다. 예를 들어, 말하는 것에 대한 두려움은 다른 사람과 마주보고 대화할 때 더욱 심한 부담을 느끼게 만들고, 결국 말을 더듬거나 제대로 표현하지 못하게 만든다.

나 수신자는 전달자의 마음을 정확히 읽을 수 없다. 전달자는 이러한 생각을 어떤 단어로 전환시켜야 한다. 이를 부호화(Encoding)라 한다. 부호화된 메시지는 전달자가 전달하고자 하는 내용을 정확(Accuracy)하게 담고 있어야 한다. 이러한 정확성은 전달자가 가지고 있는 기술 정도, 태도 그리고 사회문화체계에 의해 영향받는다.

② 해독

전달자의 메시지는 편지 혹은 제안서(Proposal)와 같이 문자, 혹은 음성으로 수신자에게 전달된다. 그리고 나면 수신자는 전달자의 의도를 이해하여 메시지를 해독해야 한다. 해독(Decoding)은 받아들인 메시지의 의미를 해석하는 것이다. 그런데 이러한 해독 또한 수신자의 능력이나 태도, 지식 그리고 사회문화체계에 의해 영향받는다. 따라서 전달자는 쓰기 혹은 말하기에 능숙해야 하고 수신자는 읽기와 듣기에 능숙해야 한다.

③ 메시지

메시지(Message)는 전달자의 전달하려는 내용의 부호화로부터 생겨난 것이다. 우리가 말로 커뮤니케이트 했다면 말이 메시지요, 글로 썼다면 글이 메시지가 되고 그림을 그렸다면 그림, 몸짓할 때 팔의 움직임, 얼굴표정 등이 메시지가 된다. 메시지는 의미를 전달하는 데 사용되는 상징이나 코드, 메시지 자체의 내용에 의해 영향받는다. 결국, 메시지는 코드나 내용을 어떻게 배열하고 선택하느냐에 따라 달라지는 것이다.

④ 채널

채널(Channel)은 메시지가 전달되는 수단으로 매체(Medium)를 말한다. 채널은 전달자에 의해 선택되는데, 이에는 언어적인 것뿐 아니라 비언어적인 것도 포함된다. 뿐만 아니라 전자우편(E-mail), SNS, 스마트폰 등 전자매체(Electronic Media)도 포함된다. 전달자는 공식적 채널을 사용할 것인가 아니면 비공식적 채널을 사용할 것인가를 결정해야 한다.

⑤ 피드백

커뮤니케이션은 자연발생적인 것이 아니라 의도된 것이어서 전달자의 의도를 체크하는 과정이 바로 피드백(Feedback)이다. 이를 통해 이해가 됐는지 안됐는지를 전달자와 수신자가 서로 입장을 바꾸어 쌍방적(Two-Way)으로 점검하는 것이다.

(2) 커뮤니케이션의 방해요소

커뮤니케이션을 효과적으로 흘러가지 못하게 하는 요인들이 있다. 앞서 살펴본 커뮤니케이션 과정의 5가지 기본 요소 대부분은 커뮤니케이션을 왜곡시킬 가능성을 가진다.

- 전달자에 의해 부호화된 메시지에서 나타나는 왜곡이다.
- 메시지 내용 자체가 왜곡의 원인이 된다.
- 커뮤니케이션 채널의 선택을 통한 왜곡이다.
- 수신자에 의한 것으로 수신자 자신의 편견, 지각적 기술(Perceptual Skill), 지식, 주의력 정도, 조심성 등에 따라 해독을 잘못하는 경우이다.

① 일방적 커뮤니케이션 흐름

일방적 커뮤니케이션이란 연단 위에서 청중을 상대로 강연, 연설, 강의, 설교, 발표, 보고하는 식의 일방적인 이야기를 진행하는 것을 말한다. 어찌 보면 서로의 피드백 없이 준비된 전달, 계획된 전달인 것이다.

② 잡음

예컨대 통화시 전화기에서 울리는 윙 거리는 기계적 소음이나 지나가는 자동차의 경적음과 같이 커뮤니케이션 채널에서 야기되는 잡음과 메시지의 전달자, 수신자가 지니고 있는 편견이나 선입관에서 오는 심리적 요인, 그리고 희미한 타이핑과 인쇄용지가 구겨져 있거나 흐릿해서 야기된 메시지의 모호성 때문에 유발되는 메시지 접수 장애요인 등이 잡음에 해당된다.

③ 불편한 환경

사람들은 신체적으로 편안한 상태에서 커뮤니케이트 해야 올바르게 커뮤니케이션이 이루어진다. 만약, 상대방과 함께 있는 방이 너무 덥거나 혹은 너무 춥다면 커뮤니케이션을 멈추고 창문을 열거나 닫음으로써 방 온도를 조절하거나 다른 방으로 옮긴 후 커뮤니케이션을 이어나가는 것이 좋다. 전달할 내용보다는 방 온도에 관한 얘기로 빠질지도 모르기 때문이다.

④ 무드

가끔은 무드(Mood)에 신경을 써야 한다. 왠지 음산한 분위기를 수신자가 느끼면 전달자의 전달내용은 제대로 커뮤니케이트 되지 못한다. 발표를 하려할 때 강의실 불을 끄고 커텐으로 빛을 가리면 발표수업 분위기는 한층 좋아지게 되는 것이다.

⑤ 피로감

효과적 커뮤니케이션이 이루어지기 위해서는 많은 양의 정신적(Mental) 노력이 요구된다. 사람이 몹시 피곤해 있으면 상대방의 메시지에 정확하게 반응할 수 없을 것이다. 따라서 홀가분한 상태에서 의견교환 및 의사소통이 이루어져야 집중력, 몰입도 등이 높아지게 된다.

4. 커뮤니케이션 유형과 네트워크

(1) 공식적 커뮤니케이션

공식관계에 따라 공식적 커뮤니케이션과 비공식 커뮤니케이션으로 커뮤니케이션 형태를 구분한다. 특히, 공식적 커뮤니케이션에는 하향식, 상향식, 수평적 혹은 대각적 커뮤니케이션이 있고, 비공식 커뮤니케이션에는 그레이프바인 커뮤니케이션이 있다(**[도표 10-2]** 참조).

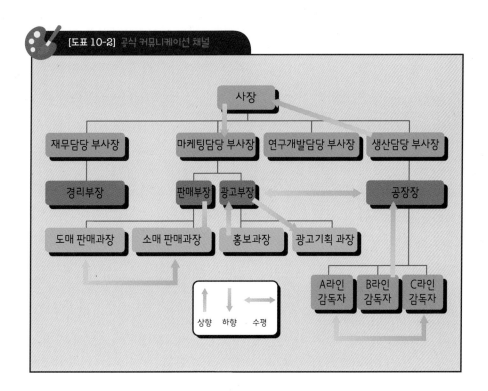

[도표 10-2] 공식 커뮤니케이션 채널

① 하향식 커뮤니케이션

하향식(Top-down, Downward)이란 상급자, 상급집단 및 조직으로부터 하급자까지의 방향을 말한다. 이는 관리가 강조된 것으로 상사가 부하에게 내리는 명령, 작업지시, 정책과 절차 등을 포함한다. 이때 하향식 커뮤니케이션은 하급

아이디어 박스 10-4

■ 쌍방향 의사소통

젊은이들 사이에 한창 유행한 적이 있었던 사오정 시리즈가 있다. 귀가 잘 안들리는 탓에 남이 무슨 말을 하건 자기 얘기만 하는 사오정을 주인공으로 한 농담들이다. 이를 테면 사오정 3형제가 커피숍에 갔다. 첫째가 주문했다. "나는 커피", 둘째가 "나도 홍차", 그러자 셋째 왈 "그럼 나도 주스". 주문을 받은 사오정 웨이터가 주방을 보며 소리쳤다. "3번 테이블에 녹차 3잔이요!" 회사에는 효과적 커뮤니케이션을 잘하지 못하는 무수한 사오정이 존재한다.

경영자는 효율적인 공동 목표를 달성시키기 위해 구성원들 간의 원활한 커뮤니케이션이 이루어지도록 경영해야 한다. 직무를 담당한 사람들이 자신의 직무에 대하여 완벽에 가깝게 이해하고 있는 것도 커뮤니케이션이요, 자신의 업적이나 자신의 장단점을 파악하고 있는 것도 커뮤니케이션을 위해 필요한 사안들이다. 구성원들에겐 획일적이고 공식적인 의사소통 경로 이외 다양한 경로를 개발할 책임도 주어져야 하며, 보고나 제안, 설명을 함에 있어 핵심적이고 중요한 일만 선택하여 일을 처리하는 것도 교육훈련시켜야 한다. 경영자는 말과 행동에서 솔선수범하여야 하며, 쌍방향 커뮤니케이션이 이루어져 투명하고 공개적인 경영을 이루어야 한다.

자가 이해할 수 있도록 명확해야 하고, 아래에서의 수용가능성이 매우 높아야 하며 일관성 및 적시성도 있어야 한다.

- 기업 내에서 하향식 커뮤니케이션을 사용하는 수단은 사보, 사내방송, 포스터나 게시판 등이 있다.

- 하향식 커뮤니케이션은 항상 구두나 직접 대면할 필요가 있는 것은 아니다. 상사가 부하에게 편지를 보낸 경우도 하향식 커뮤니케이션이 이루어진 것이다.

- 스캔넬(E. E. Scannel)에 의하면, 하향식 커뮤니케이션이 여러 계층(다섯 계층)이나 사람을 거치면서 초기 정보의 80%가 손실 혹은 왜곡된다고 보고하고 있다.

② 상향식 커뮤니케이션

상향식(Bottom-top, Upward) 커뮤니케이션은 조직 내 하위계층에 있는 하급자가 상급자에게 의사를 전달하는 것을 말한다. 이는 관리보다는 인간을 강조한 것이다. 상위계층에서 피드백을 받아서 하위계층의 아이디어, 제안, 불만, 불평, 보고, 의욕 및 의견조사 등을 듣고자 하는 것이다. 기업 내에는 고충처리제도(Grievance), 제안제도(Suggestion Box), 카운슬링제도, 옴브즈맨 등이 있다. 이를 통해 관리자가 얻을 수 있는 것은 종업원의 참여를 통한 직무관여, 조직 및 직무몰입을 이끌어 낼 수 있다는 것이다.

- 하향식 커뮤니케이션과 마찬가지로 하급자로부터 상급자로 의사가 전달되는 과정에서 정보의 선택과 여과를 통해 역시 초기 정보가 그대로 전달되지 않는다.

- 상위계층에서는 하급자가 피드백에 따른 보상을 받을 수 있도록 세심한 주위를 가져야 한다.

- 상급자가 관심을 기울이지 않는다면 부하는 비밀스런, 혹은 말하기 어려운 정보(의사)를 전달하려 하지 않을 것이다.

③ 수평적 커뮤니케이션

수평적 커뮤니케이션(Horizontal, Interactive, Lateral Communication)은 동일계통의 사람들 혹은 집단 간 횡적, 상호작용으로 이루어지는 커뮤니케이션이다. 그러면 조직에서 수직적 커뮤니케이션(하향식, 상향식)이 효과적이라면 수평적 커뮤니케이션은 왜 필요한가?

- 수평적 커뮤니케이션이 시간절약, 협동심 촉진, 부서 내 문제해결 등의 역할을 하기 때문이다. 주로 회의, 토의, 협조 등의 형식으로 이루어진다. 다양한 정보를 상호작용하여 얻는다는 것은 구성원 개개인을 사회화(Socialization)시켜 욕구를 충족시킨다는 긍정적 측면이 있다.

- 커뮤니케이션이 모든 수직적 커뮤니케이션에만 의존될 경우, 효율적이고 정확한 의사전달에 왜곡이나 방해가 나타날 수 있기 때문이다.

- 수평적 커뮤니케이션이 관리자에게 반드시 좋은 것만은 아니며, 역기능적 갈등이 존재한다고 보는 견해도 있다. 즉, 수직적 커뮤니케이션이 잘

진행되고 있을 때나, 부하들이 수평적 상호작용을 통해 상사의 업무능력을 능가하게 되었을 때, 상사가 부하의 관여, 참여 없이 의사결정을 내려 행동하려 할 때 등이다.

④ 대각적 커뮤니케이션

대각적(사선식 : by-pass)이란 조직구조상 부서와 직급이 다른 사람들 간의 커뮤니케이션을 말하는데, 예를 들어 판매과장과 재무부장이 긴밀한 협조 및 지원을 구하는 경우가 이에 속한다.

(2) 그레이프바인 커뮤니케이션

조직 내 상당 부분에 비공식적 커뮤니케이션이 존재한다([도표 10-3] 참조). 이러한 비공식적 커뮤니케이션이 여러 방향으로 한없이 뻗어 나간다는 의미, 혹은 포도넝쿨(Grapevine)처럼 얽히고설켜 있다는 의미에서 그레이프바인이란 개념이 데이비스(K. Davis)에 의해 제시되었다. 이는 조직 내 비공식 커뮤니케이션 과정에 있어 다음과 같이 해석될 수 있다.

- 농부(관리자)는 가지치기(통제)를 자기가 원하는 대로 관리할 수 없다.
- 개인은 변화라든가 자신에게 중요한 영향을 미치는 사안, 불안한 내용, 애매모호한 정보에 직면할 때 다른 사람에게 기댄(의존)다. 이런 상황에 직면하면 커뮤니케이션을 통해 불일치를 줄여 욕구충족을 하려 한다.
- 가지(정보)는 놀라울 정도로 빨리 전파되며 가지가 튼튼할수록(정보가 중요할수록) 그 속도는 더 빠르다.
- 가지의 근원(정보원천)에 대하여 믿을 만하다고 여기며 어떤 경우는 진실로 퍼지나 어떤 경우는 왜곡, 첨가, 삭제되기도 한다. 결국, 무엇이 원인이고 무엇이 결과인지가 불명확해지기도 하는 것이다.

그렇다면 포도넝쿨과 같은 수단을 통해 전달되는 정보의 정확성은 어떤가? 전달된 내용의 정확도가 상당히 높다는 것에 어느 정도 의견의 일치를 보인다. 혹자는 50~90%가, 혹자는 75~95%, 대부분의 학자들은 75% 정도는 정확하다고 주장하고 있다. 그러나 정확하지 못한 25%가 중요한 문제를 일으킬 소지가 있기 때문에 이에 대한 관리가 중요하다. 그레이프바인을 통해 전달된 내용을 그저 심심할 때 한 소리, 루머(Rumors)겠지, 괜한 소리쯤으로 넘겨서는 안 되는 것이다.

(3) 커뮤니케이션 네트워크

대부분의 조직들은 겉으로는 조직의 여러 부분들이 크고 단단하게 연결되어 있는 것처럼 보이지만 사실 잡동사니처럼 다소 느슨하게 연결된(Lossely Coupled) 조그마한 부분들로 이루어져 있는 경우가 많다. 많은 사람들이 다양한 목적을 가지고 함께 모여 있고 조직의 구분으로 인해 서로 다른 사람과 동등하게 이야기할 수 없게 보이지만 그 속에 개인들 간의 커뮤니케이션 네트워크가 곧 만들어진다. 따라서 조직 내 하부시스템들이 형성되는 것은 당연하다. 수천의 개인들로 이루어진 거대한 조직 내에서는 수많은 커뮤니케이션 네트워크들이 존재하게 된다. 서로 끊임없이 상호작용을 하는 수많은 개인들의 관계가 존재한다.

- 모든 커뮤니케이션 네트워크가 균등하게 조직 내에 만들어지는 것은 아니다. 우선 커뮤니케이션이 잘되는 사람들끼리부터 공식적 · 비공식적 커뮤니케이션 네트워크를 구축하게 되어있다.
- 조직 내에는 누가 누구와 커뮤니케이션을 할 수 있는가 하는 것이 어느 정도 미리 결정되어 있다. 로저스와 로저스(E. M. Rogers & R.A. Rogers)는 이러한 커뮤니케이션 네트워크를 개인과 조직 사이의 중간 크기에서 양자를 매개하는 묶음(Grouping)이라고 말한다.

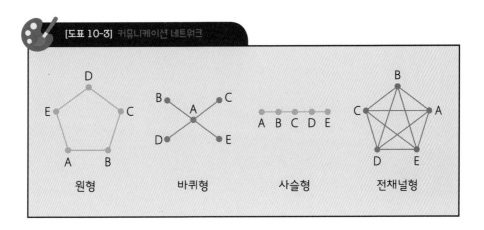

[도표 10-3] 커뮤니케이션 네트워크

원형   바퀴형   사슬형   전채널형

[도표 10-3]에 의하면 네트워크 유형에는 4가지 유형이 있다. 이러한 네트워크는 조직구조나 구성원 자신들의 개인적 특성을 중심으로 형성되는 것으로, 각각 상황에 적합한 커뮤니케이션 패턴을 유지하게 되는 것이다.

- 원형 : 집단구성원 간에 신분서열과 계층이 강조되지 않는 경우, 중심역할을 하는 인물이 특정하게 정해지지 않아도 되는 경우에 적합한 유형이다. 전달내용과 시작과 끝에 대한 규정이 없이 계속 연결되어 있는 네트워크이다.

- 바퀴형 : 중심인물이 뚜렷이 존재하는 집단일 경우, 나머지 사람들과 중심인물들이 개별적인 1:1 커뮤니케이션 채널을 유지하고 있는 네트워크이다.

- 사슬형 : 수평적 혹은 수직적 두 가지로 사슬모양이 이루어질 수 있는데 수평적 사슬은 비상연락망처럼 계속 연결되는 채널이며, 수직적 사슬은 엄격한 신분서열이 정해져서 상하 간으로 오르내리는 네트워크라 할 수 있다.

- 전채널형 : 집단의 전체 구성원 간 커뮤니케이션이 활발히 이루어지는 경우로서 상호 정보수집과 표현이 가능한 이상적 형태라 할 수 있다.

실전실습

Q

1. 다음은 MOT에 관한 설명이다.

스톡홀름의 호텔에 묵고 있는 피터슨은 미국 비즈니스맨이다. 그러나 공항에 도착
했을 때 호텔에 항공권을 두고 온 것을 알게 되었다. 당시 항공권이 없으면 비행기
를 탈 수 없다. 피터슨은 그 항공편에 탑승하는 것은 물론 코펜하겐에서의 회의참석
도 단념하려고 했다가 항공사의 담당자에게 사정을 설명했더니 뜻밖에도 기쁜 대답
이 나왔다. "걱정마십시오. 피터슨씨, 탑승하실 수 있도록 해드리겠습니다. 임시 항
공권을 준비해 드리겠습니다. 그랜드 호텔의 방번호와 코펜하겐의 연락처만 가르쳐
주시면 나머지 일은 우리가 처리하겠습니다."담당자는 밝은 미소를 띄우며 말했다.
피터슨이 동행자와 같이 대합실에서 기다리고 있는 사이에 담당자가 호텔로 전화
를 걸어 호텔의 종업원에게 부탁해서 그의 방 책상 위에 있는 항공권을 찾아냈다. 담
당자는 곧 자기 회사의 자동차를 호텔에 보내서 항공권을 가져오도록 조치했다. 재
빨리 조치가 취해져서 코펜하겐 편이 출발하기 전에 항공권이 도착되었다. "피터슨
씨, 항공권이 여기 있습니다"여직원이 가까이 다가서서 부드럽게 말할 때 피터슨 씨
는 그저 놀랄 뿐이었다.

① 고객접점 즉, 결정적 순간 또는 진실의 순간이라는 용어를 최초로 주창한 사람은
　리차드 노먼이며 이 개념을 도입하여 성공을 거둔 사람은 스칸디나비아 에어라
　인 시스템(SAS)항공사의 사장 얀칼슨(Jan Carlzon)이다.

② 고객접점이란 고객과 서비스요원 사이의 15초 동안의 짧은 순간에서 이루어지는
　서비스로서 이 순간을 진실의 순간(MOT: moment of truth) 또는 결정적 순간
　이라고 한 것이다.

A

1. MOT의 특징은 다음과 같다.

①

②

③

Q 2. 커뮤니케이션의 5대 요소는 다음과 같다.

① 부호화

② 해독

③ 메시지

④ 채널

⑤ 피드백

A 2. 5대 요소의 특징은 다음과 같다.

①

②

③

④

⑤

Q **3.** 효과적 커뮤니케이션을 방해하는 요소는 다음과 같다.

① 일방적 커뮤니케이션

② 잡음

③ 불편한 환경

④ 무드

⑤ 피로감

A **3.** 각각의 특징은 다음과 같다.

①

②

③

④

⑤

학습성과

11장을 학습한 뒤 학습자가 할 수 있어야 할 학습성과

1. 권력의 종류, 원천, 속성에 관해 설명할 수 있어야 한다.

2. 권력의 원인과 권력획득 전략에 관해 설명할 수 있어야 한다.

3. 권력위임과 조직정치에 관해 설명할 수 있어야 한다.

핵심 키워드

권력, 권한, 권력의 종류, 권력의 원천, 권력의 속성, 권력의 원인, 권력획득 전략, 권력위임, 조직정치

쉬어가며

남여사 주부백일장 장원기/박제영

남이사 이혼을 하건 말건 남이사 연애를 하건 말건 그건 다 남 愛사인데 오지랖 넓은 남여사 자리에 앉기만 하면 시시콜콜 남녀상열지사 남의 愛사를 풀어놓는 것인데 하루는 농으로 그 입심이면 연애시를 써도 장원은 떼논 당상이겠다 했던 것인데 손전화에 문자가 뜬 것이다 박시인 나 장원 먹었어 오늘 술은 공짜야 어여 와 호프집 문 앞으로 축 남여사 주부백일장 장원 큼지막한 화환들이 줄을 섰는데 그간 남여사 입방아에 올렸던 사내들 줄줄 속속 모여드는데 술잔이 몇 순 돌고 나서야 남여사 장원작 낭송을 시작했는데 그러니까 여지껏 그것이 남이사가 아니라 남 愛사가 아니라 남여사의 哀사였던 것 "새끼들 속 매운 상처는 왜 모를까 어미 눈 먼 사랑탓이었으나 내 눈 멀 만큼 사랑했던 것이니 어쩌랴" 이 대목에서 남여사 슬멋 눈물 훔치더라 이십 년 만에 그예 남씨로 성을 바꿨다는 아들들도 꾹꾹 잠궜던 눈물 마침내 흘리더라

Chapter

11

조직 속
권력의 탐색

어떤 사람들은 **권력(Power)**을 추구하는 대신 권력을 피하려 애쓴다. 심지어 권력을 두려워하는 것처럼 보이기까지 한다. 이들은 다른 사람들에 의해 그들의 행동이 통제되기를 원하기도 한고 어떤 경우에는 통제되는 것을 피하기도 한다. 이렇듯 권력이란 다른 사람에게 힘(Force), 영향력(Influence)을 행사할 수 있는 능력(Ability)을 말한다. 효율적인 인간관계를 위해서는 **조직정치**와 같은 권력과 관련있는 행동들을 이해해야 한다.

들어가며

1. 권력의 종류와 원천 그리고 속성

권력은 A가 B로 하여금 자기가 원하는 것을 하도록 영향을 줄 수 있는 잠재 능력이라 할 수 있다. 그렇다면 권력(Power)과 권한(Authority)은 같은가? 그렇지 않다. 권한은 권력의 한 형태로써 권력을 행사할 수 있는 능력이다. 특히, 공식적 권한이 합법적 권력에 해당한다. 이를 분명히 하기 위해 권력의 종류를 살펴보기로 하자.

(1) 권력의 종류

권력은 양자 간의 인간관계의 질을 좌우하는 잠재적인 영향력이다. 그 구체적인 구성요소로, **[도표 11 – 1]**의 7가지를 들 수 있다.

① 전문적 권력

상사가 우수한 지식과 전문성 기능을 가지고 있다는 부하의 인지에 기초한 권력이다. 상사가 특정분야에 전문성을 가지고 있을 때 누리는 권력(Expert Power)이다.

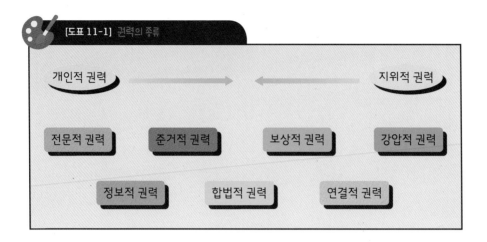

[도표 11-1] 권력의 종류

개인적 권력 → ← 지위적 권력

전문적 권력 　 준거적 권력 　 보상적 권력 　 강압적 권력

정보적 권력 　 합법적 권력 　 연결적 권력

② 정보적 권력

정보적 권력(Informative Power)은 다른 사람에 비해 많은 정보를 소유하고 있을 때 가지는 권력이다.

③ 준거적 권력

준거적 권력(Referent Power)을 참조권력이라고도 한다. 부하가 상사를 이상적 인물로 동경하여 상사같이 되고 싶다라는 인식에서 생겨난 권력이다. 참조적 권력이란 집단 내에는 구성원의 태도, 신념 그리고 행동을 평가할 수 있는 규범이 존재하게 되고, 이를 구성원이 따르기 때문에 가지는 권력이라 할 수 있다.

④ 합법적 권력

상사는 부하에게 지시할 수 있는 합법적 권력(Legitimate Power)을 갖고, 부하는 그것에 복종할 의무를 갖는다는 부하의 인식에 기초한 권력이다. 서로 약속한 합법적이고 제도적인 것에 기초한 권력으로 규정, 법규, 제도가 그것이다. 경찰관이 무단 횡단하는 보행자를 제지할 때 보행자가 경찰관 말을 순순히 듣는 경우가 여기에 속한다.

⑤ 보상적 권력

상사가 부하에게 보수 및 보상을 준다는 의식을 부하가 기본적으로 의식 속에 가지고 있을 때 갖는 권력(Reward Power)이다. 보수에는 금전적인 것 이외에 승진, 직무의 할당이나 칭찬, 곤란함에서 구제받을 수 있다는 생각 등도 포함된다.

⑥ 연결적 권력

연결적 권력(Connection Power)이란 영향력 있는 사람들과 연결되어 있을 때 가지는 권력을 말한다. 회장비서가 권력에 근접해 있어 가지는 권력도 이에 속한다. 또한 친인척, 동문, 학연, 지연 등 다른 사람이 가지지 못한 연결고리가 있을 때 가지는 권력이다.

⑦ 강압적 권력

강압적 권력(Coercive Power)이란 상사가 부하에 대해 벌을 줄 수 있는 힘을 갖고 있다는 부하의 인지에 기초한 권력이다.

(2) 권력의 원천

권력이란 어디에서 오는 것인가? 권력의 원천(Power Sources)에 대한 정의도 무수히 많다. 하지만 프렌치와 레이븐(J. R. French & B. Raven)의 이론을 빌려 설명하면 [도표 11-2]와 같다.

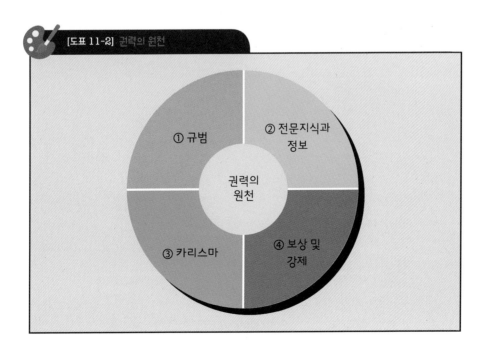

[도표 11-2] 권력의 원천

아이디어 박스 11-1

■ 권리란?

자신이 가진 권리를 잘 알지 못하는 사람이 많다. 개인은 의외로 중요한 권리들을 많이 가지고 있다. 요즘 시대에는 문서 한 장에도 문서를 만든 사람의 권리가 들어 있으며, 노래 한곡 한곡에도 다 권리가 있다.

우선 당신은 싫으면 싫다고 말할 권리가 있다. 모르는 것을 모른다고 할 권리도 있다. 당신은 이해 못하는 것은 이해 못한다고, 관심 없는 것은 관심 없다고 할 권리가 있다. 당신은 당신이 이미 결정한 사항이 맘에 안 들어 바꾸어야 한다고 생각하면 당당하게 바꿀 권리도 가지고 있기에 걱정할 필요가 없다. 바꾸면 그만이다. 당신이 진정으로 좋아하는 것에 대하여 남에게 설명할 필요도 없으며 당신이 일단 취한 행동을 정당화하기 위해 변명이나 이유를 댈 아무런 이유가 없다. 책임을 져야 한다면 당당하게 지면 된다. 당신은 가끔 잘못된 의사결정을 할 권리가 있기 때문이다.

그런데 화려한 각종 권리를 가진 개인이 집단이나 조직에 들어서면 상당 부분 권리에 변화가 생긴다. 개인의 권리가 회사의 권리에 의해 약화되기도 하고, 권리를 빼앗기기도 하는 것이다. 개인은 싫으면 싫다고 말할 자유가 있으나, 조직 생활은 싫어도 싫다고 말할 수 없는 경우가 대부분이다. 관심 없는 사안도 피하기 어렵고, 집단에서 결정된 사안을 맘에 안 든다고 쉽게 버릴 수 없다. 이렇듯 대부분의 개인적 자유는 포기되고, 새로운 규칙과 규범들이 집단을 굴러가게 하기 위해 도입된다. 그렇다고 개인이 가진 권리를 빼앗기는 게 싫어 집단이나 조직 생활을 거부할 수 없다. 개인은 반드시 개인보다 한 수 높은 어느 집단이나 조직에 들어갈 수밖에 없기 때문이다. 이것이 바로 집단의 권리이다.

① 규범

규범은 법, 권리, 사회계약 혹은 이를 위반하려는 행동이나 사고를 방지하려는 의도로부터 생성되는 권력의 원천이다.

② 전문지식과 정보

전문지식은 지식이나 전문능력을 갖지 못한 자가 이를 필요로 할 경우, 전문가가 갖게 되는 권력으로서 직위에 관계없이, 고유 전문영역이 있는 자가 이를 필요로 하는 자에게 행사할 수 있는 권력의 원천이다. 정보는 그 정보를 필요로 하는 자에게 행사할 수 있는 권력으로서 정보에 대한 상대방의 욕구가 집요하고 강할수록 정보력은 증대되며, 상대방이 정보를 얻자마자 본인의 정보력은 소멸되는 특성을 갖고 있는 권력의 원천이다.

③ 카리스마

카리스마는 이를 갖는 자에게 상대방이 매료, 매혹되어 자기 자신도 그와 동화하려고 할 때 그에게 의존적으로 되며, 권력을 이전하게 되므로 발생하는 권력의 원천이다.

④ 보상 및 강제

물질적, 비물질적, 금전적, 비금전적인 어떤 형태이든지 이를 요구하는 자에 대하여 행사할 수 있는 것이 보상 및 강제력이라는 권력의 원천이다.

(3) 권력의 속성

권력의 속성은 상호작용 내지는 관계성에서 파악되어야 한다. 그러므로 권력은 5가지 속성을 갖는다.

① 의존성

사회적 관계 속에서 어느 일방이 다른 일방에 대하여 가치 있는 것을 지배하거나 조직 속에서 자신의 역할을 수행하기 위하여 다른 사람에게 의존하게 될 때 권력이 생긴다.

② 합법성

권력은 부, 지위, 전문성 능력 등의 자원에 의해 확고해지지만, 특히 합법성에 의해 더 큰 힘을 받는다.

③ 행동지향성

권력은 상대방의 행동에 대하여 영향을 행사한다. 구성원들이 하나의 방향으로 일사분란하게 움직이게 하는 것이 바로 행동지향성이다.

④ 가변성

권력은 동태적이기에 가변적 특성을 갖는다. 권력의 크기는 조직 내외의 상황변화에 따라 늘어나기도 하고 줄어들기도 한다.

⑤ 다양성

조직 내의 권력관계는 단선적 방향이 아닌 다양한 모습을 보인다. 조직 내의 계층구조가 다양하면 다양할수록 더욱 다양한 모습을 보이는 것이다.

2. 권력의 원인과 권력획득 전략

(1) 권력의 원인

① 불확실성

행동의 적절성이나 정확성에 대해 확실히 알고 있지 못한 사람일수록 그 행동의 변화에 더 많은 영향을 미친다. 조직에는 많은 불확실성이 존재한다. 격심한 환경변화와 정보의 신속한 흐름 등이 조직의 행동을 정하는 데 있어 어려움을 준다. 이러한 불확실한 상황을 효과적으로 관리하는 사람은 큰 권력을 장악하게 된다.

② 대체가능성

조직 내의 활동이 다른 것에 의해 대체가능하다면 권력의 장악은 힘들어진다. 그러나 그 반대의 경우는 많은 권력을 가지게 될 것이다.

③ 집약성

조직 내의 주요 직위에 대한 연결관계가 상당히 중요하다. 어느 자리가 다른 사람의 직위나 하부단위에 많은 연결지어져 있다면 그 자리는 매우 집약성이 높은 자리이다. 이런 자리는 영향력을 행사할 능력이 강하다고 볼 수 있다. 기업체의 기획실이나 비서실이 여기 속하는 경우가 많다.

(2) 권력획득 전략

권력은 행사되어야만 존재하는 것은 아니다. 그저 그대로 보유한 채 평생 사용하지 않는 경우도 허다하다. 그러나 사용하지 못한 권력은 있으나 마나이다. 효율적인 권력사용이 그만큼 중요하다는 얘기다. 켈만^(H. Kelman)은 권력을 획득하기 위한 방법을 다음의 3가지로 나누어 설명한다.

- 복종(Compliance) : 권력을 행사하는 사람의 의도대로 그저 지시에 따른다.

- 동일시(Indenification) : 권력행사자를 존경하기에 그의 영향을 받기를 원한다.

- 내면화(Internalization) : 권력수용자는 권력행사자와 생각, 가치관을 일치시켜 똑같이 하려고 한다.

그렇다면 없던 권력을 어떻게 하면 획득할 수 있을까? 권력획득에 대한 여러 주장을 종합하면 다음과 같은 권력획득 전략들이 있을 수 있다.

① 과정적 차원

권력획득 전략에 대하여 스질라기와 왈라스^(A. D. Szilagyi & M. J. Wallace)는 협약, 흡수, 연합으로 설명한다.

- 협약 : 두 개 이상의 이질적 집단이 앞으로의 상호작용이나 경영활동을 통제하고, 불확실성을 감소하기 위해 협상을 통해 협약하는 경우를 말한다. 노사 간에 이루어지는 초기 협상단계도 양자 모두 협약전략을 통해 협상한다.

- 흡수 : 개인이나 집단이 한쪽으로 포섭되는 경우를 말한다. 두 사람 중 한쪽이 포기를 선언하는 경우와 같다. 상호 간의 불일치를 의도적으로 줄이기 위해 한쪽이 자기 권리를 포기하는 경우가 그것이다.

- 연합 : 공통목적을 추구하기 위하여 개인이나 집단이 가진 자원을 결합하여 효과를 보려고 하는 경우이다. 개인이나 집단이 결합하게 되면 더 많은 승수작용효과를 경험하게 되어 있다.

② 파워게임적 차원

듀브린(A. J. DuBrin)은 현대관리자들을 위하여 포괄적인 차원에서의 전략을 10 가지로 설명하고 있다.

- 권력자와의 제휴 : 권력자와 동맹관계를 맺는 것을 말한다.

- 포용 혹은 거절 : 흡수합병시 상대를 받아들일 것인지, 아니면 해고할 것 인가를 결정해야 한다.

- 분할지배 : 이견을 보이는 두 집단을 갈라놓고 양쪽을 중재하면서 실리 를 챙기는 전략

- 정보통제 : 권력을 이용하기 위해 정보를 통제한다. 위기가 생기면 정보 를 하나씩 꺼내놓고 그것을 통해 위엄을 얻으려 한다.

- 신속처리 : 권력이나 정보를 다른 사람이 알기 전에 특정인에게 알려 주 는 것으로 그 특정인으로부터 권력을 얻는 것이다.

- 의무감의 형성 : 부하에게 호의를 베풀면 부하가 호의에 보답하기 위해 행동한다.

- 태만 : 특정한 일을 천천히 수행함으로써 특정기간만 가지는 권력이다.

- 점진적 전진 : 적당 시기에 일보씩만 앞으로 진행하면서 권력을 얻는 전략

- 위기이용 : 곤란한 문제가 발생할 때 관심의 대상으로 주목을 받으면서 얻는 권력획득 전략

- 원거리 : 부하의 참여를 쉽게 허용하지 않고, 특정 의사결정권을 독점함 으로써 권력을 획득하는 전략

③ 조직정치 차원

마일즈(R. H. Miles)는 권력을 얻기 위한 조직정치 차원에서의 전략으로서 다음 을 제안하였다.

- 자문지도
- 기동성 유지
- 자신감의 표현
- 정보 및 인물에 대한 접근통제
- 경쟁자극
- 잠재적 반대세력 무마

- 무관심자의 헌신적 노력유지   ■ 흥정
- 사소한 논쟁 회피

3. 권력위임

　조직 내의 여러 가지 의사결정 중 중요한 것 하나가 바로 조직구조상 권력을 어떻게 배분할 것인가에 관한 것이다. 권력은 빼앗겨야 얻는다는 말이 있다. 이렇듯 권력위임이란 조직의 특정 활동을 수행하기 위해 공식적 권한(합법적

아이디어 박스 11-2

패러다임 이동 ■

　할아버지가 손자에게 "너 썰매 타봤느냐?"라고 물으시면 손자는 놀이동산 눈썰매를 떠올리지만 할아버지는 겨울 논에서 탔던 썰매를 타보았는지가 궁금하셨던 것이다. 나이 차이만큼이나 서로의 패러다임도 많이 다르다. 요즘 군대는 아버지가 다녔던 군대와 내가 다녔던 군대와 다르다. 그래서 신세대 사병을 위한 또 다른 경영이 군대에 필요해졌다.

　태양이 회전한다는 데에 대한 동일한 생각, 가치관, 이론을 가지고 있던 사람들이 지구와 태양이 모두 회전한다는 진리를 알았을 때 어떤 느낌이었을까? 앨빈 토플러(A. Toffler)는 땅 부자가 공장 굴뚝을 가진 공장 부자에게 힘을 빼앗겼으며, 그 공장 부자는 정확하고 똑똑한 정보 소유자에게 권력(Power)을 내놓을 것이라고 예견하였다. 이러한 권력 이동(Power Shift)처럼 이제 패러다임 이동(Paradigm Shift)도 거대한 흐름이다.

　회사는 공통된 패러다임을 갖고 있는 사람들의 모임이 되어야 한다. 즉, 조직의 패러다임이란 회사 내부의 사람들이 공유하고 있는 가치관이라 말할 수 있다. "우리 회사의 사명은 무엇이다. 따라서 우리는 이러한 행동을 해야한다."라는 것에 공유된 가치관으로 일종의 나침반이나 지도와 같은 것이다. 그래야 그 나침반이나 지도를 바탕으로 경영활동을 하게 되는 것이다. 또 한 가지, 패러다임이란 본질적으로 변하게 되어 있는바, 변화의 흐름에 동참할 수 있는 자세가 필연적으로 필요하다.

권력^{권력}과 책임을 다른 구성원에게 할당하는 것으로 모든 사항에 대해 완전히 감독할 수 없기 때문에 조직이 효율적으로 운영되기 위해서는 하위자에게 경영자의 권력을 부분적으로 나누어주는 것이다. 여기서는 권력위임의 장점, 권력위임의 방해요인, 효과적인 권력위임의 방법을 살펴보기로 한다.

(1) 권력위임의 장점

권력위임의 장점은 다음과 같다.

■ 경영자가 많은 과업을 혼자서 다해낼 수 없다. 따라서 하위자에게 권력을 위임하여 준다면 하위자도 여러 가지 일을 할 수 있게 된다. 경영자는 일상적인 문제뿐만 아니라 독창성이 요구되는 권력을 위임함으로써 시너지효과^(Synergy Effect)를 통해 조직유효성을 달성할 수 있게 된다.

■ 권력위임은 하위자로 하여금 위임된 과업에 따라서 하위자의 훈련에 도움이 되며 독창성을 발휘하기 위한 자신감과 의지를 갖게 한다.

■ 하위자는 조직의 활동이 이루어지는 현장에서 일어나는 결정적 사실을 가장 정확히 파악할 수 있기 때문에 권력위임이 이루어지면, 조직의 바람직한 의사결정에 도움이 된다.

■ 권력위임은 신속한 의사결정을 가능케 한다. 즉, 권력위임이 이루어지지 않으면 경영자에게 일일이 보고하고 경영자와의 협의를 거쳐 의사결정을 해야 하나, 권력위임이 이루어지면 현장에서 직접 필요한 의사결정을 할 수 있어 시간을 절약할 수 있다.

(2) 권력위임의 방해요인

권력위임을 방해하는 요인은 다음과 같다.

■ 경영자가 자신 혼자서도 과업을 수행할 수 있다고 생각하거나 하위자의 능력을 무시하는 경우이다.

■ 특정 과업을 어떤 경영자 또는 하위자에게 책임을 지게 할 것인가에 관하여 혼란이 있거나 일관성이 없는 경우이다.

- 경영자가 권력위임을 하면 자신의 권력이 감소된다고 생각하는 경우이다. 자율경영을 한다고 해놓고서 간섭을 계속한다면 안 되는 것이다.

(3) 효과적인 권력위임 방법

효과적으로 권력을 위임하기 위해서는 다음과 같은 조건이 요구된다.

- 경영자는 위임된 과업을 수행할 수 있도록 하위자에게 자율권을 부여해야 한다. 이것은 하위자로 하여금 경영자가 선택하고자 했던 것과는 다른 과업수행방법과 해결책을 선택하도록 하는 것을 의미한다. 경우에 따라서는 위임된 과업을 수행하는 하위자에게 실수를 허용하고 나아가 실수 혹은 실패로부터 배울 수 있다는 의식을 고취시켜야 한다.

- 경영자와 하위자 간에 개방된 의사소통이 이루어져야 한다. 하위자의 능력을 아는 경영자는 어떤 과업을 누구에게 위임할 것인가를 더욱 현실적으로 결정할 수 있다. 반대로 자신의 능력을 이용할 수 있도록 고무되어 자신의 경영자가 적극적으로 지원할 것이라는 것을 아는 하위자는 책임을 수용할 수 있는 가능성이 높다.

- 경영자는 조직목표, 과업의 필요요건, 하위자의 능력과 같은 조직상의 여러 요인들을 분석할 수 있는 능력이 있어야 한다.

4. 조직정치의 본질

조직은 조직목표뿐 아니라 개인목표를 동시에 추구하는 정글이다. 이 속에서는 개인이나 집단이 권력을 의도적으로 추구하게 되어 있다. 이렇듯 조직에서 자연스럽게 필연적으로 발생하는 권력암투현상을 조직정치(Organizational Politics)라 한다. 조직은 경제적 이윤을 얻기 위해서 존재하지만 개인적 관심에서 보면 자신의 개인적 이득을 위한 정치의 장이라고도 할 수 있다. 따라서 개인의 목표추구는 집단 내에서 자기가 갖고 있는 권력의 양과 관련되어 있다. 권력을 쥐지 못한 사람은 자기 의지를 펼쳐 보일 수 없다. 권력획득에 실패하거나 정치적 고립자는 성공하기 어렵다는 뜻이다. 그러다보니 자기 이익을 보상

받고 자기의 세력을 확산시켜 자신을 확고히 나타내려고 유사한 개인이나 집단에 의해 고의적인 영향력 행사가 이루어진다.

(1) 조직정치 행동이 빈번해지는 이유

조직 내에서 개인이나 집단이 자기들의 권력을 증대시키거나, 상대의 권력을 감소시킬 목적으로 정치적 행동이 빈번하게 일어나게 되어있다. 이러한 상황을 루싼스(F. Luthans)는 조직합리성보다 조직정치성의 정도에 의해 조직정치 행동을 설명한다.

- 자원 : 무엇보다도 조직 내 희소한 자원 때문이다. 또한 그 자원이 예기치 못한 것이면, 조직정치 행동은 더 극렬해진다.

아이디어 박스 11-3

■ 권력의 탄생

부정확한 지도를 바로 잡기 위해 김정호는 조선 팔도를 3번이나 돌고, 백두산을 7차례 오르면서 수정에 수정을 더한 지도를 만들었다고 한다. 그러나 그 시대 김정호는 국가기밀 누설죄에 해당하는 중벌로 갖은 고생을 겪었다. 로마도 하루아침에 이루어지지 않은 것처럼 위대한 결과물은 오랜 시간과 수많은 노력의 결과인 것이다. 에디슨은 수업시간에 허황된 것처럼 보이는 꿈을 향해 질문을 수없이 던졌고 결국 학교에서 퇴학당하고 만다. 그 후에도 그는 사물에 대한 끊임없는 흥미를 놓지 않았고 위대한 발명가로 남게 되었다.

리바이 스트라우스가 바로 Levi's 청바지를 만든 사람이다. 그는 바다에서 입던 옷을 땅에서도 입을 수 있게 하자라는 새로운 생각을 실현하였다. 세상에 블루진을 입힌 남자, 그가 바로 유대계 독일인 뢥 슈트라우스의 미국식 이름이다. 그가 만든 청바지는 천막용 천으로 만든 질긴 바지가 탄광촌에서 인기를 얻으며 시작되었다.

- 의사결정 : 애매하거나 동의하기 어렵고, 장기적이며, 불확실한 의사결정이 일상적인 의사결정보다 더 많은 조직정치 행동을 야기한다.

- 목표 : 보다 애매하고 복잡한 목표가 설정되었을 경우 조직정치 행동이 많아진다.

- 기술 : 조직에 도입된 기술이 복잡한 것일수록 조직정치 행동은 증가한다.

- 변화 : 조직개편이나 조직발전계획 등이 시행되면 조직정치 행동은 더 많아진다.

(2) 조직정치 행동 유형

뉴질랜드 마오리족은 럭비경기에 앞서 상대방 선수를 향해 흰 이빨을 드러내 보이고 내가 더 강하다는 신호를 상대에게 보인다. 사람들의 행동은 내면에 다른 뜻이 숨겨져 있는 경우가 허다하며, 사람들은 집단 내에서 수많은 정치적 행동을 하고 있다. 그 대표적인 행동유형을 5가지만 살펴보자.

- 거짓행동 : 자기가 가진 권력을 과장해서 크게 보이려고 거짓행동을 한다. 이순신 장군은 노적봉을 쌓아 힘을 과시했으며, 성에 포위된 채 삼복더위에 말 등에 쌀을 부으면서 마실 물이 성 안에 충분히 있다는 것을 왜군에게 알렸다.

- 연고 : 상급자나 권력자와 인연을 맺어놓으면 실력자가 비상시에 나를 도와줄 것이다. 또한 같은 편이기에 배신은 피할 수도 있게 된다는 것이다.

- 소속집단의 힘 이용 : 자기가 속한 집단의 힘을 빌려 다른 사람과 협상하려는 것이다.

- 상대방의 약화 : 나의 권력을 키우는 것도 좋지만, 상대방의 권력을 약화시키는 것도 아주 효과적이다.

- 대체성 증대 : 상대에 대한 의존성이 적을수록 나의 힘은 커지는 것이다. 따라서 상대의 의존성을 줄이기 위해 대체적 존재를 증대시킴으로써 나의 의존성을 줄여 나가는 것이다.

(3) 조직정치의 유효성

조직을 관리, 지도 운영하는 것은 정부의 행정가나 정치가의 활동과 유사한 속성이 있다. 조직경영 역시 상하관계, 내부관리행동, 고객에 대한 의사결정, 시장공략법 등에서 보면 확실히 조직정치는 필수적이다.

- 개인의 단점극복 : 개인 혼자서는 아무래도 단점투성이며, 자기 자신을 혼자서 방어해 내기가 힘들다. 하지만 어디에 속해 있으면 그 집단의 덕을 보게 될 것이다. 그러다 보니 개인의 결핍부분이 조직 내의 정치적 활동으로 많이 가려지게 된다.

- 변화에의 적응 : 조직환경의 변화는 빈번하게 발생한다. 이러한 변화에 대처하기 위해서는 권력을 가진 자 근처를 맴돌거나 줄을 잘서야 한다고 생각하기도 한다. 그러다 보면 작은 문제에 효과적으로 대처할 수 있고, 또한 나중에 당면하게 되는 큰 변화에도 대처할 수 있도록 도와준다.

- 접촉기회의 증가 : 규모가 큰 조직에서 개인별로 모든 개인들을 만나기란 어렵다. 조직 내에 정치활동을 통해 자기 의지를 모든 사람에게 알리기 위해서는 조직정치 행동이 필요하다.

IAPTER 11

실전실습

Q 1. 다음은 권력의 종료에 관한 설명이다.

① 전문적 권력

② 정보적 권력

③ 준거적 권력

④ 합법적 권력

⑤ 보상적 권력

⑥ 연결적 권력

A 1. 각각 권력의 특징은 다음과 같다.

①

②

③

④

⑤

⑥

Q 2. 권력위임의 내용은 다음과 같다.

① 혼자서 모든 것을 다할 수 없음.

② 시너지 효과

③ 주도권을 거지면 더 많은 능력을 발휘

④ 현장 적합형 인재의 활용

⑤ 신속한 의사결정도 가능

A 2. 각각 권력위임은 다음과 같은 특징이 있다.

①

②

③

④

⑤

Q **3.** 권력획득전략은 다음과 같다.

① 권력자와의 제휴

② 포용 혹은 거절

③ 분할하여 지배

④ 정보통제

⑤ 내가 획득한 정보를 신속하게 처리하여 힘을 얻음

⑥ 부하에게 호의를 베풀어 부하스스로 의무감을 갖도록

⑦ 합법적으로 태만하여 애 타게 만듦

⑧ 점진적 전진

⑨ 위기이용(위기를 기회로)

⑩ 원거리(참여제한)

A **3.** 각각의 특징은 다음과 같다.

①

②

③

④

⑤

⑥

⑦

⑧

⑨

⑩

Q

4. 조직정치 행동은 다음과 같다.

① 거짓행동

② 연고

③ 소속집단의 힘 이용

④ 상대방의 약화

⑤ 대체성 증대

A

4. 각각의 특징은 다음과 같다.

①

②

③

④

⑤

학습성과

■ **12장을 학습한 뒤 학습자가 할 수 있어야 할 학습성과**

1. 직무스트레스 관리가 왜 중요한지 설명할 수 있어야 한다.

2. 직무스트레스 원인과 결과에 관해 설명할 수 있어야 한다.

3. 직무스트레스 조절에 관해 설명할 수 있어야 한다.

핵심
키워드

■ **직무스트레스, 디스트레스, 유스트레스, 43개 인생사건, 사회적 재적응척도, 직무스트레스 원인, 직무스트레스 결과, 직무스트레스 조절, 통제신념**

쉬어가며

■ **페이스 오프/박제영**

FBI 요원인 존 트라볼타와 테러리스트인 니콜라스 케이지의 얼굴이 바뀌었다 연방경찰이 테러리스트가 되고 테러리스트가 연방경찰이 되어 서로를 쫓고 서로에게 쫓긴다 손의 아내가 트로이와 자고 트로이의 애인이 손과 잔다 페이스 오프 봤어? 자네하고 나하고 바꿔 퇴근하면 어떨까? 술이 서너 순배 돌았지만 우리는 아무 대답도 할 수 없었다 내가 그의 집 404호로 그가 나의 집 304호로 오늘 문득 바꿔 퇴근한다 해도 어차피 아내도 아이들도 잠든 시간일 것이므로 아내도 아이들도 남편의 얼굴, 아버지의 얼굴을 잃어버린 지 오래 되었을 것이므로 불꺼진 골목골목 얼굴 없는 사내들이 진눈깨비처럼 흩날리다가 까마득히 지워지다가 밤은 마침내 고요했다.

Chapter 12

적정한 직무스트레스의 유지

일상생활이나 조직생활 속에서 우리는 수많은 직무스트레스를 겪게 된다. 오늘날 급속하게 변모하는 사회는 우리 모두에게 많은 압력들을 조성한다. 끊임없는 급박감, 즉 점점 더 적은 시간에 점점 더 많은 것을 성취하는 압력에 당면하고 있다. 환경적 및 **직무상의 스트레스**들, 예컨대 직무에서의 역할 과중이나 역할 과소로 인하여 직무스트레스에 관한 문제가 우리의 일상생활에서 점점 더 증가되고 있다. **적당한 직무스트레스**는 개인의 심리적 성장, 창의적 활동, 새로운 기술습득 등을 가능하도록 긴장상태를 유지시켜 주지만, **과도한 직무스트레스**는 피곤함, 무기력함, 좌절감, 소외감 등을 야기시켜 우리 인간에게 신체적·정신적 건강에 악영향을 줌으로서 개인생활뿐 아니라 사회생활에서도 많은 지장을 초래한다. 이처럼 직무스트레스는 원만한 인간관계 유지를 위해서도 중요하게 다루어야 할 문제이다.

들어가며

1. 직무스트레스의 이해

(1) 직무스트레스 관리의 중요성

직무스트레스가 인간의 신체적 · 정신적 건강을 해칠 뿐만 아니라 조직의 능률을 저하시킨다는 사실을 인간관계를 연구하는 학자들과 기업인들이 깨닫게 됨으로써 직무스트레스에 관한 연구가 활기를 띠게 되었다. 스트레스는 심리적인 반응, 내적인 심리상태 및 행동을 포함하는 것이기 때문에, 과학적인 관심은 사회학, 문화인류학, 심리학 및 의학 등의 여러 학문분야에서 전개되어 왔지만 인간관계론에서는 일반적인 스트레스보다는 직무스트레스에 관심을 갖는다.

- 개인이나 집단^(조직)에 있어서 스트레스는 공기와 같이 어디에서든지 누구나 경험하는 인생의 한 부분이기 때문에 스트레스에 관해 '스트레스로부터의 완전한 자유는 죽음'이라고까지 말하기도 한다.

- 직장인의 경우 '갈등'이 개인의 생활에서는 물론이고 조직 내에서의 생활에서도 중요한 부분이듯이 직무스트레스도 피할 수 없는 직장생활의 동반자가 되고 있다.

■ 통계에 의하면 상사 · 부하 · 동료와의 갈등 37.3%, 조직 내에서의 역할 24.2%, 업무의 과중 11.3%, 적성불일치 10%, 승진과 이동에 대한 부담 7.7%, 열악한 직무환경 4.7%로 나타났다.

■ "직장인은 월급과 직무스트레스를 함께 받는다."는 말이 실감난다. 우리 나라 직장인들은 급속한 경제성장을 이룩하여 나라도 부흥시키고 개인 의 생활 수준도 높여야 한다는 각오로 밤낮을 가리지 않고 열심히 일해 온 부작용으로 더 많은 스트레스를 경험할 수 밖에 없다.

■ 우리나라의 40대와 50대 남자들의 사망률이 세계적으로 가장 높다는 통 계보고도 이를 잘 말해준다.

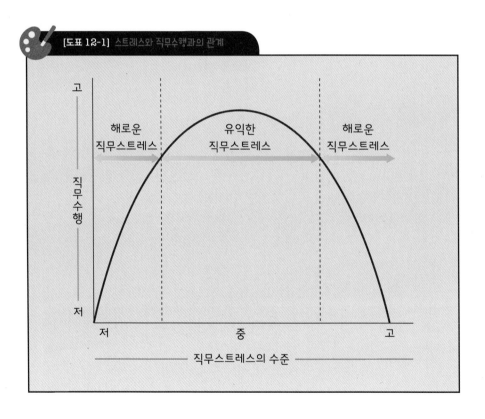

[도표 12-1] 스트레스와 직무수행과의 관계

이처럼 직장인이 경험하는 직무스트레스의 결과는 개인의 건강을 해치는 것은 물론 결과적으로 조직에도 비용 증대와 생산성 저하 등의 부정적인 영향 을 미치기 때문에 선진국에서는 오래 전부터 그 원인과 결과에 대해 관심을 갖고 있다. 미국의 경우 직무스트레스 해소를 위해 GNP의 10% 정도를 투자 하고 있으며 스트레스 연구기관을 설립하여 본격적으로 연구하고 있다. 직무

구체적 목표 설정 ■

어느 대기업에서는 3가지 운동을 구성원에게 적극 추천하는데, 첫째가 골프요, 둘째가 야구, 셋째가 럭비라고 한다. 골프는 자기 자신과 싸우는 운동이요, 야구는 스타플레이어 몇 사람이 이끄는 운동이고, 럭비는 팀워크를 다지는 운동이라는 것이다. 골프(Golf)는 어원상 목표(Goal)를 강조한 스포츠이다. 이상한 작대기로 공을 날리고 굴려가며 구멍에 넣는 것이 뭐 그리 재미있겠느냐고 힐난할지 모르나, 그건 몰라도 한창 모르는 소리다. 평생에 홀인원 한 번 하기도 어렵거니와 100개를 깨는 것도 쉽진 않다. 골프는 어려워서 더 재미있는 스포츠다.

그 어려운 목표를 달성하기 위해서는 구체적인 계획과 실행 그리고 평가가 있어야 한다. 골프 역시 일종의 경영이다. 어떤 클럽을 선택하여 어떻게 코스를 공략할 것인지, 매니지먼트해야 하며, 새벽에 인도어(In-Door)에서 연습에 몰두해야 한다. 골프가 끝나면 내가 어떻게 골프를 즐겼는지 일일이 복기도 해야 한다. 최고 경영자가 된 사람들 중 골퍼가 아닌 사람은 거의 없을 정도이다. 요즘 골프경영학이란 책도 시중에 나와 있다. 골프는 99%의 정신력과 1%의 정신력으로 매니지먼트하는 예술이기 때문이다.

1953년 미국의 예일 대학에서는 졸업생들을 대상으로 인생의 구체적인 목표를 글로 써 놓은 것이 있는지 조사했다. 3%의 학생만이 써 놓았다고 답했고, 나머지는 생각만 하고 있거나 아예 목표를 가지고 있지 않다고 대답했다. 20년 후 졸업생들을 대상으로 얼마나 성공했는지를 조사했다. 놀랍게도 삶의 구체적 목표가 있었던 3%의 사람들이, 나머지 97%의 사람들이 가지고 있는 부를 모두 합친 것보다 훨씬 더 부유했다. 이것이 바로 목표 설정의 힘이다.

스트레스의 관리는 경영관리자의 중요한 기능 가운데 하나이므로 '직무스트레스'가 무엇이고, 어떻게 일어나며, 적정 수준의 직무스트레스를 유지하는 방법에 관한 이해가 요구되고 있다([도표 12-1] 참조).

(2) 직무스트레스의 개념과 특성

스트레스의 개념에 대한 정의는 분명치 않다. 이의 올바른 이해를 위해 여러 학자들이 제시한 정의 중에서 직무스트레스와 관련된 정의를 살펴보자.

- 개인 내에서 심리적·생리적인 불균형을 불러일으키고 외적인 환경, 조직 또는 사람에게 있는 요인들로부터 초래한 내적인 경험이다.

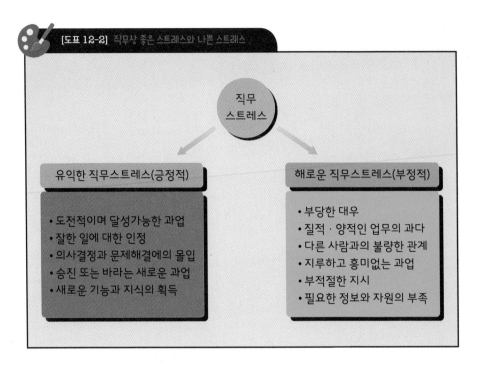

[도표 12-2] 직무상 좋은 스트레스와 나쁜 스트레스

직무
스트레스

유익한 직무스트레스(긍정적)

- 도전적이며 달성가능한 과업
- 잘한 일에 대한 인정
- 의사결정과 문제해결에의 몰입
- 승진 또는 바라는 새로운 과업
- 새로운 기능과 지식의 획득

해로운 직무스트레스(부정적)

- 부당한 대우
- 질적 · 양적인 업무의 과다
- 다른 사람과의 불량한 관계
- 지루하고 흥미없는 과업
- 부적절한 지시
- 필요한 정보와 자원의 부족

■ 상황의 요구가 자신의 능력에 넘친다는 지각과 그 요구를 충족시키는 것
이 매우 중요하다는 지각에서 초래된 불쾌한 감정상태이다.

■ 조직구성원에게 육체적 · 심리적 및 행동적 이탈을 초래하는 외적인 상
황에 대한 적응적인 반응이다.

■ 실제로 개인차와 심리적인 과정에 의해 매개된 적응적인 반응이고 사람
에게 어떤 과도한 심리적 · 육체적 요구를 하는 외적(환경) 행동, 상황 또는
사건을 초래하게 하는 결과이다.

직무스트레스의 특성 중 가장 중요한 것은 직무스트레스가 양면성을 갖고
있다는 것이다. 그것은 그 자체로 좋거나 나쁜 성질의 것이 아니다. 스트레스
가 없거나 낮은 그리고 지나치게 높거나 많아서 해로운 스트레스를 '디스트
레스(Distress)'라는 개념으로, 그리고 적정 수준이어서 유익한 것을 '유스트레스
(Eustress)'라는 개념으로 구분하여 부정적인 측면과 긍정적인 측면으로 구분하
고 있다([도표 12-2] 참조).

따라서 직무스트레스의 이 같은 양면성을 학자에 따라 건설적 또는 파괴적,
기능적 또는 역기능적 그리고 긍정적 또는 부정적이라는 대조적인 개념으로
거론하고 있다([도표 12-3] 참조).

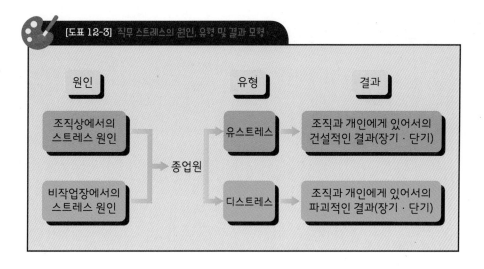

[도표 12-3] 직무 스트레스의 원인, 유형 및 결과 모형

2. 직무스트레스 원인

(1) 직무스트레스 원인

직무스트레스 원인 역시 학자들에 따라 다양하게 거론되고 있는데, 코헨(A. C. Cohen)은 직무스트레스 원인을 불확실성 또는 모호성, 끝내지 못한 과업 및 과업에 대한 강요, 역할기대, 성장과 개발 등을 제시하고 있고, 쿠퍼(C. L. Cooper) 등은 일의 과중함과 가족의 갈등, 자율성 결여, 실업 위협, 대인 간 갈등, 대외 기관과의 갈등을 제시하고 있다.

(2) 직무스트레스의 차원

개인의 삶과 관련된 스트레스 원인과 관련된 학자들의 대부분은 워싱턴 의과대학의 의사인 홈즈(T. H. Holmes)팀이 제시한 **43개 인생사건**(Life Events)을 인용하여 반영되었다([도표 12-4] 참조). 그들은 직무상 경험하게 되는 스트레스 이외에 다른 데에서, 즉 인생에서 경험하게 되는 스트레스가 있다는 관점에서 인생의 변화와 관련하여 경험한 스트레스의 양을 측정하여 '사회적 재적응 척도(Social Readjustment Rating Scale : SRRS)'를 개발했다.

[도표 12-4] SRRS

인생사건	구분	LCU	인생사건	구분	LCU
배우자의 사망	I	100	자녀의 가출	I	29
이혼	I	73	배우자 가족과의 불화	I	29
배우자와 별거	I	65	특출한 개인적 성취	II	28
징역기간	II	63	배우자의 취업 · 퇴직	I	26
가까운 가족의 사망	I	63	학교의 개강 · 종강	II	26
자신의 상해 또는 질병	II	53	생활조건의 변화	II	25
결혼	I	50	개인적 습관의 변화	II	24
직장에서의 파면	III	47	상사와의 불화	III	23
배우자와의 불화	I	45	작업시간 · 조건의 변화	III	20
정년퇴직	III	45	주거의 변화	II	20
가족 건강상태의 변화	I	44	새로운 전학	II	20
임신	I	40	여가활동의 변화	II	19
성적인 문제(어려움)	II	39	종교활동의 변화	II	19
새로운 가족의 증가	I	39	사회활동의 변화	II	18
사업상의 적응	II	39	1만 달러 미만의 저당 또는 부채	IV	17
경제상태의 변화	IV	38	수면습관의 변화	II	16
친구의 사망	II	37	가족이 모일때 사람 수의 변화	I	15
직장 내에서의 이동	III	36	식사 습관의 변화	II	15
배우자와의 말다툼이 증대	I	35	휴가	II	13
1만 달러 이상의 저당	IV	31	크리스마스	II	12
담보물 또는 채권의 상실	IV	30	경범죄	II	11
직장에서의 책임의 변화	III	29			

① 조직 차원의 직무스트레스 원인

핸디(C. Handy)는 직무스트레스를 일으킬 수 있는 조직 차원의 상황으로 타인
(부하)의 일에 대한 책임, 창의적인 활동을 해야 하는 기능, 연결고리 역할(조정활
동)을 다해야 하는 어려움, 상하 간의 관계를 유지해야 하는 어려움, 경력의 불
확실성 등을 제시하고 있다.

② 집단 차원의 직무스트레스 원인

'직무 차원의 스트레스 원인(Job Stressors)'이라고도 하는 것으로서 어떤 직무
는 본질적으로 다른 직무들보다도 더 많은 스트레스를 일으킨다는 조사연구

가 많이 있다. 한 통계에 따르면 직무스트레스에 관한 연구를 거쳐 직무스트레스를 가장 많이 받은 12개의 직무를 순위에 따라 노동자, 비서, 검사, 임상실험 기술자, 사무실 관리자, 감독자, 경영자, 웨이터(웨이트레스), 기계운전공, 농장소유자, 탄광공, 화가 등을 제시하고 있다.

홈즈 팀이 개발한 측정표를 토대로 우리나라 사람들이 경험하는 스트레스와 질병의 관계에 관한 연구를 보면 한국인들은 미국 사람들과는 달리 다음과 같은 결과를 얻었다.

[도표 12-5] 한국인의 스트레스 평가

삶의 변화	점수	삶의 변화	점수
자식 사망	74	사업의 일대 재정비	43
배우자 사망	73	직업전환	43
부모 사망	66	정년퇴직	41
이혼	63	해외취업	39
형제자매 사망	60	유산	38
혼외정사	59	임신	37
별거 후 재결합	54	입학시험, 취직 실패	37
부부의 이혼, 재혼	53	자식의 분가	36
별거	51	새 가족 등장	36
해고, 파면	50	가족 중 1명이 질병을 얻음	35
정든 친구의 사망	50	성취	35
결혼	50	주택, 사업, 부동산 매입	35
징역	49	정치적 신념의 변화	35
결혼 약속	44	시댁, 처가, 친척과의 알력	34
중병, 중상	44	학업의 시작, 중단	34

③ 개인 차원의 직무스트레스 원인

개인 차원의 직무스트레스 원인도 학자들에 따라 역할갈등, 역할애매성, 업무의 과중, 업무의 과소 등을 제시하고 있는데, 이를 정리해보면 4가지가 가장 중요한 것들임을 알 수 있다.

- 역할갈등(Role Conflict)

- 역할모호성(Role Ambiguity)

- 질적 또는 양적인 업무의 과중(Job Overload)

- 질적 또는 양적인 업무의 과소(Job Underload)

3. 직무스트레스의 결과

직무스트레스의 결과는 파괴적 또는 건설적, 역기능적 또는 기능적, 부정적 또는 긍정적인 것으로 대칭적인 측면을 지니고 있는데, 대부분의 사람들은 직무스트레스의 결과를 개인에게 미치는 것, 조직에 미치는 것 등 2가지로 구분하여 제시하고 있다.

(1) 개인에게 미치는 결과

개인에게 미치는 직무스트레스의 결과에 대해 학자들이 제시하고 있는 것들은 명확한 구분이 불분명하고 중첩되기도 하지만, 이들을 정리해보면 행동적인 것, 신체적인 것, 심리적인 것이 주된 것임을 알 수 있다.

① 행동적 결과

개인에게 미치는 행동적 결과는 바로 행동적인 것으로 나타나기 때문에 다른 어떤 결과보다도 조직에 미치는 결과와 관련되어 있다. 생산성, 결근, 이직, 업적, 직무불만족, 사고, 음주, 약물중독, 감정폭발, 식욕의 과다, 충동적 행동 등의 결과를 가져오게 된다.

② 신체적 결과

'생리적(Physiological)' 또는 '신체적(Physical)'인 개념으로 논의되고 있는 직무스트레스의 결과는 높은 콜레스테롤, 심장병, 땀흘림, 입술이 마름, 고혈압, 궤양, 암, 천식, 당뇨병, 불면증, 편두통, 요통, 목과 어깨가 뻣뻣함 등이다. 미국의 의학자들은 미국인의 경우 모든 신체적 질병의 50~70%가 직무스트레스와 관련된다고 보고하고 있다.

③ 심리적 결과

인간관계 분야에서는 심리적인 증상과 직무스트레스의 관계에 관해 집중적으로 다루어져 왔으며 대체적으로 '정서적(Emotional)'이거나 '인지적(Cognitive)'인 것을 포괄하거나 또는 심리적인 직무스트레스의 결과를 다양하게 거론하고 있다. 결과들로는 불안, 무관심, 권태, 침울, 낮은 자존심, 소외감, 화냄, 직무불만, 공격성, 피로, 죄의식, 고독, 신경과민, 흥분, 불면증, 긴장 등이다.

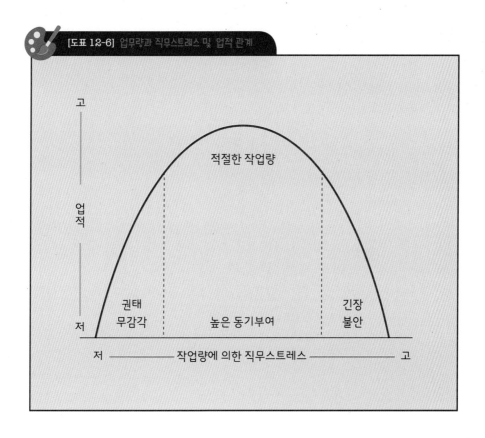

[도표 12-6] 업무량과 직무스트레스 및 업적 관계

(2) 조직에 미치는 결과

직무스트레스가 조직에 미치는 결과도 다양한데, 여러 학자들의 관점을 중심으로 보면 종업원들의 결근과 이직을 통해 직무불만뿐만 아니라 기업의 1차적인 목적인 업적과 생산성도 감소되며 사고율이 높아지고 노사관계의 악화

아이디어 박스 12-2

■ 스트레스 풀기

1997년 홍콩에서 조류독감으로 인한 사스(SARS)가 퍼져 8,000명 이상이 감염되고, 그 중 800명 정도가 사망했다. TV에서는 수백, 수천 마리의 닭, 오리를 땅에 묻는 장면이 연일 비춰졌다. 사스에 대한 두려움은 전 세계인들을 공포로 몰아넣었고, 그 스트레스는 정말 대단했다.

인간은 배우자가 죽으면 최고치의 스트레스를 받는다. 자동차 접촉사고나 교통 스티커도 스트레스를 받게 하지만 생명의 잉태인 임신이나 즐거운 추석, 설날 명절에도 스트레스는 생겨난다. 특히, 인생의 반을 직장에서 보내는 인간이 받는 직무스트레스(Job Stress)는 만성이냐 급성이냐와 무관하게 각종 심리적·육체적·정신적 질환을 야기하게 만든다.

적절한 긴장이나 건강한 스트레스는 성과에 좋은 영향을 주기 하지만, 개인 상호간에 주고받는 스트레스, 역할과 관련된 스트레스, 조직환경에서 받는 스트레스는 비업무 스트레스와 연결되어 다양한 문제를 야기한다. 직장의 일벌레들도 일에 대한 압박감에 시달리며 일을 즐기지 못하는 불쌍한 인간들이다. 스트레스 요인을 격파시킬 해소프로그램도 가동해야 하며, 종교, 취미, 친구의 도움도 필요하지만 무엇보다도 자기 자신이 모두 소진(Burn Out)되기 전 자신을 회복하는 방법을 서둘러 찾아야 한다.

하지만 스트레스 원인이 있다고 해서 무조건 스트레스를 받는 것은 아니다. 안 좋은 상황에 직면했지만 그것이 별게 아니라고 인식한다면 스트레스는 생기지 않는다. 위협적이고 자신이 통제 불가능할 때만이 스트레스가 되는 것이다. 또한 스트레스에는 유익한 스트레스(Eustress)도 있다. 인간에게는 적정한 수준의 스트레스가 필요하다는 뜻이다. 모든 경영자는 구성원들에게 스트레스를 준다. 즉, 승진이나 해고의 위협이나 책임의 추궁, 과다한 업무, 업무성과에 대한 재촉, 경영진의 압력, 부서 간 역할갈등, 직장과 가정 갈등 등이 그것이다. 또한 특정 직업 자체가 많은 스트레스를 일으키게 만든다. 정보도 일종의 스트레스이다. 그러므로 경영자는 예방을 통한 스트레스 관리를 해야 하며, 이미 발생한 스트레스는 사회적 지원(Social Support)을 통해 스트레스 제거를 위해 노력해야 한다.

도 초래됨을 알 수 있다. 직무스트레스가 조직에 미치는 결과 중에서 최대의 관심은 직무스트레스와 업적 간의 관계인데, 그 관계에 대해 여키스(R. M. Yerkes) 등은 '역 U자의 관계(Invered-U Relationship)'를 지니고 있다고 설명하고 있다. 즉, 갈등과 업적과의 관계에서 적정 수준의 직무스트레스는 신체를 자극하여 반응의 능력을 증대시키는 반면, 직무스트레스가 많거나 적을수록 업적은 낮아진다는 것이다. 최근 다른 학자들도 이와 같은 논리를 지지해주고 있는데, 무어헤드와 그리핀(G. Moorhead and R. W. Griffin)은 직무스트레스가 낮으면 권태와 무감각한 상태에 이르게 되는 반면, 그것이 높으면 긴장과 불안의 상태에 이르게 되어 결국 업적이 낮아지며, 적절한 작업량에 의해 직무스트레스가 적정 수준이 되면 업적이 높아진다고 설명하고 있다([도표 12-6] 참조).

(3) 직무스트레스의 징후

적정 수준의 직무스트레스 유지를 통한 직무스트레스 관리를 위해서는 결과적으로 나타나는 직무스트레스의 징후를 파악해야 한다. 스타인메츠(L. L. Steinmtez) 등은 관리자가 자신과 부하에게서 일어나는 해로운 직무스트레스를 알 수 있는 가시적인 징후로 다음과 같은 9가지를 제시하고 있다.

- 질병, 회의시간, 약속, 사건과 같은 중요한 정보를 기억하기 어려움.
- 중요한 의사결정을 하는 데 있어서 지체와 망설임.
- 타인을 지나치게 비판하고 실수를 용납하지 않으려는 경향
- 타인의 실패나 잘못에 대한 지나친 관심
- 긴장감, 신경성과 불만의 감정
- 식욕부진, 소화불량, 두통 등의 질병
- 직장 또는 식당 등과 같은 공공장소에서 타인의 업적을 고운 시선으로 보지 못함.
- 연필을 갖고 논다거나 클립을 구부린다거나 손을 만지작거리는 등의 동작을 계속함.
- 무관심하거나 도전적인 일을 하려 하지 않음.

4. 직무스트레스의 조절

(1) 개인차

직무스트레스 원인과 결과 간의 관계를 좌우하는 매개변수로서의 '개인차

(Individual Differences)'는 '퍼스낼리티' 혹은 'A 행동유형(Type A Behavior Pattern)'으로 거론된다.

행동유형과 스트레스와의 관계에 대한 연구는 프리드만(M. Friedman)이 환자들과의 면담과 관찰을 통해서 행동유형을 A형 행동유형과 B형 행동유형으로 구분하였고, A형 행동유형이 직무스트레스와 직접적으로 관련된다고 주장하였다. A형 행동유형은 불필요한 직무스트레스를 과다하게 노출하는 생활방식과 그 직무스트레스에 대하여 폭발적인 감정반응을 일으키는 극복형태 등의 증상을 나타낸다고 하면서 A형의 사람은 B형의 사람보다 6배나 심장병을 많이 앓고 있다는 연구결과를 제시하였다.

(2) 사회적 지원

사회적 지원(Social Support)은 개인이나 집단과의 공식적·비공식적인 접촉을 통해 받는 위로, 지원 또는 정보라고 정의한다. 따라서 사회적 지원은 접촉하는 사람의 수, 그들과 접촉하는 빈도 또는 대인적인 접촉이 정당한가에 관한 지각으로 현실화된다. 다시 말하면, 그것은 개인이 사회적 관계 혹은 인간관계에서 얻는 지각된 도움의 양과 질에 의해서 결정된다는 것이다.

이러한 사회적 지원이라는 매개변수가 직무스트레스 원인의 부정적인 영향을 완화시킨다는 것이며, 이때의 지원은 4가지 유형으로 구분된다.

- 존경의 지원(Esteem Support) : 어떤 문제나 불공평에도 불구하고 그가 용납되고 존경된다는 정보를 제공하는 것을 의미한다.
- 정보의 지원(Information Support) : 문제를 분명히 하고 이해하며 또한 극복하도록 도움을 제공하는 것을 의미한다.
- 사회적 교제(Social Companionship) : 여가와 레크리에이션 활동에 타인들과 함께 시간을 보내는 것을 의미한다.
- 도구적 지원(Instrumental Support) : 재무적 지원, 물자 또는 필요한 서비스 등의 제공 등을 의미한다.

사회적 지원이 직무스트레스와 어떤 관계에 있는지, 즉 그것이 직무스트레스의 영향을 줄일 수 있는지에 관한 다수의 연구결과들이 반드시 일치되고 있지는 않으나 중요한 매개변수가 되고 있다.

스트레스의 원인?

변화가 일어나면, 그 변화에 적응하려는 개인의 적응도 변하는데, 균형적·정상적 적응이 만들어지지 않을 때 평행을 찾지 못하는 상태가 바로 스트레스이다. 하지만 이러한 스트레스는 스트레스 원인이 있다고 반드시 생기는 것이 아니라, 즉 외부 환경 탓이 아니라 개인이 어떻게 인지하느냐에 달려 있다. 회사 일이 많을 때, 스트레스가 유발되는 사람의 반응은 대개 이렇다. "저것을 언제 다 끝내지?" 하지만 스트레스가 유발되지 않는 사람은 "저 정도는 아무 것도 아니다. 몇 시간만 투자하면 해낼 수 있어."라고 반응한다. 2차 세계 대전 당시 사망한 미국 병사의 수가 30만 명이라고 하니, 많이도 죽었다. 하지만 당시에 아들이나 남편을 군에 보낸 후 근심과 스트레스로 죽은 사람은 100만 명이 훌쩍 넘는다.

서든 데스(Sudden Death)로 죽은 사람의 80%가 죽기 몇 달 전부터 우울증에 시달렸다 한다. 심장발작 직전의 50%는 전날 과도한 일을 한 사람이었다. 파스칼은 만일 병사나 노동자가 일이 고되다고 불평하면 아무 일도 안하는 벌을 주라고 명령했다. 스트레스 제로보다는 어느 정도는 있어야 활력소가 되는 모양이다. 어려운 처지에 놓일수록 희망을 잃지 않는 능력, 적개심을 통제하고 우울증과 투쟁할 수 있는 능력, 그리고 개인의 성숙, 자아존중, 자아정체감, 애정 감정 등을 가져야 한다.

그런데 사람들은 스트레스의 결과에만 관심을 많이 가진다. 본래 스트레스란 말은 결과적인 말로 쓰인다. 하지만 스트레스의 원인을 이르는 말인 스트레서가 스트레스보다 더 관심을 받아야 할 존재다. 스트레스라는 결과를 가져오는 원인인 스트레서가 무엇인지 밝혀내야 스트레스를 줄이거나 없앨 수 있기 때문이다. 직장에는 개인을 자극하는 수많은 스트레서가 있다. 그것이 환경적인 것일 수도 있고, 물리적인 것일 수도 있으며, 개인적인 것일 수도 있다. 경영자가 생각하지 못했던 것으로부터 스트레스가 서서히 생겨나고 있다는 생각을 가져야 한다. 그리고 그 싹을 잘라 버려야 한다.

(3) 통제의 위치

어떤 사람은 자신은 자주성을 지니고 있기 때문에 자신의 인생의 통제력은 자신에게서 나온다고 믿고 있는가 하면, 어떤 사람은 대체로 자신의 인생이 외적인 힘에 의해 통제된다고 믿는다. 로터(J. R. Roter)는 전자를 '내재론자(Internalizer)' 그리고 후자를 '외재론자(Externalizer)'라고 명명하고 이들의 행동상의 차이를 제시하였다. 전자가 후자보다 돈도 많이 벌고 승진도 출세도 빠르겠지만, 극도로 내재적인 사람은 극도로 외재적인 사람보다 나을 것이 없다는 연구결과를 제시하였다.

- 내재론자가 주변의 사건들에 통제력을 미치는 방향으로 행동하는 데 비해, 외재론자는 수동적이고 방어적인 경향이 있으므로 직무스트레스를 줄이기 위한 어떤 행동을 하기보다는 묵묵히 따르려고 한다.

- 내재론자가 자신이 통제할 능력이 없는 직무스트레스 원인에도 강력하게 반응하는 데 비해, 외재론자는 자신의 통제력이 미치는 직무스트레스 원인에 한해서만 반응하는 경향이 있다.

- 내재론자가 외재론자보다 직무스트레스 상황과 애매한 상황을 더욱 효과적으로 극복하는 경향이 있다.

실전실습

Q 1. 다음 괄호가 답이다. 왜 그런가?

① 스트레스로부터의 완전한 자유는? (죽음)

② 직장인은 월급과 (스트레스)를 함께 받는다.

③ 한국, (40대) 직장남자들의 사망률이 세계 1위이다.

④ 스트레스 해소를 위해 GNP의 (10)%를 투자하고 있다.

⑤ 스트레스는 양면성을 가지고 있는데, 해로운 스트레스를 (distress)라고 하며, 유익한 스트레스를 (eustress)라 한다.

⑥ 스트레스의 결과로 나타나는 것은 신체적, 심리적, 행동적 증상이다.

A 1. 각각의 특징은 다음과 같다.

①

②

③

④

⑤

⑥

Q 2. 직무스트레스의 원인?

① 직무모호성

② 끝내지 못한 과업

③ 과업에 대한 강요

④ 역할기대

⑤ 일의 과중함

⑥ 자율성 결여

A 2. 위의 원인이외 다음과 같다.

①

②

③

④

⑤

⑥

3. 직무스트레스의 결과?

① 행동적 결과 : 생산성, 결근, 이직, 사고, 음주,

② 신체적 결과 : 혈압증대, 높은 콜레스테롤, 심장병, 불면증, 편두통, 요통

③ 심리적 결과 : 불안, 무관심, 권태, 낮은 자존심, 소외감, 화냄, 불면증

3. 위의 결과이외 다음과 같다.

①

②

③

학습성과

■ **13장을 학습한 뒤 학습자가 할 수 있어야 할 학습성과**

1. 문화의 구성요소를 설명할 수 있어야 한다.

2. 기업문화란 무엇이며 기업문화의 방향에 관해 설명할 수 있어야 한다.

3. 기업문화가 왜 필요한지 설명할 수 있어야 한다.

핵심 키워드

■ **문화, 기업문화, 기업문화의 구성요소, 조직변화**

쉬어가며

■ **아내/박제영**

다림질하던 아내가 이야기 하나 해주겠단다

부부가 있었어. 아내가 사고로 눈이 멀었는데, 남편이 그러더래. 언제까지 당신을 돌봐줄 수는 없으니까 이제 당신 혼자 사는 법을 배우라고. 아내는 섭섭했지만 혼자 시장도 가고 버스도 타고 제법 불편함 없이 지낼 수 있게 되었대. 그렇게 1년이 지난 어느 날 버스에서 마침 청취자 사연을 읽어주는 라디오 방송이 나온 거야. 남편의 지극한 사랑에 관한 이야기였는데 아내가 혼잣말로 그랬대. 저 여자 참 부럽다. 그 말을 들은 버스 기사가 그러는 거야. 아줌마도 참 뭐가 부러워요. 아줌마 남편이 더 대단하지. 하루도 안 거르고 아줌마 뒤만 졸졸 따라다니는구만. 아내의 뒷자리에 글쎄 남편이 앉아 있었던 거야.

기운 내 여보,

실업자 남편의 어깨를 빳빳이 다려주는 아내가 있다
영하의 겨울 아침이 따뜻하다

강한 기업문화 만들기

우리들은 하루에 세끼 식사를 하고, 그 중 한끼는 정오 무렵에 한다. 이런 일상생활을 따르지 않는 사람은 이상한 사람으로 취급된다. 왜 그런가? 바로 **문화** 때문이다. "로마에 가면 로마인이 하는 식대로 행동하라."고 하는 말은 개인이 **기업문화**에 순응하면 좋은 결과를 얻게 될 것이고, 그렇지 않으면 보잘것없거나 부정적인 결과를 얻게 될 수도 있다는 것을 말한다. 이처럼 문화는 사회구성원에게 생활의 **필수불가결한 지침을 제공**한다. 개인은 조직문화, 기업문화를 이해함으로써 더 나은 인간관계를 가질 수 있다.

들어가며

1. 기업문화의 이해

(1) 문화의 개념

문화란 사람들의 정신자세를 지배한다. 즉, 사물을 바라보는 시각에서부터 행동, 의사결정, 생활방식, 사고방식에 결정적 영향을 미친다. "문화란 지식, 신념, 예술, 법, 도덕, 관습 그리고 사회구성원들 각자에 의해서 획득되는 어떤 능력과 습관을 포함하는 **총체적 복합체**이다."라고 할 수 있다. 또한 문화는 다음과 같이 3가지로 이해된다.

- 어떤 집단의 구성원 혹은 조직의 구성원에 의해 공유된 것

- 집단이나 조직의 한 세대가 다른 한 세대에게 넘겨주려고 하는 것

- 행동을 형성하거나 혹은 현상에 대한 자신의 인식을 이루는 도덕, 법률, 관습과 같은 것

결국 문화는 개인에게 영향을 미친다. 개인은 그들의 삶과 주변 환경에 관하여 그들이 평소 갖고 있던 가치관을 통해서 문화를 표출한다. 이러한 가치관은 태도와 연결되기도 하고, 그러한 태도에 따라 행동이 영향받기도 하며 다음과 같은 순환을 반복하기도 한다([도표 13-1] 참조).

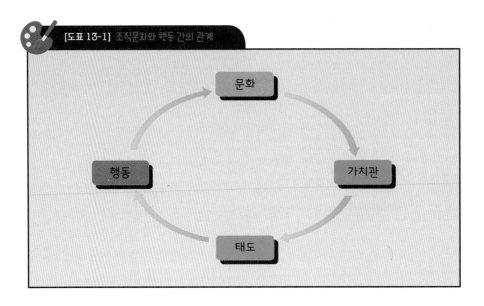

[도표 13-1] 조직문화와 행동 간의 관계

특정 집단이 세상에 태어나 살아가는 동안 그 속에서 생각하고 말하는 유·무의 총체적인 생활방식이 문화인 것이다. 한 집단에 속한 사람들이 생각하고, 말하고, 행동하는 모든 것이 '문화'에 포함되어 있다. 이 문화란 단순히 계승되는 것이 아니라 습득되는 것으로 '상호 커뮤니케이션하는 과정'이라고 볼수 있다. 제일 먼저 가족으로부터 경험하고 사회 속으로 개인 간의 상호작용, 학교와 직장에서의 경험, 개인의 인간관계를 통해 굳어진다. 또한 새로운 문화는 경험과 교육을 통해 습득된다.

(2) 문화의 구성요소

문화를 구성하는 요소는 매우 많겠지만 10가지 정도로 이해할 수 있다.

- 언어
- 비언어적 커뮤니케이션
- 종교와 믿음의 체계
- 가치체계
- 사고의 유형
- 자기 이미지

- 사회체계

- 시간의 개념

- 공간의 개념

- 문화유산

이 중 언어와 비언어적 커뮤니케이션 그리고 문화유산은 객관적 문화 또는 명시적 문화로 매너나 에티켓이 이에 속한다. 나머지는 주관적 또는 암시적 문화로 쉽게 관찰할 수 없다.

(3) 문화와 인간유형

상대방과 상대 나라를 알고 문화적 차이를 극복하기 위해서는 문화에 대한 근본적인 의미와 함께 다양한 변수들에 대한 이해가 병행되어야만 한다. 환경, 시간, 공간이 변함에 따라 다양한 인간 유형을 구분해 볼 수 있다.

① 지배형, 복종형, 조화형 인간

지배형과 복종형, 조화형 인간 형태가 있다. 인간의 필요에 따라 자연환경은 변화될 수 있다는 성향의 지배형 인간과 인간은 자신을 둘러싼 세계에 구속되어 있고 복종할 뿐이며 운명이나 운이 중요한 역할을 한다는 성향의 복종형 인간, 인간은 자신을 둘러싼 세계와 조화를 이루며 살아야 한다는 성향의 조화형 인간이 있다.

② 과거형, 현재형, 미래형 인간

전통의 계속성에 높은 가치를 두는 과거형 인간, 단시간에 빠른 결과를 목표로 하는 현재형 인간, 단기적 이익보다 장기적 결과를 목표로 하는 미래형 인간의 형태가 있다.

③ 개인형, 공유형 인간

개인 공간에 우선하고 물리적 공간 이용 시 개인을 중시하며 사람들 간에 거리 두기를 좋아하는 개인형 인간과 물리적 공간 이용 시 집단을 중시하고, 서로 밀착해 있기를 좋아하며 공공의 공간을 우선하는 공유형 인간이 있다.

또한 인간관계에 있어 4가지 권력, 의사소통, 경쟁, 행동 등의 변수로 인해 다양한 인간 유형을 구분해 볼 수 있다.

① 권력

개인과 집단 간의 권위를 중시하는 권위형 인간과 권력의 층을 최소화하는 데 비중을 두는 평등형 인간이 있다.

② 의사소통

말보다 공통된 경험이나 정황, 인정이 우선하는 검증형 인간과 사실과 정보의 교환에 중점을 두고, 주로 언어로 정보를 교환하며 의미를 분명하고 직접적으로 표현, 원칙이나 사실에 우선하는 사실형 인간이 있다.

아이디어 박스 13-1

■ 기업문화 이해

모든 기업은 문화를 가지고 있고, 가지고 있어야 한다. 기업의 문화란 그 기업이 가진 이해당사자들 그리고 구성원 서로 간의 상호작용을 통제하는 공유된 가치관, 신념, 사고방식, 규범으로서 구성원들의 행동형성에 많은 영향을 미친다. 문화 속에는 구성원들이 달성해야 할 최종 목표와 구성원들 행동의 바람직한 형태가 녹여져 있다가 회사의 규칙이나 규범 그리고 운영절차에 그 모습을 드러내게 된다.

기업의 문화는 하나의 정신이다. 이런 정신이 있으므로 구성원 각자에게 목적이 무엇인가를 확인시켜 주면서 책임 있는 행동을 유도해내게 해준다. 문화가 살아 있는 속에 들어가면 개인의 자기발전은 극대화되고, 종업원들은 힘을 얻게 되며(Empowerment), 상호 간 신뢰와 정직 그리고 개방성이 몸에 배게 된다. 아무 특징이 없거나 색깔이 없는 회사는 절대로 발전할 수 없는 것이다. 경영을 함에 있어 경영자가 문화를 가지고 있지 못하거나 약한 문화를 가지고 있으면, 더 강한 문화에 의해 공격받게 되어 있다. 경영자의 할 일 중 하나는 문화를 만드는 작업, 즉 자기 기업의 색을 만드는 작업, 자기 기업의 시스템을 만들어 내는 작업, 자기 기업의 분위기를 정비하는 일 등이다.

③ 경쟁

성취, 권리주장, 물질적 성공에 큰 비중을 두는 경쟁형 인간과 삶의 질, 상호 의존성, 관계가 강조되는 협력형 인간이 있다.

④ 행동

업무 중심, 목표 성취와 달성에 있어 생산적 활동에 비중을 두는 성취형 인간과 관계 중심, 성취보다도 일하는 동안의 작업 자체와 일하는 과정에 비중을 두는 관계형 인간이 있다.

(4) 문화의 특징

- 학습 : 문화는 가정, 학교, 직장 등 사회에서 직접 배우거나 간접 경험을 통한 모방 또는 습관화 등으로 체득되는 것이다.
- 세대 간 전수 : 우리의 내적인 가치관이나 믿음은 물론 외적인 문화재나 기타의 상징물들이 보존되어 내려오는 것처럼 문화도 세대를 통해 계속 이어져 오며 남아 있는 것이다.
- 상징체계 : 십자가는 종교를 상징하고 고급 차는 성공이나 지위를 연상하며, 고개를 숙이는 것은 인사를 상징하는 것처럼 문화는 상징체계를 가진다.
- 지속적 변화 : 문화는 텔레비전이나 컴퓨터 또는 사회 전반에 영향을 미치는 각종 개혁처럼 새로이 만들어진다. 또 다른 외적인 환경변화에 의해 새로운 문화를 경험하게 되면 모습이 달라지기 때문이다.

사람들은 무조건 자신이 옳고, 자신과 다른 사람들에 대해서는 그르다고 생각하는 경향이 있다. 문화를 모르면 자기중심적인 안목으로 세상을 평가하게 되어 세계의 사람들과 어깨를 맞추며 어울리기가 어려워진다. 타문화를 배우고 이해하는 것은 이제 살아남기 위한 필수사항인 것이다. 어떤 문화라도 본질을 이해하면 일이 훨씬 쉬워지고 효율 또한 배가 될 국가에만 문화가 있는 것이 아니라 기업에도 문화가 존재한다.

(5) 기업문화란?

  기업문화라는 개념은 조직체를 사회적 관점과 비공식조직체 관점에서 보기 시작한 호손 공장실험 이후부터 적용되어 왔으며, 크로지에(M. Crozier)의 관료적 현상에 관한 연구, 에치오니(A. Etzioni)의 조직요구에 대한 구성원의 순응에 관한 연구 등에서 이미 소개되어 왔다. 그러나 기업문화에 대한 구체적이고 체계적인 연구는 최근에 와서 시작되었다.

- 인간 개개인마다 이념, 가치관, 기질, 개성이 있는 것과 같이 조직에도 나름대로의 문화, 즉 조직구성원들이 공통으로 생각하는 방법, 느끼는 방향, 행동 패턴으로서의 가치체계와 목적 및 신념이 있어 조직고유의 특성이 존재한다.

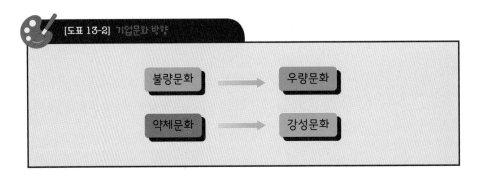

[도표 13-2] 기업문화 방향

- 기업문화란 한 조직 내에서 만져질 수 있고 관찰될 수 있는 것들 뒤에 존재하는 보이지 않는 힘으로서 사람들의 행동을 이끄는 사회적 에너지이다. 개인에게 성격이 존재하듯이 조직에도 기업문화가 존재한다. 한 개인이 이를 파악하기 위해서는 구성원들 간에 공유된 응집성으로부터 나오는 사회적 에너지를 경험해야 하는데, 여기서 에너지란 '하나가 전체요, 전체가 하나' 또는 '단체정신' 등과 같은 데서 나타나듯 구성원 간 상호영향으로부터 스며 나오는 것이다.

- 기업문화는 경영자와 종업원들을 모두 포함하는 특정기업의 모든 구성원들이 공유하는 가치관, 신념, 이념, 습관, 규범, 전통 그리고 지식과 기술을 모두 포함하는 거시적이고 종합적인 개념으로 이해될 수 있다. 즉,

공유된 그 무엇만이 아니라 공유된 무엇이 구성원의 행동으로 우러나올 때 비로소 우리는 구성원에 의해 공유된 그 무엇을 '기업문화'라 하는 것이다. 따라서 기업문화란 기업 내의 공유된 특성, 즉 기업의 문화를 지칭하는 말이다.

(6) 기업문화 방향

기업문화는 강하거나 약한 특성을 지닌다. 기업문화란 구성원에 의해 공유된 것이기에 문화가 강하다는 것과 약하다는 것은 결국 공유 정도가 크거나 적다는 것을 뜻한다. 하지만 우리는 기업문화의 강약만 가지고 전체를 올바로 이해할 수는 없다. 기업문화는 강약에 관계없이 긍정적이고 부정적인 특성이 있고, 같은 기업 내에서도 복수의 또는 복수의 하위문화가 존재하고, 나아가 강하든 약하든, 긍정적이든, 단일 문화든, 복수 문화든 간에 유일 최선의 문화가 없는 특성 또한 지니고 있다.

- 기업문화는 **강한 기업문화**를 지녀야 성공할 수 있다. 그래야 구성원 행동의 응집성을 모으고 경영이념을 설정하고 행동규범을 강조할 수 있다 (**[도표 13-2]** 참조).
- 기업문화의 동질성뿐만 아니라 이질성이 동시에 작동하고, 이 중 어느 하나만이 강조되면 무리가 된다는 사실을 알아야 한다. 즉, 기업은 다양성과 동태성으로 인하여 복수문화(Multi-Culture) 또는 복수의 하위문화(Multiple Subculture)를 지니게 마련이다.
- 따라서 '강한 문화'의 중요성을 내세워 정체성과 동질성, 응집성만을 강조하고 문화의 다양성을 훼손해서는 안된다.

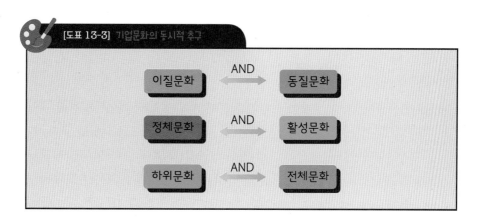

[도표 13-3] 기업문화의 동시적 추구

따라서 기업은 부서와 기업 전체의 성과추구 측면에서 기업 전체의 문화를 강조함과 동시에 기업 내의 각각의 부서단위의 하위문화도 인정하고 존중해 줄 필요가 있다([도표 13-3] 참조).

(7) 기업문화의 역할

기업을 한 가정에 비유하여 생각하면 기업문화란 사풍이라고 하는데, 가정의 가풍과 같다. 결혼을 앞두고 배우자를 고려할 때 우리가 흔히 상대 집안의 가풍을 중요하게 여기듯이, 한 기업에서 면면히 흐르는 정신으로서의 기업문화는 그 구성원의 정신상태와 행동양식에 영향을 미치고 그 결과로 조직의 성패가 좌우되는 것이다. 인간의 육체에서 영혼이 빠져나가면 그 인간이 죽듯이 기업에 문화가 존재하지 않으면 그 기업조직은 죽은 육체와 같다.

- 기업문화가 중요한 이유는 이처럼 기업의 문화가 그 특성과 강도에 따라서 기업의 유효성에 결정적인 영향을 미치기 때문이다. 즉, 기업문화는 구성원의 일체감을 높여주고, 경영방식과 관리관행의 지침을 제공하여 기업의 정체성을 형성시켜준다.

- 최고경영자의 교체에도 불구하고 일관된 경영스타일을 구사할 수 있게 하는 등 기업 유지에 큰 역할을 하고, 나아가 독특하고 강하여 다른 기업에서 모방하기 힘든 것이다.

- 기업문화는 지속적인 경쟁우위의 원천이 되어 기업발전의 원동력이 되기도 하다.

2. 왜 필요한가?

우리는 기업문화의 중요성을 알고, 그것이 구성원을 묶어주고 이끌어 나아가는 원동력이 될 수 있게끔 시대와 상황에 맞게 적절히 기업문화관리, 즉 변화를 추구할 필요가 있다. 조직변화의 성공방정식은 [도표 13-4]와 같이 표현될 수 있는데, 변화 필요성에 대한 인식과 공감, 변화에 대한 명확한 비전, 변화에 대한 신념과 역량, 체계적 실천이 있어야 성공적인 변화를 유도할 수 있다는 뜻이 된다.

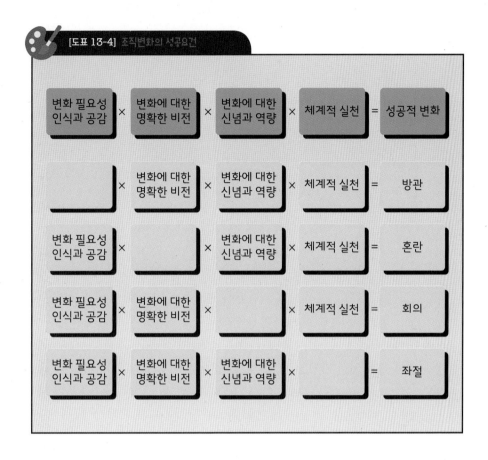

[도표 13-4] 조직변화의 성공요건

변화 필요성 인식과 공감 ×	변화에 대한 명확한 비전 ×	변화에 대한 신념과 역량 ×	체계적 실천 =	성공적 변화
×	변화에 대한 명확한 비전 ×	변화에 대한 신념과 역량 ×	체계적 실천 =	방관
변화 필요성 인식과 공감 ×	×	변화에 대한 신념과 역량 ×	체계적 실천 =	혼란
변화 필요성 인식과 공감 ×	변화에 대한 명확한 비전 ×	×	체계적 실천 =	회의
변화 필요성 인식과 공감 ×	변화에 대한 명확한 비전 ×	변화에 대한 신념과 역량 ×	=	좌절

(1) 조직의 변화

조직은 끊임없이 외부환경과 상호작용하면서 이에 적응하여야만 생존이 가능하다. 외부환경은 조직에 변화를 요구하고, 조직은 급변하는 환경에 신속히 대처하기 위해 자발적으로 변화를 위한 노력을 한다.

- 이러한 변화의 노력으로 조직은 조직을 재편하고 인력을 재구성하며, 핵심적인 조직의 역량이 무엇인지 파악하려 한다.
- 기술이 급변하고, 고객의 욕구가 다양해지며, 수많은 경쟁자가 생겨나는 등의 외부환경 변화는 조직의 구조 자체를 변화하도록 강요한다. 대량생산으로 원가우위를 지키려는 전략으로는 다양한 소비자의 욕구를 충족시켜줄 수 없고, 관료주의적 위계조직은 신속하고 유연한 대처를 근본적으로 봉쇄한다.

■ 이에 조직은 "작은 것은 아름답다."라는 슬로건 아래 그 모습을 점점 작은 구조로 만들기 위해 분권화, 분사화(Spin-Off), 팀제 운영 등의 방법을 통해 노력하고 있으며, 정보기술의 발달을 적극 활용하여 조직의 핵심부분만 유지한 채 타조직과 연계하여 경쟁적 우위를 점하려 노력한다.

■ 또한 지식근로자 혹은 다기능 근로자를 적극 활용하여 역할과 권한·책임이 정형화된 수직적 조직구조를 버리고, 다양한 업무에 대해 성과를 낼 수 있는 조직의 모습으로 변화하고 있다.

(2) 직장의 변화

만남으로 시작된 직장에서의 인간관계는 서로 다른 사람에게 폐를 끼치지 않으려는 마음과 호감을 주려는 마음이 필요하며 다른 사람을 존경할 줄 아는 마음이 있어야만 한다. 이러한 마음이 말과 행동으로 옮겨져 서로에게 직장에서 지켜야 할 예절이 지켜질 때, 비로소 직장생활이 신바람 나게 영위될 수 있을 것이다.

■ 직장이란 정신적·육체적으로 노동을 제공하는 일터이다. 대부분의 사람들은 깨어있는 시간의 75~80%를 직장에서 보내고 있다. 직장에 나가려고 준비하는 시간, 직장으로 가는 시간, 실제로 일하는 시간, 일에 대한 생각을 하는 시간, 일을 끝내고 긴장을 푸는 시간 등 우리가 이렇게 많은 시간을 우리 삶의 한 부분인 직장에서 보내고 있다면 일을 즐기고, 일로 인해 에너지를 얻을 수 있어야 한다.

■ 직장은 개인을 사회와 연결시켜 주고, 사회적 역할을 하게 하며, 직장을 통해 경제적 안정과 인간의 행복을 실현하게 하는 곳이다. 따라서 직장은 인간관계를 유지, 발전시키는 곳이라 할 수 있다. 이러한 직장의 개념이 시대적 환경에 따라 변하고 있다. 어느 직장에 다니느냐가 중요하지 않고, 어느 직업에 종사하느냐가 중요한 세상이다.

■ 그렇다면 무엇을 어떻게 준비해야 하는가? 우선 발상의 전환이 필요한 시점이다. 연공 서열제 시대의 발상으로는 더 이상 살아남기 힘들다는 얘기다. 항상 새로운 아이디어를 낼 수 있어야 하고, 조직에 무언가 기여할 수 있어야 한다. 모든 일에 정면으로 대응하는 자세도 중요하다. 경쟁

시대인 만큼 어디를 가든 상대방은 있기 마련이며, 한번 피하다보면 모든 일에 자신이 없어지고, 결국 패배자가 된다.

(3) 직업관의 변화

■ 새로운 흐름에 맞는 직업관은 일상 업무를 반복적으로 행사하는 조직인의 관점이 아니다. 새로운 직업관은 개인들 자신의 일생 직업생활을 자율적으로 결정, 설계하는 경력인으로서 다음과 같은 특징을 갖는다.

■ 인간은 조직을 통하여 자신의 작업 목표를 구현시키는 사람이 아니라 자신이 하고 있는 업무, 자신의 직업을 통해 자신을 실현시키는 사람이다.

아이디어 박스 13-2

문화의 영향

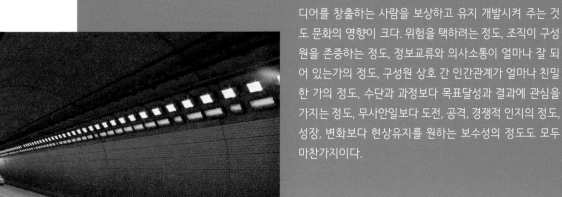

나라마다 풍습이 다르고 사람들의 사고방식에도 큰 차이가 난다. 터널을 뚫는 것을 예로 들어보자. 이런 공사현장에서도 문화가 사람을 지배하는 것을 볼 수 있다. 공사 기간을 단축하기 위해 양쪽 끝에서 동시에 굴을 파들어 간다고 하자. 독일인은 처음부터 치밀하게 측량하고 계산해서 한가운데 지점에서 한 치의 오차도 없이 딱 마주친다. 중국인들은 얼렁뚱땅 계산해서 대충 파고 들어가다가 중간에서 만나지 못해도 끝까지 공사를 감행해 원래 터널을 한 개 뚫으려 했는데 결과적으로 두 개가 생겼으니 좋다고 한다. 이에 반해 한국인들은 서로 어긋나서 만나지 않으면 처음 설계에 어떻게 되었든 간에 중간을 뚝 잘라서 이어 버린다. 그래 놓고는 세계에서 가장 짧은 시간에 터널을 뚫었다고 자랑한다.

문화가 국민성을 다르게 하듯, 경영현장에서도 문화가 개인에게 상당한 영향을 행사한다. 구성원들이 고객의 욕구를 감지해내고 그 욕구를 얼마나 충족시켜 줄 것인가도 문화와 관계 깊다. 새로운 아이디어를 창출하는 사람을 보상하고 유지 개발시켜 주는 것도 문화의 영향이 크다. 위험을 택하려는 정도, 조직이 구성원을 존중하는 정도, 정보교류와 의사소통이 얼마나 잘 되어 있는가의 정도, 구성원 상호 간 인간관계가 얼마나 친밀한 가의 정도, 수단과 과정보다 목표달성과 결과에 관심을 가지는 정도, 무사안일보다 도전, 공격, 경쟁적 인지의 정도, 성장, 변화보다 현상유지를 원하는 보수성의 정도도 모두 마찬가지이다.

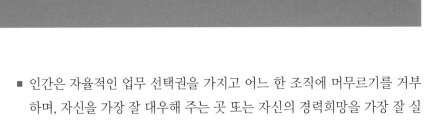

아이디어 박스 13-3

■ 행동의 변화

옛날 레빈(K. Lewin)이란 학자가 부족한 소고기 해결 프로젝트를 정부로부터 위임받아 재미있는 연구를 하였다. 미국인들이 먹지 않던 소의 내장이나 소뼈를 소비하게 만들어서 소고기 부위만 원하는 주부들의 인식을 변화시켜 소고기 부족사태를 피해보자는 레빈의 생각은 적중했다. 그는 우선 소 부산물(내장이나 뼈)로 만든 전국적인 요리대회를 만들어, 요리대회가 끝난 후 시식행사까지 벌였다. 살코기만 먹던 소비자들의 부정적인 태도와 생각을 바꿔, 소의 내장이나 뼈도 맛이 괜찮고 먹을 만한 부위라고 인식하도록 만들었다. 서너 시간을 투자한 자신의 요리를 마다할 사람은 별로 없다.

이렇게 변화되기까지 우선 그는 해동(Unfreezing)이라는 단계부터 시작했다. 굳어 있던 생각을 녹신거리도록 만든 것이다. 이 단계가 지나, 변화(Changing)를 시도하고, 그 변화된 생각을 오래도록 간직하도록 다시 꽁꽁 얼려(Refreezing) 놓았다.

■ 인간은 자율적인 업무 선택권을 가지고 어느 한 조직에 머무르기를 거부하며, 자신을 가장 잘 대우해 주는 곳 또는 자신의 경력희망을 가장 잘 실현할 수 있는 곳을 찾아 움직인다.

■ 경력인은 업무의 결과를 중시하고 가시적이며 측정 가능한 결과물을 산출하는 데 자신의 업무 초점을 맞추고 있다.

■ 경력인은 빠른 승진, 고액의 보수 등 물리적이고 경제적인 보상에 만족을 두기도 하지만, 이보다는 심리적 성취감, 자아실현, 사회기여 등 정신적 보상에도 상당한 관심을 두고 있다.

■ 경력인은 끝임없는 자기 계발을 통해 항상 자신의 시장성을 경쟁적으로 만들며 변화를 추구하고 있다.

(4) 노사관계와 인간관계

고용주와 노동자와의 관계는 사용자와 노동자 간에 자주 의견이 상충되고 이율배반적인 문제를 항시 내포하고 있다. 이는 사용자는 낮은 임금으로 높은 생산을 요구하며 노동자는 적은 시간 노동으로 많은 임금을 추구하기 때문이다. 이러한 상태는 인간의 주관성에 크게 기인하며, **[도표 13-5]**와 같은 이원적인 관계의 특징을 보인다.

- 고용주와 노동자의 관계는 종업원과 고용자, 조합원과 고용자라는 이원적인 관계를 가진다. 종업원과 노동자 간의 관계는 주종관계를 가지지만 조합원과 고용주 관계는 대등관계를 유지하려 한다. 생산의 목적을 달성하기 위하여 근로자는 종업원으로서 경영자의 명령 지휘에 복종하여야 하나, 반면에 고용 조건의 결정·운영·경영·참여 등의 면에서 대등한 관계가 법적으로 보장된다.

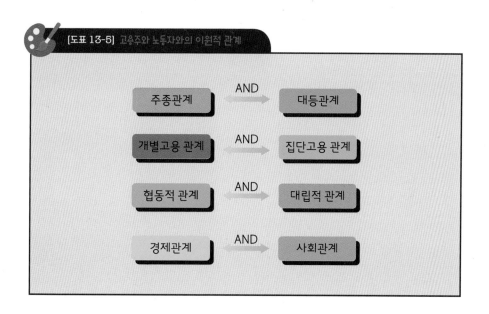

[도표 13-5] 고용주와 노동자와의 이원적 관계

- 고용주와 노동자 간의 관계는 개별고용 관계와 집단고용 관계라는 이원적인 관계를 갖는다. 전자가 개별고용계약에 바탕을 둔 인사관리 영역이라면 후자는 단체협약에 바탕을 둔 노무관리 영역이다.
- 노사관계의 성격 면으로 볼 때 협동적 관계, 대립적 관계라는 이원적 성격을 갖는다. 생산적인 측면에서 보면 서로 협동적인 관계를 가지고 있지만 성과 배분이라는 측면에서 보면 대립적인 관계이다.

■ 고용주와 노동자 간의 관계는 경제관계인 동시에 사회관계라는 이원성을 갖는다. 즉, 고용주와 관계는 1차적으로 기업의 경제적인 목적을 달성하기 위한 사회적 관계 내지 인간적 관계가 아울러 형성된다.

직장에서의 인간관계에는 고용주와 노동자 간의 인간관계가 있고 나아가서 동료와의 인간관계, 상하 간의 인간관계, 외부 고객과의 인간관계가 성립된다. 고용주와 노동자 간의 관계는 항상 상호적인 관계가 성립된다. 즉, 고용주는 좀 더 많은 재화와 용역을 생산하여 내고 사업을 지속시키기 위하여 능력 있는 노동자를 고용하려고 하며, 고용주는 노동자와 좋은 인간관계를 형성하려 한다.

3. 기업문화에 적합한 인재

① 도전성을 지닌 인물

기업에서 필요로 하는 사람은 도전성을 가진 자로서 항상 연구하고 시간을 중요하게 여기며 시간을 유익하게 사용하고 연구와 노력을 아끼지 않는 사람이다. 적극적이고 도전적인 사람, 즉 확고한 신념 및 정확한 판단 아래 소신 있게 일에 도전할 수 있는 사람을 말한다.

② 전문성을 가진 인물

고도로 전문화된 사회를 살아가기 위해서는 전문지식과 기술을 갖추어야 하며, 이러한 전문성은 정직하고 성실한 인간성을 바탕으로 할 때 사회에 유익하게 쓰이는 것이다. 자신의 소임을 정직하고 성실한 자세로 수행하는 것은 기업뿐만 아니라 사회의 어떤 조직에서나 다 같이 요구된다.

③ 책임성을 가진 인물

자신의 일에 대해 책임감을 가지고 사회에 봉사하는 자세가 필요하다. 기업은 단순히 이익만을 추구하는 조직이 아니라, 경제활동을 통해 국가 사회의 발전에 기여하는 데서 존재가치를 찾는다. 따라서 기업의 구성원 개개인도 직무를 수행함에 있어서 개인적인 성취와 함께 사회의 봉사로 보람을 느끼려는 자세를 갖추어야 할 것이다. 급변하는 현대를 살아가면서 예기치 못했던 어려운 환경에 도전하여 능동적으로 대처하고 극복하여 마침내 목표를 성취해 내는 일에 대한 정열, 불확실한 미래를 두려워하지 않고 목표를 세워 과감히 도전할 줄 아는 패기는 현대를 살아가는 젊은이들이 갖추어야 할 덕목이다.

④ 주인의식을 가진 인물

주인의식이 투철하고 조직의 공동 목표 달성을 위해 양보할 줄 알며 어려운 일에 솔선수범하는 조직인으로서의 자질을 갖춘 사람과 관계를 맺고자 한다. 합리적이고 진취적인 사고로 끊임없이 탐구 노력하며 아이디어를 제시하고 개선의식이 투철한 사람을 원한다.

⑤ 팀워크를 이룰 수 있는 인물

직장은 인간이 삶을 영위하기 위한 생활의 터전이며 인격 수양의 도장이다. 그러므로 생을 영위하기 위한 경제활동과 인격 수양의 무대로서의 직장을 가꾸기 위해 자신이 소속해 있는 조직 내에서 왕성한 근무의욕, 그리고 뜨거운 애사심을 가지고 생의 무대로서의 직장이라는 성스러운 터전을 가꾸겠다는 의욕에 찬 인재를 필요로 한다. 따라서 직장생활을 통하여 자신의 역할과 사명을 깊이 인식하고 회사의 성장과 발전이 나의 성장과 발전에 직결됨을 알아야 한다. 직장의 소중함과 자신의 소중함을 깨달아 발전적이고 긍정적인 사고와 철두철미한 책임 의식을 갖고 급변하는 환경 여건에 따라 적극적·능동적·창조적 자세로 업무에 임할 수 있는 자세를 갖춘 젊은 인재를 요구한다.

CHAPTER 13

실전실습

Q 1. 문화의 구성요소?

① 언어

② 비언어적 커뮤니케이션

③ 종교와 믿음의 체계

④ 가치체계

⑤ 사고의 유형

⑥ 자기 이미지

⑦ 사회체계

⑧ 시간의 개념

⑨ 공간의 개념

⑩ 문화유산

 A 1. 문화의 구성요소의 특징은 다음과 같다.

①

②

③

④

⑤

⑥

⑦

⑧

⑨

⑩

Q **2.** 다음은 기업문화에 적합한 인재의 내용이다.

① 도전성을 지닌 인물

② 전문성을 가진 인물

③ 책임성을 가진 인물

④ 주인의식을 가진 인물

⑤ 팀워크를 이룰 수 있는 인물

 A **2.** 각 인재의 특징은 다음과 같다.

①

②

③

④

⑤

3. 다음은 기업문화와 변화에 관한 내용이다.

관점과 입장을	순서와 방법을	조합을
換 바꿀 환	改 고칠 개	替 바꿀 채
소재, 부품을	핀치를 찬스로	원점, 초심으로
代 대신할 대	變 변신할 변	返 돌이킬 반

3. 각 한자의 내용은 다음과 같다.

①

②

③

④

⑤

⑥

학습성과

14장을 학습한 뒤 학습자가 할 수 있어야 할 학습성과

1. 매력창조 12가지에 관해 설명할 수 있어야 한다.

2. 성공적인 인간관계 기법에 관해 설명할 수 있어야 한다.

3. 올바른 직장인의 행동에 관해 설명할 수 있어야 한다.

핵심
키워드

매력창조, 멘토, 성공적인 인간관계 기법, 행동기준, 회사에 대한 행동

쉬어가며

사막/박제영

누군가는 사막으로 여행을 떠나고 싶다 하는데
시간을 건너온 것은 모두 사막이다

소슬히 뒹구는 낙엽이 사막의 무늬를 지녔듯이
늙으신 아버지 저 주름 또한 사막의 징후이듯이

시간이 걷히면 사막이 된다

Chapter 14

바람직한 인간관계를 위한 실천

가장 많은 시간을 보내는 직장에서 자신의 이미지가 어떠한가에 따라 사람들에게 인정을 받고 성공 여부도 결정된다고 볼 수 있다. 인생의 2/3를 직장에서 보낸다고 생각하면 직장에서의 이미지를 좋게 하고, 직장생활에 만족할 수 있는 사람만이 인생을 성공적으로 살아갈 수 있는 사람이라고 해도 과언은 아닐 것이다. **직장에서의 이미지**는 무엇보다도 다른 사람들과 접촉하면서 이미지를 끊임없이 창출하게 된다. 다른 사람에게 비추어지는 자신의 이미지를 가꾸기 위해서 예절을 바탕으로 한 **자신의 차별화**는 필수조건이며 기본조건이다.

들어가며

1. 매력 만들기

인간관계 개선을 위한 매력 만들기에는 여러 가지가 있겠으나 다음과 같이 12가지를 설명한다.

(1) 옷차림

나폴레옹은 "사람은 옷을 입은 대로 행동한다."라고 하였다. 즉, 옷차림이 그 사람의 행동을 결정짓고, 행동은 의식을 좌우하며, 그 의식은 운명을 결정 지음으로써 옷차림이 결국 그 사람의 장래와 연결된다는 것이다. 호감이 가는 옷차림은 때와 장소, 상황에 맞추어 입어야 어딘가 모르게 품위가 나고, 멋스러움을 만들어 낼 수 있다. 그러므로 색상, 무늬, 스타일 등이 적절한 조화를 이루도록 센스 있게 입어야 한다.

(2) 올바른 자세

앉은 자세는 다음과 같이 해야 한다.

- 앉기 전에 의자를 당겨서 자기 몸이 들어갈 공간을 확보하고 앉으면서

약간 당겨서 책상이나 식탁 등에 맞게 자리를 정한다. 의자에서 일어설 때는 앉을 때의 역순으로 하면 된다.

- 뒤로 잔뜩 젖혀 앉는 것은 피해야 한다.
- 앉은 자세에서는 몸가짐을 조심해야 하며 두 손으로 턱을 고이고 앉지 않는다.

서 있는 자세는 다음과 같이 한다.

- 어깨는 자연스럽게 수평을 이루고 두 발의 발꿈치는 붙이고 발끝은 45도 정도로 벌린다. 허리와 가슴은 곧게 펴고 양팔은 자연스럽게 내리며 얼굴은 정면으로 향하고 시선은 눈과 같은 높이로 둔다.
- 입은 다물고 온화한 표정으로 턱은 내밀지 않아야 한다.

걷는 자세는 다음과 같이 하는 것이 좋다.

- 흐느적흐느적 걸으면 안되며 가슴을 펴고 시선은 가고자 하는 전방을 주시하면서 걷는다.
- 사방을 두리번거리거나 고개를 푹 숙이고 걷는 것은 좋지 않다.
- 신발 뒤꿈치를 질질 끌거나 꺾어 신고 걷지 않는다.
- 남의 앞을 지날 때에는 한쪽으로 비켜서 다소곳이 지나가야 한다. 이때 "미안합니다." 또는 "실례합니다."하고 목례를 하면서 지나가야 한다.
- 웃어른이나 상사와 걸을 때에는 그 뒤쪽에서 1m쯤 떨어져 걷는 것이 좋다.

(3) 태도적 측면

긍정적인 태도를 가진 사람은 일에 몰입하며 기본을 정확하게 지키려 한다. 또한 회사는 일에 재미를 붙이는 곳이라고 느끼며, 노동은 즐거운 것이라는 마음가짐을 갖고 정해진 목표를 달성하겠다는 자세를 지닌다. 직장에는 가져야 할 바람직한 모습과 버려야 할 모습이 있다. 먼저 바람직한 모습은 다음과 같다.

아이디어 박스 14-1

신입사원의 태도 ■

신입사원이 가져야 할 태도로 다음과 같은 생각을 해볼 수 있다.

■ 사회에 진출한다는 것은 자기의 인생을 좌우하는 중요한 단계로 진지하게 자기 장래를 생각해야 한다. 서로 분업하여 남을 위하여 일하는 데서 기쁨을 발견하는 단계로 접어든 것이다.

■ 학교 시절에는 거의 지식만으로 평가되지만, 사회에서의 지식은 수단에 불과하고 실천결과에 의해 평가된다.

■ 자기와 같은 연배들과의 생활이었던 학교생활에서 선배뿐인 조직으로 들어서게 되면 신뢰하고 신뢰받는 관계를 이루어 나가는 일이 무엇보다 중요하다.

■ 회사에 들어간다는 것은 공부가 끝난 것이 아니라, 새로운 공부의 시작이다.

■ 자기가 맡은 분야는 모든 면에서 제1인자가 되어야겠다는 마음가짐을 가지는 것이 중요하다.

■ 시간과 약속을 지키는 모습

■ 매사를 긍정적으로 생각하는 모습

■ 공로를 남에게 돌리는 겸손한 모습

■ 새로운 아이디어를 제시하고자 노력하는 진취적인 모습

■ 건전한 비판을 적극적으로 수용하는 용기 있는 모습

■ 자신의 의견을 있는 그대로 밝히는 솔직한 모습

■ 적극적으로 업무를 추진하는 열정적인 모습

■ 공사를 명확히 구분하며 완벽하게 일처리 하는 모습

■ 맡은바 책임을 완수하는 성실한 모습

(4) 근무의 기본

조직에 뛰어든 인간은 조직의 목표를 수행하기 위하여 어느 정도의 자기희생이 필요하다. 그것은 조직의 목표와 개인의 목표가 일치되지 않기 때문이다.

① 출근

■ 여유 있는 출근으로 일과를 시작한다.

■ 출근이 늦어질 것으로 예상되는 경우^(사고, 교통 혼잡, 개인적인 일)에는 반드시 상사에게 보고한다.

② 결근

■ 예정된 경우에는 조속히 상사나 동료에게 알리고 전날 퇴근 시 인사를 잊지 않는다.

■ 결근 다음 날 출근 시 동료나 상사에게 수고에 대한 감사를 한다.

■ 돌발적인 결근의 경우에는 반드시 일과 개시 전까지 통지한다.

■ 결근 중의 소재지, 연락처 등을 미리 알려둔다.

■ 무단결근은 절대 금물이다.

아이디어 박스 14-2

■ 네트워크를 만들자

일에 대한 적성도 중요한 것이지만 그것에 앞서 자기가 하려는 일을 얼마나 잘 할 수 있는 능력이 더 중요하다. 직장에서 직무와 연관된 핵심기술, 그게 필요하다. 또 한 가지 무턱대고 직장인이 되지 말고 자기의 경력목표^(Career Goals)를 미리 설계해 두라. 그리고 Network를 만들어라. 네트워킹은 경력성공의 가장 중요한 요인이기 때문이다.

③ 휴가

■ 휴가 신청은 미리미리하여 직원 관리에 방해가 되지 않도록 한다.

■ 휴가의 사유는 솔직하게 상사에게 설명한다.

④ 지각

지각할 것 같을 때에는 우선 도중에 그 사유와 함께 연락을 하고, 지각을 했을 때에는 미안한 태도로 인사를 하도록 한다. 상습적으로 하는 지각은 승진에 영향을 줄 뿐 아니라 지각하는 습관을 고치지 않는 한 그 직장에서 밀려나게 될 수도 있다.

■ 지각은 절대 하지 않는 것을 원칙으로 한다.

■ 부득이하게 지각을 한 경우에 상사에게 사유를 설명하고 이해를 구한다.

■ 몸이 아픈 경우 지각보다는 출근하여 조퇴를 하도록 한다.

■ 직장상사, 동료와의 술자리 또는 휴일 다음 날에는 특히 지각을 하지 말아야 한다.

⑤ 자리를 비울 때

㉠ 외출의 자세

외출 용건에 대해서는 미리 계획을 세우고 출발하며 방문처가 많을 때는 효율적인 방법을 정하여 나간다. 처음 방문하는 곳은 미리 전화로 위치를 알아보거나 교통편과 도로를 확인하고 나가는 것이 좋다. 대신 방문할 때는 미리 용건을 메모하고 담당자와 충분히 이야기하여 오해가 없도록 한다. 외출이 길어질 때는 2시간에 1번 정도로 회사에 연락해서 소재 또는 진행상황을 보고한다. 교통비 신청은 실제 비용을 청구하도록 하며 허위로 청구해서는 안된다.

㉡ 사적인 외출일 때

부득이한 경우를 제외하고는 사적인 외출은 삼가도록 해야 한다. 상사에게 그 사유를 말하여 허가를 받는다. 외출 용건은 가급적 짧은 시간 내에 끝내도록 하여 사적인 외출시간이 길어지지 않도록 한다. 돌아오면 상사에게 미안하다는 뜻의 사과 겸 인사를 한다.

⑥ 퇴근

㉠ 퇴근 시 유의사항

퇴근 시간 전에 하던 일을 그만 두거나 옷을 갈아입거나 해서는 안되며 퇴근 시간이 되었어도 하던 일이 끝나지 않았으면 적당한 부분까지 끝내고 퇴근한다. 다음 날 일정을 퇴근 전에 세워두는 것과 중요한 계획은 확인하는 습관이 필요하다. 책상 위 또는 자기 전용 서류함, 사무용품 등을 정리하고 퇴근한다. 현대사회는 정보사회이며 정보보존이 생명일 수도 있다. 허술하게 업무를 처리하고 서류를 챙겨서 낭패를 당하는 경우가 종종 있다. 퇴근 시간 후에는 남은 일이 없으면 퇴근하고 다른 부서의 사람에게 방해되는 일이 없도록 한다.

㉡ 퇴근 인사

상사, 선배, 동료에게 확실하게 퇴근 인사를 하고 길이나 복도 구내에서 이들을 만나는 경우 가볍게 인사한다. 혹시 회사 밖에서 바로 퇴근하게 될 것이 예상될 때는 미리 상사에게 그 뜻을 전하고 출타한다. 업무 때문에 귀사하지 못하게 될 경우 퇴근 시간 전에 전화로 상사에게 보고하여 양해를 얻는다. 업무 결과는 전화로 반드시 보고하며 두 사람 이상이 출타했을 때에는 그 중 상급 또는 선임자가 대표로 보고한다. 퇴근 시간 한 시간 이내로 귀사가 가능할 때는 귀사하도록 하는 것이 좋다.

(5) 언어 사용

효율적인 언어사용 방법을 소개하면 다음과 같다.

- 교양 있게 이야기한다. 그 사람이 하는 말씨에 따라 인품이나 교양이 반영된다는 사실에 항상 유의해야 한다.

- 요령 있게 이야기한다. 말은 사실대로 이야기하는 것이 원칙이 될 수도 있지만 상황에 따라서는 조금은 미화하여 이야기하는 것이 듣기도 좋고 예의에 어긋나지 않는 경우도 있다.

- 상황에 맞게 이야기한다. 말하는 사람은 적극적인 태도를 취하되 듣는 사람에게 이롭지 못한 내용은 피한다.

- 성실하게 관심을 표명한다. 인간은 자기에게 관심을 가져 주는 사람에게 관심을 갖는다. 진심으로 흥미를 갖고 상대방의 이야기에 귀를 기울여야 한다.

- 칭찬을 한다. 나로 인하여 상대가 기뻐하면 나에게 큰 즐거움이 되고, 상대도 자기의 중요성이 형성되어 될 수 있는 한 나와 친밀함을 유지하려 할 것이다.

- 상대를 설득하는 대화를 위해서는 논쟁을 피한다. 되도록이면 논쟁을 피하는 것이 좋다. 가령 논쟁에서 자기가 이겼다고 하더라도 결국 자기가 큰 패배를 한 것이 된다.

- 상대의 입장에서 생각한다. 상대의 생각과 행동에는 그만한 이유가 있을 것이다. 따라서 그 이유를 찾아내야 한다. 그러면 상대의 행동, 나아가서는 상대의 성격을 파악할 수 있는 열쇠까지 얻을 수 있게 된다.

- 대화를 위해서는 주고받을 만한 화제를 풍부하게 갖고 있는 것과 화기애애한 무드를 조성하는 것이 필요하다.

- 우리말은 경어의 사용법이 어려우며 중요시되고 있다. 경어의 사용에는 대개 정해진 기준이 있으므로 그것에 따르지 않는 사용법은 듣기에 매우 거북하고 상대방을 모욕하는 결과가 되기도 한다.

- 호칭은 상대방을 부르는 말이다. 직장 내 사람이름, 거래처의 회사명, 사람이름 등은 정확히 기억하는 것이 좋으며 되도록 빨리 외우도록 한다.

- 대화예절에서 우선 갖추어야 할 것은 고운 말과 바른 말씨이다. 그러나 대화를 훌륭히 한다는 것은 정확하고 아름다운 말씨로 물 흐르듯 이야기하는 것만을 가리키지 않는다.

- 대화 매너 체크리스트를 활용할 필요가 있다. 즉, 대화 시 주위를 두리번거리며 시선을 분산시키면 침착하지 못한 사람이라고 생각되기 쉬우므로 피해야 할 대화 태도이다.

(6) 표정의 사용

표정을 보면 그 사람의 마음속을 들여다 볼 수 있고 그 사람의 상태를 한눈에 알 수 있다. 그러므로 표정은 그 사람의 사람됨을 나타내는 전체라고 할 수 있다.

- 얼굴 전체를 부드럽고 온화하게 갖는다. 눈을 치뜨면 억눌린 사람 같고 곁눈질을 하면 상대방이 경계한다. 입은 조용히 다물되 힘주지 않는다. 입가에 힘을 주면 아주 차가운 인상을 풍기고 입을 헤벌리면 허술하게 보인다.

- "눈은 입보다 많은 말을 한다."라는 말이 있는데 때로는 눈은 입^(말) 이상으로 여러 가지 것을 전해 준다. 예를 들면, 누군가와 이야기를 할 때에 자주 눈을 맞추는 사람도 있고 상대에게 시선을 주지 않는 사람도 많다. 얼굴표정은 상대방에게 전염되기 때문에 명랑하게 미소 짓는 얼굴로 상대를 바라보면 상대도 웃는 얼굴로 대해 주게 된다.

- 인간의 얼굴에는 무려 80여 개의 근육이 있어서 7,000가지 이상의 표정을 만들 수 있다고 한다. 얼굴의 근육을 잘 움직이게 하는 데 따라 표정은 생기가 돋아나게 된다.

(7) 소개 예절

소개는 인간관계 형성의 첫 순서이다. 서로가 처음 만나는 사이이기 때문에 예의 바른 행동이어야 한다.

- 상하 직원 간에는 아래 직원을 먼저 상사에게 소개한 다음 상사를 소개한다.

- 연령이 다른 경우에는 연하의 사람을 먼저 소개하고 다음에 연상의 사람을 소개한다.

- 사내외 사람 간에는 사내사람을 먼저 소개하고 다음에 외부사람을 소개한다.

- 손님 간에는 친한 사람, 가까운 관계에 있는 사람부터 소개한다

- 지위·연령이 같은 경우에는 자신과 친한 사람부터 소개한다. 남성과 여성 간에는 남성부터 소개한다.

- 회사 밖의 사람에게 사내인사를 동시에 소개할 때 한 사람을 먼저 소개하고 다음에 많은 사람을 한 사람씩 소개한다.

- 한 사람을 많은 사람에게 소개할 때 사내의 지위가 높은 사람부터 낮은 사람의 순으로 소개한다.

(8) 명함 예절

명함 예절도 주의를 기울여 지켜야 한다. 명함은 당사자의 분신이며 얼굴이다. 또한 명함은 본인의 회사명과 직함, 성명, 소재지, 전화번호 등이 인쇄된 인격을 가진 소개 카드이다. 명함을 소홀히 다루면 좋지 못한 첫인상을 줌은 물론 상대방을 불쾌하게 만들기 때문에 명함의 취급은 조심스럽고 예의 있게 다루어야 한다.

- 회사와 자신을 밝히면서 명함을 상대보다 먼저 꺼낸다.

- 꺼내는 위치는 상대방의 가슴높이가 적당하며 상대방으로부터 명함을 받을 때는 오른손으로 받으며 왼손은 가볍게 오른손을 받쳐준다.

- 명함은 아랫사람부터 윗사람에게 내미는 것이 순서이다.

- 응접실 등에서 한번에 많은 사람과 명함을 교환할 때에는 상대의 이름을 다 기억하기 어려우므로 상대의 좌석 위치에 맞춰서 명함을 테이블 위에 나란히 놓고 이야기하는 것이 좋다.

(9) 인사 예절

- 인사는 직장 매너의 기본이다. 따라서 인사란 상대의 존재를 인정하고 서로 적의 없는 감정을 전달하는 의사표시이며, 처음 만난 사람이나 웃어른에게 자신의 모든 것을 가장 잘 표현할 수 있는 첫 관문이다.

- 인사에도 TPO가 있다. 인사는 시간(Time), 장소(Place), 경우(Occasion)에 따라 다르며 상대에 따라 달라진다. 허리를 많이 굽힌다고 무조건 바른 인사법이 되는 것은 아니다. 주변 사람이 불편하지 않고 인사를 받는 사람이 기분 좋은 인사가 되어야 할 것이다.

- 상대가 무엇을 말하기 전에 이쪽에서 먼저 인사를 건넨다. 윗사람이 자신을 알아보지 못하거나, 보지 못하였다 하더라도 자기가 먼저 정중하게 인사를 하여 예의를 갖추면 훨씬 기쁨을 느낄 것이다. 인사를 할 때는 인사말의 내용을 상대가 확실히 알아들을 수 있도록 말해야 한다. 상대가 확실히 알아들을 수 있도록 정중하고, 똑똑하게 발음하는 것을 익혀야 한다.

■ 인사하면서 악수하는 방법도 중요한데, 악수로 인사할 때는 사람과 사람이 손을 마주잡고 정을 느낄 수 있게 해야 한다. 반드시 선 자세로 오른손을 내밀어 자연스럽고 가볍게 쥐는 것이 예의에 맞는 것이다. 악수는 사회적 신분이 높은 사람이나 연장자 또는 여성이 먼저 청해야 한다. 그러나 신분이 높은 사람이 연소자일 경우에는 연장자라도 먼저 손을 내밀어서는 실례가 된다.

(10) 전화응대

직장생활에서의 전화 예절이 몸에 밸 수 있도록 습관화하여 상대방과 의사소통을 원활히 하고 좋은 인상을 줄 수 있도록 하여야 한다.

■ 상대가 기다리지 않도록 벨이 1~2회 울리면 즉시 받는다. 전화벨 소리가 3번 울리기 전에 받는다. 수화기를 들면 직장 이름을 밝히고 인사부터 한다. "감사합니다. ○○회사 생산 1과 홍길동입니다." 왼손으로 수화기를 잡고 펜과 메모지는 오른손에 준비한다. 상대가 이름을 밝히지 않아 누구인지 불명확할 경우엔 "실례합니다만, 어느 분 되십니까?"라고 묻는다. 전화를 받을 때는 상대방의 용건을 정확히 들어야 한다. 전화를 끊을 때는 작별 인사(감사합니다.)를 잊지 말아야 한다. 수화기는 상대가 끊고 나서 조용히 제자리에 얹는다. 전화는 전화한 쪽에서 먼저 끊는 것이 원칙이다.

■ 전화 통화를 짧게 하기 위해선 말이 간결해야 할 것이다. 전화를 걸기 전에 용건을 5W1H로 써서 말하는 순서와 요점을 결정한다. 불필요한 말은 반복하지 않도록 하고, 복잡하게 얽히고설킨 용건은 상대방의 진의를 잘 파악해 신중히 응답한다.

(11) 경청 예절

강의와 연설을 듣는 예절도 중요한데 시간을 지킨다.

■ 강의와 연설을 듣는 일은 미리 정해진 일이므로 반드시 시작하기 전에 장소에 들어가서 정해진 자리에 위치하고, 끝나기 전에 미리 나오는 일이 없도록 한다.

- 정숙하고 바른 자세로 듣는다. 잡담을 한다거나 자세를 흐트러뜨리면 주위 사람들의 집중력을 해칠 뿐 아니라 말하는 사람에게도 큰 결례가 된다.

- 마음으로 새겨듣는다는 자세로 듣는다. 강의나 연설은 소리로만 하지 않고 글로 쓰거나 몸짓을 하여 그 내용을 전달한다. 따라서 듣는 사람 쪽에서도 귀로만 건성으로 듣는다면 완벽한 청강이라 할 수 없다. 강사나 연사의 눈빛과 표정, 몸놀림 하나하나를 주시하며 마음을 기울여 성의 있게 듣는다.

- 필기 도구를 준비하여 말하는 내용을 요약해 가며 듣는 것도 훌륭한 듣기 자세이다.

- 강사나 연사가 말하는 도중에 질문하지 않는다. 말하는 도중에 질문을 하여 이야기의 흐름을 방해해서는 안 된다.

- 이야기가 끝나거나 질문 시간이 따로 주어졌을 때 질문을 하도록 한다.

(12) 회의 에티켓

회의할 때의 유의 사항은 여러 가지가 있을 수 있다. 즉, 회의란 여러 사람이 같은 목적을 놓고 의견을 교환해 하나의 결론을 얻어내는 방법이다. 하나의 주제를 놓고 여러 사람이 의견을 말하고 때로는 상대방을 설득하고 이해를 구해야 하기 때문에 일반 대화와는 달리 엄격한 질서가 요구된다.

- 직장에서의 회의는 업무의 방향을 설정하고, 이를 보다 원활하게 수행하며, 그 과정을 점검하는 데 의의가 있다. 따라서 자기의 가치관이나 판단과 차이가 있더라도 다른 사람의 입장을 존중하여 독불장군식으로 의견을 개진하지 않도록 하는 것이 중요하다.

- 발언 내용은 주제에서 벗어나지 않는 것이어야 한다. 발언의 차례가 정해져 있는 경우 이를 반드시 지키도록 하며, 차례가 정해져 있지 않더라도 윗사람이나 상사의 발언이 끝나기를 기다려 자기의 의견을 말하도록 한다.

- 누구나 알아들을 수 있도록 정확하고 또렷한 목소리로 말한다. 혼자서 너무 오랫동안 발언하지 말고 여러 사람이 의사를 개진할 수 있도록 배려한다.

■ 짧은 시간에 요점을 간결하고 알기 쉽게 말한다. 의제와 관계없는 사담은 피하고 남의 말을 가로막거나 중단시키는 행위는 삼가야 하며, 남에게 불쾌감을 주는 태도나 발언은 금물이다.

2. 성공적인 인간관계 기법

인간관계란 일생을 살아가면서 인간들의 삶을 영위하는 데 관련된 모든 문제들을 해결하고 살아가는 인생의 과정으로 이해해야 한다. 이렇듯 인간관계 형태는 우리의 생활 속에서 일어나는 모든 현상이기 때문에 한 마디로 표현하기는 어려운 문제이다. 인간관계는 태어나면서 죽을 때까지 이루어지는 호흡과도 같은 것이기 때문이다. 인간관계를 개선하는 여러 가지 방안에 대하여 설명하면 다양한 것이 제기될 수 있겠지만 본 절에서는 6가지만 소개한다([도표 14-1] 참조).

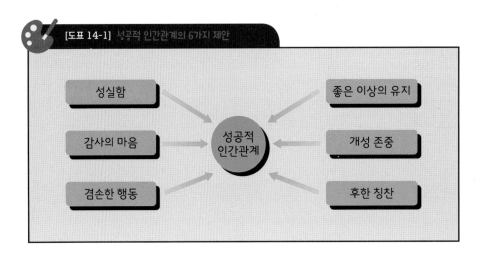

[도표 14-1] 성공적 인간관계의 6가지 제안

(1) 인간관계 개선을 위한 6가지 제안

① 성실함으로 대하자

성공적인 인간관계는 성실성에서 시작한다. 작은 일에 최선을 다하는 자는 큰일에서도 최선을 다하는 것이다. 작은 일을 잘 수행하는 자의 결과를 보고 다음에 더 큰일도 맡게 하는 것이다. 성실은 언행의 일치를 말하며 성실이 쌓이면 유능한 인물을 창출하는 것이다.

② 감사하는 마음을 갖자

진정한 마음으로 상대방을 대접할 때의 고마움은 결코 잊지 않을 것이고, 잘못이 있다 하더라도 용서할 수 있는 마음이 좋은 인간관계를 유지할 수 있다.

③ 겸손하게 행동하자

현대사회에서와 같이 누구나 자신을 나타내려는 의지가 강한 사회에서 자신을 낮춘다는 것은 쉬운 일이 아니다. 남을 먼저 앞세우고 자신은 소리 없이 남을 도울 수 있는 자는 진정 훌륭한 자이다.

④ 좋은 인상을 유지하자

좋지 못한 첫인상은 회복하기에 많은 시간이 필요하다. 첫인상에 영향을 미치는 요인으로는 육체적 특성으로서 연령, 성$^{(性)}$, 체격, 용모, 피부색 등이 있을 수 있고, 그 다음은 지적 능력으로서 사고력, 판단력, 창의력, 의사소통력 등이 있다. 그리고 마지막으로는 퍼스낼리티 특성으로서 수용성, 신뢰성, 사회성 등을 들 수 있겠다.

⑤ 개성을 존중해 주어야 한다

타인의 개성을 무시해서는 안 된다. 타인의 개성을 발견하면 칭찬하고 좋은 점을 배우려는 자세가 중요하다. 서로가 서로의 인격을 존중하는 기풍은 다른 사람을 기쁘게 함과 동시에 서로 간의 벽이 없어지는 것이다.

⑥ 칭찬을 아끼지 말자

인간이 가장 갈망하고 있는 욕구는 타인으로부터 칭찬받고자 하는 욕망일 것이다. 칭찬은 칭찬하는 측에서는 대수롭지 않겠지만 받는 사람 측에서는 커다란 의미를 갖는다. 칭찬은 상황에 따라 칭찬의 효과가 달라진다.

(2) 좋은 관계 유지를 위한 8가지 제안

① 먼저 베풀자

인간은 대부분이 누구나 자신을 위해 무엇인가 해주기를 원한다. 뿐만 아니라 자신의 것은 아깝고 다른 사람의 것은 별것 아닌 것으로 인식한다. 직장에서 훌륭한 관계를 만들 수 있는 비결은 자신이 먼저 남에게 베푼다면 분명 좋은 관계를 가질 수 있다는 것이다. 직장에서는 자신이 가지고 있는 노하우(Know-How)를 공개하기를 꺼려한다. 그러나 회사를 위해서 자신이 가진 것을 서로가 공유할 때에 자신에게도 많은 이익이 돌아올 수 있다는 점을 알아야 한다.

② 자신의 이익부터 생각하지 말자

누구와 친하게 지내면 나의 사업에 큰 도움이 될텐데, 그리고 저 사람과 친하게 지내면 승진하는 데 도움이 될텐데, 하는 생각은 인간관계에 있어서 다른 사람을 수단으로 이용하는 결과를 초래할 수도 있다.

③ 진실된 인간관계를 가지자

인간은 많은 친구보다 소수지만 진실한 친구가 필요하다. 개인의 삶은 인기에 편승해서 자신에게 표를 많이 밀어주는 것으로 자신을 훌륭하다고 보는 정치인들 스타일의 인간관계가 되어서는 안되며, 특히 직장에서 이러한 행동은 금물이다.

④ 자기 일에 호감을 갖자

호감은 어떤 인기 위주의 스타일보다 자신의 업무와 과업에서의 호감을 말한다. 또한 리더의 자세보다 도우려는 자세, 나를 보이려는 자세보다 동료를 칭찬하는 자세는 은은한 화목의 바른 길일 것이다.

⑤ 필요한 정보를 제공하자

회사나 직장 내에서 자신이 알고 있는 정보를 다른 사람과 함께 공유할 때 자신의 정보를 더욱 살찌게 만들 수 있다. 교환하면 괴로움은 작아지고 값어치는 높아지며 행복은 커진다는 것을 인식해야 한다.

⑥ 최고의 친절성을 추구하자

서로 간에 어디서나 만나면 '안녕하십니까, 편안하십시오, 기쁜 시간 되시기 바랍니다' 등의 인사말을 한다. 이러한 친절하고자 하는 마음은 직장을 살찌우고 나아가서 결국은 자신에게 이익이 돌아오는 것이다.

⑦ 급한 관계 개선을 피하자

몇 번 만나고 과거부터 친한 사람처럼 행동하지 말자. 많은 시간 동안 만남이 정의 깊이를 더욱 깊게 하는 데 정비례한다. 그래서 미운 정, 고운 정이라고 하는 것이다. 자주 만나도록 하자. 그리고 항상 처음과 끝이 똑같은 자세를 갖도록 하자. 우리는 가끔씩 어릴 때 친구를 만나면 허물없이 대화를 하고 서로 간의 격의 없이 대하게 된다. 이는 오래된 친구일수록 서로 간의 이해 폭이 넓어진다는 것이다.

⑧ 포용력을 가지자

포용력은 다분히 많은 양해와 희생정신이 따른다. 특히, 상사와 부하 간의 관계가 원활함은 포용력에 비례한다고 인식해야 한다. 부하직원을 이해하고 자신의 욕심을 줄이며, 회사는 사장의 개인 것이라기보다 우리의 것으로 가꾸어 나가는 자세가 필요하다.

(3) 인간관계를 위한 4가지 정신

효율적 인간관계를 위한 정신자세는 [도표 14-2]와 같아야 한다.

① 새롭게 생각한다

새로운 것을 창조하고, 어떤 어려움도 극복해 나가며 시도하려는 도전의식을 가져야 한다. 그리고 항상 생각하는 습관을 잊지 않으며, 기존의 것을 생각 없이 되풀이하지 말고 새롭게 바꾸어 보려는 정신을 갖자는 것이다.

- 창조정신 : 창조란 무에서 유를 만들어 내는 것이다. 본래 이것은 신만이 할 수 있는 일이다. 창조를 원한다면 그 사람은 기존의 것을 유심히 관찰하고 배우며 거기서부터 새로운 방향을 이끌어내야 할 것이다. 그렇기 때문에 과거를 돌아보는 일은 매우 중요하다.

아이디어 박스 14-3

■ 전화 예절

- 전화를 걸 때의 예절로는 상대방의 전화번호, 소속, 이름, 용건 등을 미리 준비해야 한다. 상대방이 수화기를 들면 먼저 자기의 소속과 이름을 밝힌다. 먼저 용건을 간략하게 상대방에게 알린다. 간단한 인사나 또는 일전의 감사의 뜻을 전한다. 대화 중에 끊겼으면 건 쪽에서 다시 걸고, 끊긴 것을 사과한다. 전화를 끊을 때는 간단한 감사의 뜻 또는 인사를 잊지 않는다.

- 전화가 잘못 걸려 왔을 때에는 장난하지 않고 잘못 걸려온 전화라는 것을 친절하게 가르쳐 주도록 한다. 비밀스러운 이야기 및 부탁이나 오해를 풀어야 할 때에는 전화보다는 직접 찾아가서 용건을 설명하는 것이 효과적이다. 자기 직장에서도 근무시간에는 사적인 전화는 삼가는 것이 바람직하다. 전화상의 대화는 목소리만으로 상대방을 인식하게 되는 경우가 대부분이므로 상대방을 확인하기 전까지는 어떤 경우라도 존대해 주는 것이 실수를 예방하게 된다.

- 전화는 많은 사람이 사용한다는 공공성이 있으므로 용건을 미리 준비하여 짧은 시간 내에 전달한다. 회사는 어디까지나 업무장소이다. 전화 사용 시 대화를 길게 하는 것은 상식을 의심받는 것일 뿐만 아니라 회사에 손실을 준다. 긴급할 때 외에는 사적인 전화를 삼가도록 한다. 항상 통신 보안에도 신경 쓴다. 바른 말을 사용하고 혼동되기 쉬운 말은 피하며 상대의 해석에 따라 아무렇게나 이해되는 말은 피해서 쓰도록 한다.

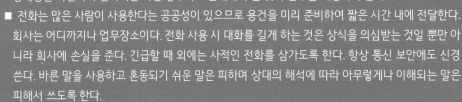

- 도전의식 : 도전이란 현재에 만족하지 않고 새로움을 적극적으로 시도하는 행위나 닥친 어려움을 극복하고 미지의 영역으로 활동범위를 넓혀가는 행위를 말한다. 경쟁에의 도전뿐 아니라 초우량기업에의 도전, 최고의 제품과 서비스 생산에의 도전이 필요하다. 개혁에의 도전, 난관 극복에의 도전도 필요하다.

- 혁신정신 : 어떤 결정을 하기 위해서는 많은 정보가 수집되어야 하지만 확실한 정보를 손에 넣고도 주저주저하다 뒷북을 치는 일은 전체 사기에 나쁜 영향을 준다. 기업의 의사결정은 대부분 불확실성하의 의사결정이다. 그러므로 어느 정도 감이 잡히면 용단을 내릴 줄 알아야 한다.

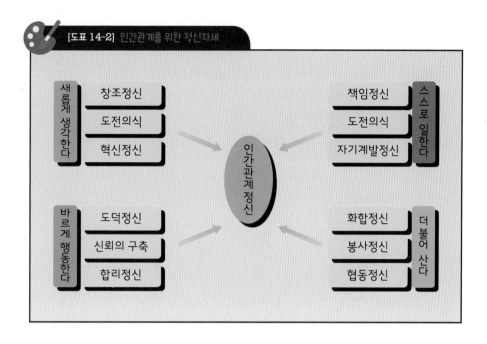

[도표 14-2] 인간관계를 위한 정신자세

② 바르게 행동한다

바르게 행동한다는 뜻은 도덕적으로 정도(正道)를 걸으며 일에 있어서는 합리정신을 가지고 항상 경제적·과학적으로 행동함을 말한다. 대인관계에서는 예의범절을 준수하고 신용을 지키며 타인에 대해서나 하늘을 우러러 부끄럼이 없는 생활을 한다는 정신이다.

- 도덕정신 : 반도덕적 행위나 사람들의 지탄의 대상이 되는 행위를 하면서까지 조직의 이윤을 추구해서는 안된다. 기업이념 자체가 인간사회의 발전에 있기 때문에 인륜이나 사회를 병들게 하면서까지 목표를 달성한다는 것은 모순이다. 그러므로 도덕과 윤리의식을 버린 채 이윤추구에만 급급한 것은 바람직하지 않다.

- 신뢰의 구축 : 신뢰는 서로 믿고 의지함을 말하는데, 대인 관계에 있어서는 성실과 정직을 바탕으로 한 미더운 관계를 말한다. 동료나 상사가 인간적으로 나를 신뢰할 수 있고 업무적으로 나를 믿고 일을 시킬 수 있으면 나는 신뢰받는 인간이 되는 것이다. 이렇게 되면 부서 간에도 신뢰감이 구축될 수 있으며 상하 간, 노사 간, 그리고 회사와 직장인 사이에 믿음의 관계가 더욱 공고히 될 수 있을 것이다.

■ 합리정신 : 합리란 효율과 논리를 말한다. 효율은 적은 자원을 들여서 가능한 많은 성과를 얻어야 한다는 것이고, 논리란 누가 언제 보아도 인정할 수 있는 일관성 있는 정도의 추구를 말한다. 그러므로 합리는 완전하고 능률적인 경영, 질서의식 등을 뜻한다. 효율적으로 일을 하기 위해서는 손을 대기 전에 철저한 계획이 필요하다. 철저한 계획은 반드시 많은 시간을 요하는 것은 아니다.

③ 스스로 일한다

스스로 일한다라는 것은 자율정신, 책임정신, 자기계발정신을 말한다.

■ 자율정신 : 자율정신은 곧 자주정신이다. 직장인은 누구나 할 것 없이 한 사람 한 사람이 각자 인생의 주인이다. 따라서 스스로의 노력으로 스스로의 운명을 개척하고 미래를 건설하며 스스로의 행복을 창조해야 할 것이다.

■ 책임정신 : 책임은 권리보다도 더 소중한 것이다. 책임정신이야말로 개인과 조직과 사회가 발전하는 원동력이 되기 때문이다. 저마다 권리만을 주장하고 결과에 대해 책임을 지지 않는다면 누구나 멋대로 행동하기 쉽고 잘 해보겠다는 각오가 서지 않을 것이다. 맡은 업무에 대해서는 어떤 결과가 나오든지 스스로 책임을 감수하겠다는 마음자세로 매사에 임할 때에만 좋은 결실을 얻을 수 있을 것이다.

■ 자기계발정신 : 기업 차원에서 교육·훈련의 기회가 제공되겠지만 개인의 학습·훈련 태도 및 의욕이 있어야 하며 도전적이고 노력형이어야 한다. 사람이란 한 직장에서 오래 지내다 보면 사고방식이 고정화되고 타성에 젖게 되며 따라서 시야가 좁아지는 경우가 많다.

④ 더불어 산다

더불어 산다는 것은 서로 양보하고 협동·화합하는 정신이며, 먼저 봉사하고, 직장인을 서로 가족처럼 아끼고 배려해주는 정신을 말한다. 그리고 서로의 인격을 인정해주고 나와 다르더라도 그 '다름'을 인정해주는 정신을 말한다.

■ 화합정신 : 화합이란 동일한 객체들을 한데 묶어 놓은 상태가 아니다. 제

각기 특성이 있고 개성이 다른 한 사람 한 사람이 공동 목표를 효율적으로 달성하기 위해 조화 있게 유기적으로 연결되어있는 상태를 말한다.

■ 봉사정신 : 직장생활을 하다보면 남의 희생 위에 자기 것만 챙기는 극단적 이기주의도 있고, 남과의 인연을 끊고 자기 멋대로 자기 것만으로 살아가는 개인주의자도 있다. 그러나 조직의 생리는 구성원 서로 간의 봉사를 요구한다.

■ 협동정신 : 최초의 인간이 돌로 맹수를 때려잡을 때부터 협동은 존재해왔다. 한 사람의 인간은 맹수보다 나약하기에 협동을 하지 않으면 맹수의 공격에 대비할 수가 없었을 것이다. 물고기를 잘 잡는 집은, 사냥을 잘하는 집과 서로 물물교환하면서 조직이 탄생되고 협동작업이 있었을 것이다. 나를 생각하기 전에 동료의 입장을 생각할 줄 알고 내 부서만 앞세우기보다는 타부서의 입장에 설 줄도 알아야 한다.

3. 올바른 직장인의 행동

직장인들이 회사생활과 관련하여 준수해야 할 행동기준을 다음의 [도표 14−3]과 같이 3가지로 분류할 수 있다.

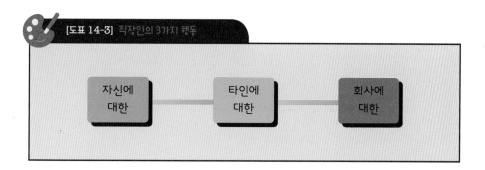

[도표 14-3] 직장인의 3가지 행동

자신에 대한 — 타인에 대한 — 회사에 대한

(1) 자신에 대한 행동

자기 자신에 대한 행동을 자아의 발전, 올바른 사회인, 생활관리라는 3가지 주제로 나누어 설명하면 다음과 같다.

① 자아의 발전

■ 폭넓은 교양인 : 직장인은 박식해야 한다. 제품에 대해서는 물론, 회사업무와 무관한 분야에 대해서도 폭넓은 교양과 상식을 가지고 있어야 한다. 경쟁사회에서 앞서나가야 하는 조직의 업무는 어떤 것보다도 복잡하다.

■ 배우는 지식인 : 자아발전을 위해서 사람은 누구나 겸손한 자세로 배우는 일에 힘써야 한다. 좋은 친구에게서는 좋은 점을 배우고 나쁜 친구에게서는 개선할 점을 배울 수 있다는 말이 있듯이 모든 사람으로부터 배울 수 있으며 언제라도 마음가짐만 되어 있으면 자신을 발전시켜 나갈 수 있다.

② 올바른 사회인

■ 공인으로서의 직장인 : 부패란 다른 것이 아니고 공과 사가 뒤엉켜진 상태를 말한다. 우리 인간은 한 사람 한 사람이 고유의 인격체를 가진 개인이지만 조직의 한 구성원으로서의 나의 행동이 타인에게 지대한 영향을 미칠 수 있기 때문에 공인의 입장에 서야 하는 것 또한 사실이다.

■ 타인수용과 관용정신 : 넓은 아량과 남을 인정하는 마음, 유연한 자세와 타협정신은 자신감에서 출발하는 것이다. 자신감을 갖기 위해 평소에 실력을 향상시키고 도덕적으로나 인격적으로 흠이 없게 행동해야 한다.

■ 먼저 베푸는 자 : 조직사회 속의 개체들은 서로 연결되어 살아가고 있다. 따라서 하나의 개체가 고귀한 인격의 본질을 찾기 위해서는 이러한 연결 속에서만 가능하다. 이기적으로, 독립적으로 자신만을 생각한다면 조직도 망하고 개인의 인격적 존재도 의미가 없어진다.

■ 철저한 사명감 : 사명이란 맡겨진 임무 또는 맡은 일을 의미한다. 경영진은 경영진대로 과장은 과장대로 사원은 사원대로 맡은 일이 있을 것이다. 이러한 사명을 철저하고 완벽하게 이행하고자 하는 정신자세를 사명의식이라고 할 수 있다. 자기 직업을 하늘이 준 천직이라고 생각하며 맡은 일에 희생과 봉사를 아끼지 않고 최선을 다하는 자세, 그리고 그 결과에 대해서는 끝까지 자기가 책임지려는 자세, 이들은 모두 투철한 사명감에서 나오는 것들이다.

③ 생활관리

- 사생활 관리 : "회사 일에 몰두하다보니 가정은 어떻게 돌아가는지 모르 겠다."고 한다면 자신의 기초가 흔들리고 있는 것을 모른다는 것과 같다. 뿐만 아니라, 생활이 좀 나아지고 승진을 하다보면 일상생활이 사치스러 워지고 자제력을 잃기 쉽다.

- 건강관리 : 건강은 당사자 자신만의 자산이 아니다. 그 가족은 물론이요, 그가 속한 조직과 구성원에게 미치는 영향도 크다. 그러므로 직장인은 건강의 중요성에 대해 차원을 넓혀 인식하고 좀 더 적극적으로 건강관리 를 해야 한다.

- 시간관리 : 오늘날 직장인에게 있어서 가장 중요한 자산은 시간일 것이 다. 동시에 시간은 현대의 직장인을 가장 괴롭히는 직무스트레스 요인 중의 하나이다. 시간의 압박에서 벗어나기가 어렵기 때문이다. 아무리 능 력이 많은 사람도, 아무리 할 일을 빨리 처리하는 사람도 모든 일을 다 처 리하는 데에는 항상 시간이 부족하기 마련이다.

- 자신을 돌아보는 생활 : 소경의 친구가 캄캄한 밤에 소경을 배웅하면서 손에 등불을 들려주었다. 그 소경은 등불을 손에 들고 밤길을 어느 만큼 가고 있었는데 마주오던 사람이 소경과 부딪쳤다. "등불이 눈에 안 보이 오?" 소경이 소리쳤다. "등불이라니요? 당신이 손에 든 등잔에는 등불이 꺼져 있었소." 부딪친 행인이 알려주었다. 이 소경은 자신의 등에 등불이 꺼진 것도 모르고 등을 들고 가다가 부딪힌 사람만 나무랐던 것이다. 우 리가 이 소경과 같지는 않은가?

(2) 타인에 대한 행동

타인에 대한 행동은 타인과의 일반적인 관계를 비롯하여, 외부인과의 관계, 윗사람과 아랫사람으로서의 역할로 구분지어 그 행동을 살펴볼 수 있다.

① 타인과의 일반적 관계

- 원활한 의사소통 : 수직적 의사소통이 이상적으로 이루어지기 위해서는 상하 간에 대화의 기회를 자주 갖는 것이 필요하며 업무시간 외에 부서

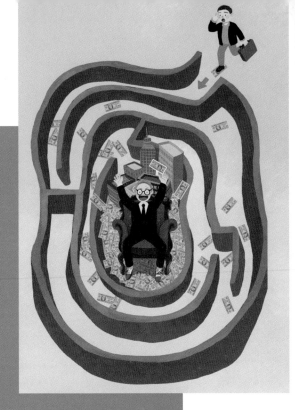

아이디어 박스 14-4

■ 성공을 위한 베스트 프랙틱스 따라하기

이 세상엔 나만의 지식, 방법, 기술이란 없는 모양이다. 자기에서 눈을 돌려, 남의 좋은 본보기가 있으면 따라하고 도용하고 베끼고 모방하기 때문이다. 남이 어떻게 하는지를 잘 파악해야 나하고의 갭을 알 수 있고, 그 차이를 줄일 수 있게 된다. 다른 회사의 우수한 비법이나 Best Practice는 나에게 성장을 위한 보약이 될 수 있는 것이다.

타산지석이 되기 위해서는 끊임없이, 소위 잘나가는 개인, 회사, 나라의 성공 방식을 분석해야 한다. 잘나가는 사람들이 가진 특성을 활용하여 약간만 수정하여 나의 단점과 약점을 보완하는 데 써야 한다. 경우에 따라 고집불통에서 벗어나 얇은 귀를 가진 사람이 되자. 우리 주위엔 나보다 나은 사람이 많은 법이다.

다른 조직으로부터의 학습을 통해 그 조직의 우수성을 본받기 위해서는 그 회사의 실행이나 평가보다는 잘나가는 회사의 사훈이나 이념, 사명, 비전 등 경영 목표부터 본뜨는 것이 좋다. 회사마다 내부자원의 힘은 다르며, 외부 환경도 큰 차이가 있기 때문이다.

별로, 작업단위별로 장기적 모임을 갖는 것도 좋다. 부서장들이 만나서 대화하는 기회는 자주 있을수록 좋으며 부서 간 업무협조가 잘 되기 위해서는 상하 좌우의 적극적 의사소통이 필요하다.

- 비방 금지 : 당사자가 없는 곳에서 서로 모여 앉아서 도마 위에 올려놓고 비난을 벌이는 행위는 삼가야 할 풍토이다. 비난할 일이 있으면 참고 감싸주든지 오히려 당사자에게 따끔한 충고 한마디가 더 필요하지 제3자에게 전달하는 것은 사원 간에 파벌을 만들고 조직을 산산조각 나게 만들 뿐이다.

- 상부상조 : 우리 직장인들은 애·경사에 남다른 관심을 갖고 같이 웃고 같이 슬퍼하는 전통을 가지고 있다. 회사 일을 집어치우고 이리저리 몰려다녀서는 안 되지만 상부상조의 정신을 발휘하는 것은 필요하다. 그러나 무엇보다 더 중요한 것은 마음으로부터 보내는 기쁨과 위로이기 때문에 표면상 나타나는 행동이 요란하지 않도록 조심히면서 행동해야 한다.

- 소집단 활동 : 개인은 소집단 활동을 하면서 자기 역량을 펴기도 하고 불만을 하소연하기도 하면서 많은 문제를 해결한다. 그러나 이런 소집단이 이익집단으로만 뭉쳐 자기방어에만 급급하거나 배타적일 때 파벌조장의 위험이 있다. 그러므로 직장인 모두는 소집단 활동의 역기능을 예방하는 데 최선을 다해야 한다.

- 타협과 양보 : 서로의 주장이 다르고 이해관계가 서로 충돌할 때 감정이나 힘만으로 이것을 해결하려는 것은 현명한 일이 못된다. 만인의 보편적인 상식과 관습에 비추어서 서로 설득하고 이해시키는 가운데 타협과 조정의 방향을 찾아야 한다. 자신에 대해서는 겸손을, 타인에 대해서는 관용을, 상호관계에 대해서는 상식 수준에 맞는 합리적 해결을 원칙으로 해야 한다.

② **외부인과의 관계**

- 고객파악 : 고객은 직장의 존재 기반이다. 따라서 내가 있음은 고객이 있기 때문이라는 생각을 잊지 말고 고객에 대한 친절과 봉사를 일상생활의 신조로 지켜나가는 자세가 필요하다. 고객의 욕구가 무엇인지, 불평이 없는지를 항상 그들과 가까이 하며 알아내야 되고, 이를 회사에 알려 즉각적인 대응이 되도록 고객의 충실한 사신이 되어야 한다. 어제의 고객이 오늘도 내일도 그대로 있으란 법은 없다.

- 신용제일주의 : 납품업체나 정부, 대리점, 각종 단체 등의 이해관계자 집단과 협력관계에 있으므로 서로 신뢰하도록 관계를 유지해야 하며, 상대방이 자금 등의 어려움이 있을 때 이를 도와주는 자세가 필요하다.

- 고객에 대한 예의 : 외부단체를 방문할 때에는 반드시 사전에 전화를 걸어 예의를 갖춰야 하며 상대의 시간에 맞추도록 노력해야 한다. 대화나 상담기술을 익혀 간결하고 분명하게 의견 표시를 할 수 있도록 준비한 다음 만나야 한다. 회사의 입장과 여건을 잘 설명해 주되 너무 강압적이거나 일방적이어도 안된다. 외부관공서나 정부사람을 만날 때 거만해서도 안되지만 비굴한 태도를 가져서도 안될 것이다.

- 거래선 관계 : 직장은 거래선과 함께 존재한다. 따라서 신의와 성실을 바탕으로 적정 이익을 제공함으로써 공존관계를 유지해야 한다. 거래선에 억울함을 주어서도 안되고 그들이 어려움을 당할 때 그 어려움을 나누어 가질 수 있어야 우리 직장이 어려울 때 그들의 도움을 얻을 수 있다.

■ 관공서, 공공기관과의 관계 : 직장인이 직장일과 관련하여 정부의 관공
서와 공공기관과 관련을 맺게 될 때 원활한 협조관계를 갖는 것이 필요
하다. 우선 규정과 절차를 준수하고 회사로서 해야 할 일을 빈틈없이 완
료하며 합법적으로 접근해야 할 것이다.

③ 윗사람으로서의 역할

■ 부하에 대한 신뢰 : 상사가 부하의 신뢰를 얻으려면 상사가 먼저 부하를
믿어야 한다. 부하의 보고를 확인하려고 하는 것은 꼼꼼하게 보일지는
몰라도 부하에게 실망을 주게 된다. 부하를 진심으로 믿는 것도 중요하
지만, 믿어준다는 사실을 부하가 알도록 하는 것도 중요하다.

■ 적절한 감정 표출 : 상급자는 부하들 보는 데서 화를 내거나 일상생활에
서 경거망동해서는 안된다. 부하를 앞에 놓고 성을 내면 부하는 더 이상
할 말을 잊게 되고 다시 꾸지람을 받을까봐 두려워 새로운 아이디어도
속에 간직한 채 내놓지 않게 된다. 상급자의 가벼운 지적이나 경솔한 말
한마디가 부하에게는 크게 작용할 수 있다.

■ 부하에 대한 배려 : 상급자라 해서 '다른 세계'의 사람으로 군림해서는
사원들로부터 영원히 버림받고 만다. 모든 일에 함께 어울리는 것이 중
요하다. 그러나 더 중요한 것은 '같이' 지내고 있다는 '느낌'을 주는 것이
다. 위에 있지 않고 옆에 있다는 감정을 갖게 하기 위해서는 서민적이고
소탈한 성품의 소유자이어야 한다.

■ 과거를 회상하는 상사 : 사람이 상위직에 오르면 말단 사원시절의 과거
를 잊기가 쉽다. 부하의 어려움을 나의 어려움으로, 부하의 즐거움을 나
의 즐거움으로 여길 줄 모르면, 존경받는 상사가 되지 못한다. 상사는 부
하를 알아야 한다. 그들의 성격, 장단점, 그들의 고민과 희망사항 등도 알
아야 되지만, 가장 중요한 것은 그들이 나를 어떻게 보고 있는가를 파악
해야 한다.

■ 솔선수범의 자세 : 하급자 한 사람의 잘못된 행동은 직속 상사나 동료 몇
사람만 알지만 상급관리자의 잘못된 행동 습관은 부하직원 모두에게 알
려지기 마련이다. 부하직원 한 사람의 불성실과 나태는 다른 사람이 배
우지 않지만 상급관리지의 행동은 주변에 금방 파급된다. 상사의 일거수

일투족은 만인이 주시하고 있을 뿐 아니라, 그것을 모델로 생각하여 따르려 한다. 그런 의미에서 상사는 사원에 대해서 배우요, 모델이요, 교사인 것이다.

■ 계속적인 관심과 지도 : 상급자는 부하의 능력을 키워주고 나쁜 태도를 고쳐주어야 할 책임이 있다. 부하의 단점을 발견한 상사가 그냥 내버려 두었다가 그 일로 해서 부하가 잘못을 저질렀을 때 당사자보다 상사에게 더 큰 책임이 있다. 왜냐하면 부하는 모르고 저질렀지만 상사는 이미 그 가능성을 알고 있었기 때문이다. 상사는 부하보다 업무능력에 대한 지식과 경험도 앞서야 한다. 일상 업무는 곧 교재이며 교육도구인 것이다.

■ 적절한 충고와 지시 : 잘못은 분명히 지적하고 충고해 주어야 한다. 그러나 충고와 질책은 조심해서 해야 한다. 여러 사람 앞에서의 질책은 비난이요, 단둘이 있을 때의 질책은 충고요, 교육이다. 감정적으로 소리치는 것은 대개의 경우 설득력이 없다. 일거리가 없는 부하직원에게 일거리를 만들어 주는 것은 상사의 주요 역할 중의 하나이다.

④ 아랫사람으로서의 역할

■ 정확한 지시의 수용 : 일은 스스로 찾아서 한다 하더라도 결국 상급자와 협의 내지는 허락을 받고 시작하는 것이 원칙이기 때문에 회사 업무는 대개 상급자의 명령과 지시를 통하여 시작된다. 이때 상사의 생각을 정확히 파악하고 그가 무엇을 요구했는지 잘 모를 때에는 두 번 세 번 질문을 해서라도 알아낸 다음 일을 시작하는 것이 중요하다.

■ 보고요령 : 일의 진행과정 중에 중간보고는 반드시 필요한 것은 아니지만 꽤 오랜 시기가 소요되는 업무, 도중에 문제 발생 시, 수행방법이나 목표를 수정할 때에는 중간에 보고를 하는 것이 원칙이다.

■ 상사에 대한 예우 : 상사는 대개 나이로 보나 경력으로 보나 손 윗분이므로 예의를 갖추어야 하며 집안에서나 직장에서나 윗사람의 얘기는 공손히 받아들이는 것이 질서의식이다. 동료나 제3자에게 상사에 대한 비난을 늘어놓는 것도 있어서는 안되며, 무슨 불만이 있을 때는 분위기가 되었을 때 털어놓고 이해를 요구하는 것이 도리이다.

(3) 회사에 대한 행동

회사에 대한 행동을 크게 3가지, 즉 조직인, 직장인, 공동체 구성원으로서의 행동으로 정리할 수 있다.

① 조직인으로서의 행동

- 회사에 공헌 : 아무리 우수한 인재라도 개인적 위험을 무릅쓰기를 싫어하고 모험을 싫어하고 야망이 없고 현상유지만 하며, 자리만 유지하겠다는 식의 사원은 발전이 없는 사람이다. 개인적인 위험이 뒤따르더라도 회사를 위해 헌신한다든가 전략가형으로 뛰는 사람은 회사의 인재가 될 수 있다.

- 전사적 사고 : 조직 내에서도 여러 부서가 생기고 서로 간에 복잡한 연결망이 이뤄져 있다. 그러나 역시 직장의 뿌리는 하나이다. '우리는 하나'라는 전사적 사고를 갖지 않게 되면 부서 간에도 경쟁을 해야 하며 계열사끼리도 이해관계가 엇갈릴 때가 있다. 결국 한 울타리 안에서 공동 목표를 추구하는 직장인끼리 상호존중하고 협조하는 분위기를 유지해야 된다. 전사적 사고는 '정보의 공유'에서 출발한다.

- 고감도 조직인 : 중앙에서 단추 하나만 누르면 말초신경까지 순식간에 전달되는 유기체를 고감도 조직이라고 한다. 위에서 지시를 내렸는데 중간에서 사라진다든가 수주일 걸려서 실무자에게 도달한다든가 하면 시간이 자산인 현대에 부적절한 조직이다. 부득이 조직의 계층이 많이 있더라도 상하 커뮤니케이션 속도에 우리 직장인 모두가 유념해야 한다.

② 직장인으로서의 행동

- 신입사원의 자세 : 신입사원 때에 품고 있던 야망을 갖고 솔선수범하여 두각을 나타냄으로써 회사에서 인정을 받아 자아성장을 하려는 자세가 되어 있어야 한다.

- 회사 자산의 이용 : 회사 자산이라 함은 제조를 위한 원료, 도구, 비품, 기계 등을 말하는데, 이는 제품과 서비스의 생산과 관련하여 사용해야 되는 것이지만 상식과 규정이 정한 수준에서 사용해야 한다. 공적인 사용

이냐 사적인 사용이냐가 애매할 때가 있기는 하지만 개인의 목적에 이용되어서는 안된다.

■ 공과 사의 구분 : 모든 일에 사익만을 먼저 생각하고 사사로운 감정이나 편견을 버리지 않는다면 기업이 먼저 해를 입게 되고 종국에 가서는 자신과 가족에게 해를 입히는 꼴이 될 것이다. 사랑이 풍부한 기업이라고 해서 공적인 일을 사적으로만 얼버무리는 일이 있어서는 안될 것이며, 모든 일에 공과 사를 엄격하게 구분하여 처리하되 공적인 일을 우선하는 것이 몸에 배어 있어야 한다.

③ 공동체 구성원으로서의 행동

■ 자발적인 질서의식 : 질서를 옳게 세워나가는 것도 합리정신의 일부가 된다. 하나의 조직은 다양한 사람, 여러 집단으로 이루어져 있기에 제각기 갈 길로만 간다면 소기의 목적달성이 어렵다. 일정한 규정과 질서에 따라 움직일 필요가 있으며 그 질서는 어느 정도 구속력을 가져야 한다.

■ 약속의 이행과 시간관념 : 인간관계가 오늘날처럼 복잡하고 조직화된 사회에서 시간관념이 희박한 사람은 자신의 역할수행을 다하지 못하고 있는 사람이다. 회사의 출근시간, 점심시간 후의 업무재개시간 등은 말할 필요가 없지만 남과의 약속에서 언제나 상대방보다 먼저 도착해 있어야 한다.

■ 부정방지 : 부정을 보고 눈감아주는 것은 관용도 아니고 사랑도 아니다. 오히려 당사자를 더 깊은 악의 골짜기로 몰고 가는 것이며 숨겨져 있는 부정행위에 자신도 모르게 동조하는 것과 같다. 당장에 싫은 소리를 듣더라도 잘못은 지적하고 바로잡아 주는 것이 참된 직장인의 모습이다.

CHAPTER 14

실전실습

Q

1. 13장 전체를 읽고 바람직한 직장생활을 위한 1쪽 자리 보고서를 작성하시오.

A

1. A4 용지 1장을 활용하여 "이렇게 하면 직장생활 성공할 수 있다."를 발표하시오.

①

②

③

④

2. 다음 박스는 직장생활을 위한 옷차림의 예이다..

① Buy the best quality you can afford.

② Don't wear anything sexy.

③ Dress most conservatively in a new situation.

④ Dress for you body and personality.

⑤ Don't wear anything too causal.

⑥ Always wear stockings.

⑦ Take your cues from your boss.

⑧ Keep your corporation's culture in mind.

2. 위의 내용은 다음과 같다.

①

②

③

④

⑤

⑥

⑦

⑧

3. 다음 박스는 외부 방문객을 대하는 내용이다.

① 방문객을 맞이할 때
- ◆ "어서오십시오, 안녕하십니까?, 어떻게 오셨습니까?, 무엇을 도와드릴까요?"

② 상대를 확인할 때
- ◆ "죄송합니다만, 어디시라고 말씀드릴까요?"
- ◆ "죄송합니다만, 어느 분이시라고 전해 드릴까요?"

③ 질문할 때
- ◆ "죄송합니다만, 성함이 어떻게 되십니까?"
- ◆ "죄송합니다만, ...을 가르쳐 주시겠습니까?"

④ 다시 물을 때
- ◆ "죄송합니다만, 다시 한 번 말씀해 주시겠습니까?"

⑤ 용건을 받아들일 때
- ◆ "네, 잘 알겠습니다."
- ◆ "네, 손님 말씀대로 처리해 드리겠습니다."

⑥ 용건을 마칠 때
- ◆ "대단히 감사합니다."
- ◆ "오래 기다리셨습니다."
- ◆ "바쁘실텐데, 기다리시게 해서 죄송합니다."

⑦ 지시를 받을 때
- ◆ "네, 잘 알겠습니다."
- ◆ "네, 말씀대로 하겠습니다."
- ◆ "네, 곧 시행하겠습니다."

⑧ 재촉을 받을 때
- ◆ "대단히 죄송합니다. 곧 처리해 드리겠습니다."
- ◆ "대단히 죄송합니다. 잠시만 더 기다려 주십시오."

⑨ 감사의 마음을 나타낼 때

◆ "매번 감사합니다."

◆ "항상 저희 ○○회사를 이용해 주셔서 감사합니다."

◆ "멀리와 주셔서 감사합니다."

⑩ 기다리게 할 때

◆ "잠시만 기다려 주십시오."

◆ "죄송합니다만, 5분만 더 기다려 주십시오."

◆ "곧 처리해 드리겠습니다."

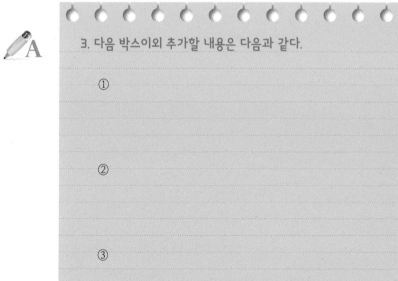

3. 다음 박스이외 추가할 내용은 다음과 같다.

①

②

③

REFERENCES

참고문헌

- 과학세대(1994), 맨워칭, 까치.

- 김광억(1993), 오리진, 학원신서.

- 김석희(1991), 털없는 원숭이, 정신세계사.

- 김정일(1998), 성격대로 살아가기, 푸른 숲.

- 김진철 외(2006), 보보의 인간관계론, 청람.

- 김형섭(1997), 한권으로 읽는 융, 푸른 숲.

- 박오수(1992), 사회인지론, 법문사.

- 백기복, 신제구(1998), 퓨전리더십, 한언.

- 한국청소년연맹 편(2001), 인간관계 훈련의 이론과 실제, 양서원.

- 한덕웅 외(2001), 인간의 마음과 행동, 박영사.

- 홍용기 외(2014), 비즈니스 커뮤니케이션 2판, 비엔엠북스.

- 홍용기 외(2013), 조직론 3판, 비엔엠북스.

- 홍용기(2001), 산업 및 조직 심리학 3판, 형설출판사.

- 홍용기(2009), 인적자원관리 3판, 형설출판사.

- 황현숙(역)(1996), 머리기른 원숭이, 까치.

- Adams, J. S.(1965), Inequity in Social Exchange, In. Berkowitz, L., ed., *Advances in Experi mental Social Psychology*, vol, 2., N. Y., : Academic Press.

- Alderfer, C. P.(1972), *Existence, Relatedness, and Growth*, N. Y. : Free Press.

- Arvey, R. D., Bouchard. T. J., Segal. N. L., & Abraham, L. M. (1989), "Job Satisfaction : Environmental and Genetic Components," *Journal of Applied Psycholog*, 74. pp.187~192.

- Ashforth, B.E. & Humphrey, R.H.(1993), "Emotional Labor in Service Roles: The Influence of Identity," Academy of Management Review, 18, pp.88-115.

- Ashforth, B.E.(1995),"Emotion in the Workplace: A Reappraisal," Human Relations, 48, pp.97-125.

- Bass, B. M.(1981), *Stogdill's Handbook of Leadership*, New York : Free Press,.

- Begley, T. M., & Czajka, J. M.

(1993), "Panel Analysis of the Moderating Effects of Commitment on the Job Satisfaction, Intent to Quit, and Health Following Organizational Ohange," *Journal of Applied Psychology*, 78, pp.552~556.

◆ Bellows, R. M.(1959), *Creative Leadership*, Englewood Cliffs. N. J. : Prentice- Hall.

◆ Brush, D. H., Moch, M. K., & Pooyan. A.(1987), "Individual Demographic Differences and Job Satisfaction," *Journal of Occupational Behavior*, 8, pp.139~155.

◆ Calder, B. J.(1977), An Attribution Theory of LeaderShip, In, B. M. Staw & G. R. Salancik, eds., *New Directions in Orgauizational Behavior*, Chicago.

◆ Cherniss, C. & Goleman, D.(2001), The Emotionally Intelligent Workplace: How to Select for, Measure, and Improve Emotionally Intelligence in Individuals Group, and Organizations, San Francisco, CA: Jossey-Bass.

◆ Dachler, H. P., & Wilpert, B., "Conceptual Dimensions and Boundaries of Participation" : A Critical Evaluation," *Administrative Science Quarterly*, 23. 178, pp.1~39.

◆ Dansereau, E., Graen, G.(1975), & Haga, W. J., "A Vertical Dyad Linkage Approach to Leadership in Formal Organizations," *Organizational Behavior and Human Performance*, 13, pp.46~78.

◆ Deci, E. L.(1975), *Intrinsic Motivation*, N. Y. : Plenum.

◆ Deci, E. L.(1976), Notes on the Theory and Meta- Theory of Intrinsic Motivation, *Organizational Behavior and Human Performance*, 15, pp.130~145.

◆ Drafke, M.W.(1998), & Kossen, S., The *Human Side of Organizations*, 7th., Addison Wesley, N.Y.

◆ Dunnette, M. D., & Kirchner, W. K.(1965), *Psychology Applied to Industry*, Prentice-Hall, Englewoods Cliffs, New Jersey, p.125.

◆ Eagly, A. H.(1983), "Gender and Social Influence" : A Social Psychological Analysis, *American Psychologist*, 38, pp.971~981.

◆ Eagly, A. H.(1990), & Johnson, B. T., Gender and Leadership Style : A meta-Analysis, *Psychological Bulletin*, 2, pp.233~256.

◆ Fiedler, E. E. & Leister, A. F.(1977), "Leader Intelligence and Task Performance : A Test of a Multiple Screen Model," *Organizational Behavior and Human Performance*, 20, pp.1~14.

◆ Fiedler, E. E.(1964), "A Contingency Model of Leader Effectiveness." In L. Berkowitz, eds., *Advances in Experimetal Social Psychology*, Vol. l., New York : Academic Press.

◆ Fineman, S.(1996), "Emotion and Organizing," In Handbook of Organization Studies, in Clegg, S.R., Cynthia, C., & Nord, W.R., ed., London; Sage Publications, pp.543-564.

◆ Fineman, S.(1993), "Organizations as Emotional Arenas," In Fineman, S., ed., Emotion in Organizations, London; Sage Publications.

◆ Flelshman. E. A.(1962), & Harris, E. F., "Patterns of Leadership Behavior Related to Employee Grievance and Turnover", *Personnel Psychology*, 15, pp.43~56.

◆ Frijda, N. H., Ortor, a., Sonnerman, J., & Clore, G. L.(1992), The Complexity of Intensity : Issues Concerning the Structure of Emotion Identity, in Clark, M.(eds.) *Review of Personality and Social Psychology*, 13, pp.60~89, Newbury Park, CA. : Sage.

◆ Georgo. PouLos, B. S. Mahoney, G. M., & Jones, N. W.(1957), *A Parthgoal Approach to Psychology*, 41, pp.345~353.

◆ Greene, R.(1998), *Power of the 48 Laws*, A Joost Elffers Book.

◆ Hackman, J. R., & Oldham, G. R.(1980), *Work Redsign*, Reading. MA : Addison-Wesley.

◆ Hall, R. H.(1996), *Organizations*, 6th., Prentice Hall, New Jersey.

◆ Halpin, A. W., & Winer, B. J., *A Factorial Study of the Leader Behavior Description*, In R. M. Stogdill & A. Z. Coons, Edso, Leader Behavior : *Its Description and Measurement*, Columbus, OH : Bureau of Business Research, Ohio State Univ.

◆ Herzbeg, F(1968), "One more time : How do you Motivate Emplpyees?" *Harvard Business Review*, January / Fenruary, pp. 52~62.

◆ Hochschild, A. R.(1983). *The Managed Heart*, Berkeley : University of California Press.

◆ Hochschild, A.R.(1979), "Emotion Work, Feeling Rules, and Social Structure," American Journal of Sociology, 85, pp.551-575.

◆ Hoppock, R.(1935), Job Satisfaction. N. Y : Harper and Brothers.

◆ House, R. J., & Baetz, M. L.(1979), Leadership : Some Empirical Generalizations and New Research Directions, In. B. M. Staw, ed., *Research in Organizational Beha-vior* vol.l, Greenwich, CT : JAI Press.

- Hulin, C. L., & Blood. M. R. (1968), "Job Enlgraement, Individual Differences and Worker Responses," *Psychlogical Bulletin*, 69, pp.41~55.

- Ironson, G. H., Smith, P. C., Brannick, M. T.(1989), Gibson, W. M., & Paul, K. B., "Constitution of a Job in General Scale : A eomparison of Global, Composite, and Specific Measures," *Journal of Applied Psychology*, 74, pp.193~200.

- Jackson, S. E., & Schuler, R. S. (1985), "A meta Analysis and conceptual Critigul of Research on Role Ambiguity and Role Canflict in Work Settings," *Organizational Behavior and Human Decision Processes*, 36, pp.16~78.

- Jenkins, W. O.(1947), "A Review of Leadership Studies With Particular Reference to Military Problems," *Psychological Bulletin*, 44, pp.54~79.

- Locke, E. A.(1976), *The Nature and Causes of Job Satisfaction*, In Dunnete, M. D., ed., *Handbook of Industrial and Organizational Psychology*, Skokie, IL : Rand McNALLY.

- Locke, E. A.(1978), The Ubiquity of the Technique of Goal Setting in Theories and Approaches to Employee Motivation, *Academyof*

Management Review, 3, pp.594~601.

- Luthans, F.(1992), *Organizational Behavior*, 6th., MaGRAW-Hill, New York.

- Mann, S.(1999). *Hiding what we Feel, Faking, what we don't*, Dorset, England : Element Books.

- Manning, P. K.(1992), *Organizational Communication*, Aldine De Gruyter, N.Y..

- Maslow, A. H.(1970), *Motivation and Personality*, 2nd ed., N. Y. : Harper & Row.

- Mayer, J. D., & Salovey, P.(1993). "The Intelligence of Emotional Intelligence", *Intellingence*, 17, pp.433~442

- McClelland, D. C.(1976), "Power is the Great Motivation," *Harvard Business. Review*, 54, pp.100~110.

- Mcshane, S. L., & Von Glinow, M. A.(2005), *Organizations*, 3th., MaGRAW-Hill, New York.

- Meyer. J. P., Allen, N. J., & Smith. C. A.(1993), "Commitoment to Organizations and Occupations : Extension and Test of a Three-componet Conceptualzation," *Journal of Applied Psychology*, 78. pp.538~551.

- Miner, J. B.(1978), "Twenty Years of Research on Role-Motivation Theory of Managerial Effectiveness." *Personnel Psychology*, 31, pp.739~760.

◆ Mintzberg, H.(1980), *The Nature of Managerial Work*, Englewood *Cliffs*, NJ : Prentice-Hall.

◆ Mitchell, T. R.(1974), "Expectancy Models of Job Satisfaction, Occupational Preferene, and Effort : A Theoretical, Methodologicla, and Empirical Appraisal," *Psychological Bulletin*, 81, pp.1096~1112.

◆ Morgan, G.(1989), *Creative Organization Theory*, SAGE Pub. London.

◆ Morris, J. A., & Feldmam, D. C.(1996). "The Dimensions, Antecedent, and Consequences of Emotional," *Academy of Management Review*, 21, pp.986~1010.

◆ Mowday, R. T.(1983), *Equity Theory Predictions of Behavior in Organization*, In Steers, R. M., Porter, L. W., eds., *Motivation and Work Behavior*, 3rd, ed., N. Y. : McGraw-Hill.

◆ Mowday. R. T., Steers, R. M., & Porter, L. W.(1979), "The Measurement of Organizational Comitment," *Journal of Vocational Behavior*, 14, pp.224~247.

◆ Myers, D.G.(1995), *Psychology*, 4th., Worth.

◆ Parasuraman, S., Greenhaus, J. II.

& Granrose, C. S.(1992), "Role Stressors. Social Support, and Well Being among. Two-career Couples," *Journal of Organizational Behavior*, 13. pp.339~356.

◆ Porter, L. W., & Lawler, E. E.(1968), III, *Managrial Attitudes and Performance*, Homewood, IL : Irwin.

◆ Rafaeli, A.(1989), "The Expression of Emotion in Organization Life", Research in Organizational Behavior, 11, pp.1-42.

◆ Rafaeli, A.(1989b), "When Cashiers Meet Customer: An Analysis of the Role of Supermarket Cashiers," Academy of Management Journal, 32, pp.245-273.

◆ Rafaeli, A.(1989a), "When Clerks Meet Customers: A Test of Variables Related to Emotional Expressions on the Job," Journal of Applied Psychology, 74, pp.385-393.

◆ Rafaeli, A., & Sutton, R.I.(1987), "The Expression of Emotion as Part of the Work Role," Academy of Management Review, 12, pp.23-37.

◆ Raven, B. H., & French, J. R. P.(1958), Group Support, "Legitimate Power, and Social Influence," *Journal of Personality*, 26, pp.400~409.

◆ Rice, R. W., Frone, M. R., & McFarlin, D. B.(1992), "Work-Nonwork Conflict and the

Perceived Quality of Life," *Journal of Organizational Behavior*, 13, pp.155~168.

◆ Rice, R. W., Phillips, S. M., & McFarlin D. B.(1990), "Multiple Discrepancise and Pay Satisfaction," *Journal of Applied Psychology*, 75, pp.386~393.

◆ Robbins, S.P.(2003), *Organizational Behavior*, 10th., Prentice Hall, New Jersey.

◆ Schein, E.H.(1987), *Organizational Culture and Leadership*, Jossey-Bass Pub., SAn Francisco.

◆ Schneider, B., & Dachler, H. P.(1978), "A Note on the Stability of the Job Descriptive Index," *Journal of Applied Psychology*, 63, pp. 650~653.

◆ Scott, W.R.(1987), *Organizations*, 2th., Prentice Hall International, Inc.

◆ Skinner, B. E.(1959), *Cumulative Record*, N. Y : Appletion-Crofts, Crofts.

◆ Slocum, J. W., & Topichak, P. M.(1972), "Do Cultural Differenes Affect Job Satisfaction," *Journal of Applied Psychology*, 56, . pp.177~178.

◆ Smith, P. B., & Misumi, J.(1989), *Japanese Management-a Sun Rising in the West*? In. Coorper.

C. L., & Robertson, I. T., eds., *International Review of Industrial and Organizational Psychology*, pp.330~369.

◆ Smith, P. C., Kendall, L. M., & Hulin, C. L.(1969), "The Measurement of Satisfaction in Work and Retirement", *A Strategy for the Study of Attitudes*, Chicago : Rand MCnally.

◆ Spector, P. E., & Wimalasiri. J.(1986), "A Cross Cultural Comparison of Job Satisfaction Dimensions in the United Stated and Singapore," *International Review of Applied Psychology*, 35, pp.147~158.

◆ Spector, P. E.(1985), "Measurment of Human Service Statt Satisfaction : Development of the Job Satisfaction Survey" : *American Journal of Community Psychology*, 13, pp.693~713.

◆ Spector, P. E.(1992), *A Consideration of the Validity and Meaning of Self-report Measures of Job Conditions*, In, Cooper C. L., & Robertson. I. T., eds., *International Psychology*, pp.123~151.

◆ Steers, R. M.(1983), *Murrays Manifest Neesd Theory*, In Steers, R. M., & Porter, L. W., eds., *Motivation and Work Behavior*, 3rd ed., N. Y. : McGraw-HILL.

◆ Steers, R. M.(1987), *Introduction to Organizational Behavior*, 3rd ed., Scott, Foresman, Co., Glenuew Ill, p.285.

◆ Steers, R. M., & Porter, L. W.(1983), *Motivation and Work Behavior*, 3rd de., N. Y. : McGraw-HILL.

◆ Steinberg, R. J., & Figart, D. M.(1999), "Emotional Labor since the Managed Heart", Annals of the American Academy of Political and Social Science, January, pp.8~26.

◆ Stogdill, R. M.(1959), *Individual Behavior and Group Achievement*, New York : Oxford University Press.

◆ Sutton, R. I.(1991), "Maintaining Norms about Expressed Emotions: The Case of Bill Collectors," Administrative Science quarterly, 36, pp.245-268.

◆ Sutton, R. I., & Rafaeli, A.(1988), "Untangling the Relationship between Displayed Emotions and Organizational Sales: The Case of Convenience Store," Academy of Management Journal, 31, pp.461-487.

◆ Thoits, P. A.(1990), "Emotional Deviance: Research Agendas," Research Agendas in the Sociology of Emotions, ed., in Kemper, T.D, Albany: State University of New York Press, pp.180-203.

◆ Vam Maanen, J., & Kunda, G. (1989), "Real Feelings: Emotional Expression and Organizational Culture," Research in Organization Behavior, 11, pp.43-104.

◆ Vroom, V. H.(1973), & Yetton, P. W., *Leadership and Decision-Making*, Pittsburgh, PA : University of Pittsburgh. Press.

◆ Vroom. V. H.(1964), *Work and Motivation*, N. Y. Wiley.

◆ Watson, D., Pennebaker, J. W., & Folger, R.(1986), "Beyond Negative Attetivity : Measuring Stress and Satisfaction in the Workplace," *Journal of Organizational Behavior Management*, 8, pp.141~157.

◆ Weiss, D. J., Dawis, R. V.(1967), Englond, G. W., & Lofguist. L.H., "Manual for the Minnesota Satisfaction Questionnaire, Minneapolis, MN : Industrial Relations Center", *Work Adjust-ment Project*, University : of Min-nesota.

◆ Wharton, A. S., & Erickson, R. J.(1993), "Managing Emotions on the Job and at Home," Academy of Management Review, 18, pp.457-486.

◆ Zajonc, R. B.(1985), "Emotion and Facial Efference: an Ignored Theory Reclaimed," Science, April, 5, pp.15-21.

INDEX
찾아보기

저자 소개

홍용기(洪龍基)

1964년 서울 생으로 홍익대학교에서 경영학으로 학사, 석사, 박사학위를 취득하였다. 경영학 인사조직을 전공하였으며 미국 오하이오 주립대학에서 직무분석가(DACUM) 자격을 취득하였고 미국 센디에이고 주립대학 교환교수를 역임하였다. 현재 대림대학교 경영학과 교수로 있으면서 조직론, 조직행동론, 인간관계론, 커뮤니케이션론, 인적자원관리 분야에서 강의와 연구를 담당하고 있다.

고등직업교육 연구소 소장을 거쳐 현재 대림대학교 기획처장으로 재직하고 있다.

그간, 『인적자원관리 3판』형설출판사(2010), 『산업조직심리학 3판』형설출판사(2010), 『경영조직론』비엔엠북스(2013), 『리더십 : 이론과 실제』비엔엠북스(2013), 『비즈니스 커뮤니케이션』비엔엠북스(2014) 등의 전문교재를 비롯하여 『성공으로 가는 경영학(Milestones in Management)』(학문출판, 1995), 『세일즈맨 기 살리기(The Mentor : 15 Keys to Sucess in Sales, Business and Life)』(더난출판, 2003) 등의 번역서를 출판하였고, 여러 편의 학술논문을 발표하였다.

인간관계론 3판

초판1쇄 발행 2003년 2월 25일
2판1쇄 발행 2008년 2월 15일
3판1쇄 발행 2017년 1월 25일

지은이　　홍 용 기
펴낸이　　임 순 재

펴낸곳　　주식회사 한올출판사
등 록　　제11-403호
주 소　　서울특별시 마포구 모래내로 83(성산동, 한올빌딩 3층)
전 화　　(02)376-4298(대표)
팩 스　　(02)302-8073
홈페이지　　www.hanol.co.kr
e-메일　　hanol@hanol.co.kr

ISBN 979-11-5685-531-6